वाणी प्रकाशन ग्रुप

भारतीय ज्ञानपीठ

वाणी प्रकाशन : भारतीय ज्ञानपीठ की पुस्तकों के एकमात्र प्रकाशक एवं वितरक

पश्यन्ती

(निबन्ध-संग्रह)

पश्यन्ती

(निबन्ध-संग्रह)

धर्मवीर भारती

वाणी प्रकाशन ग्रुप

भारतीय ज्ञानपीठ

वाणी प्रकाशन : भारतीय ज्ञानपीठ की पुस्तकों के एकमात्र प्रकाशक एवं वितरक

सजिल्द पहला संस्करण : 1969
सजिल्द तीसरा संस्करण : 1990
सजिल्द चौथा संस्करण : 2003
सजिल्द पाँचवाँ संस्करण : 2024

लोकोदय ग्रन्थमाला : ग्रन्थांक 291

प्रकाशक
वाणी प्रकाशन ग्रुप
4695, 21-ए, दरियागंज, नयी दिल्ली-110 002
फ़ोन : 011-23273167, 23275710
ईमेल : sales@vaniprakashan.in

ISBN : 978-93-5775-833-8

पश्यन्ती
(निबन्ध-संग्रह)
धर्मवीर भारती

PASHYANTI
(Essays)
by Dharmveer Bharti

मुद्रक : आर. टेक ऑफ़सेट प्रिंटर्स, दिल्ली-110 032

आवरण : अशोक भौमिक

Price : INR. 495

❑

“यह एक पहेली-सी है। विवेक एक ओर खुलाव चाहता है, आजाद रहना चाहता है, दूसरी ओर अपने को बद्ध करता है ताकि एक मूर्त ऐतिहासिक क्षण में एक निश्चय तक पहुँच सके... सांस्कृतिक स्वाधीनता तभी बनी रह सकती है जब विवेकयुक्त स्वतन्त्र मानस से निर्णीत कार्य सांस्कृतिक अभियानों को उचित दिशाएँ देते रहें। आन्तरिक स्वातन्त्र्य की अनिवार्य शर्त है—दायित्व-भावना।

दायित्वपूर्ण सांस्कृतिक स्वातन्त्र्य का एक ही बदल है—सांस्कृतिक अराजकता। मनुष्य के लिए स्वातन्त्र्य आवश्यक है लेकिन कोई व्यक्ति या कोई सत्ता उसे दायित्वपूर्ण होने के लिए मजबूर नहीं कर सकते। इसीलिए स्वयं स्वातन्त्र्य जब वह दायित्वहीन होकर असफल होता है तो ग़ुलामी को जन्म देता है।...वे लोग जो पूर्ण अविवेक के जादू के मदारी हैं—वे आक्रामकता और हिंसा की माँग उठाते हैं—बिना जाने हुए कि क्यों और कैसे ?”

—कार्ल यास्पर्स

(मनुष्य का भविष्य)

अनुक्रम

आत्मकथ्य

नवलेखन : माध्यम मैं
(कुछ स्नैपशॉट्स)

मैंने अमुक कृति क्यों लिखी ? कब लिखी ? उसके द्वारा नवलेखन का कौन-सा पक्ष उभरा, क्या उसने कोई मान स्थापित किये ?—ये सवाल दरपेश हैं।

और मेरा मन है कि पुरानी यादों में डूब जाने को आतुर है। उसे इतनी भी ताब नहीं कि सवालों का मुख़्तसर-सा जवाब देने का शिष्टाचार तो निभा दे ! सवालों को साथ-साथ लिये-दिये वह यादों में डुबकी लगा जाता है...

[1]

"सम्मुख होकर जो भी आया है और गया भी है
बाँधा है उसने मुझको हर बार और नया भी है
....
दुनिया के मेले में केवल बच्चा हूँ !"

—अजित कुमार

...चारों तरफ मेला लगा है। भीड़-भाड़, खरीद-फरोख्त, आवा-जाही। झूलों की चरर-मरर, सर्कस का भोंपू, आरती के घण्टे। मैंने मनिहारिन का वह रंगीन काँच का खिलौना मोल ले लिया है और उसे हर तरफ से खोल डाला है। कहाँ गया वह खूबसूरत तिलिस्म ? काँच की दो-तीन नलियाँ और कटोरी में सादा पानी ! मैं हक्का-बक्का हूँ और लज्जित। मनिहारिन हँस रही है, जीजी हँस रही हैं, दूकान पर खड़े दूसरे बच्चे और बड़े हँस रहे हैं। चारों ओर की विद्रूप-भरी हँसी से आहत होकर मेरा शिशुमन घबरा गया है, आँखें छलछला आयी हैं और बस यह इच्छा हो रही है कि जीजी मेरा हाथ छोड़ दें और मैं भागता हुआ जाऊँ और सीधे जमुना में डूब मरूँ। मैंने उस काँच के तिलिस्म का अन्दरूनी क्या और कहाँ देखना चाहा था और हाथ लगे सिर्फ काँच के टुकड़े, पानी और हँसी के ठहाके !

मेला कातिक का था, जो हर साल जमुना किनारे लगता था। अब भी लगता

होगा। रेशम, ऊनी कपड़े, साड़ियाँ, बर्तन, चूड़ियाँ, सीपी के बटन, सिन्दूर, सुई के पत्ते, पत्थर की कूँड़ियाँ, रँगे हुए बेलन, क्या नहीं मिलता था वहाँ ! माँ आर्यसमाजी हैं। इन मेलों-ठेलों ने देश का नाश किया, अतः उन्हें इसमें दिलचस्पी नहीं। बगल वाले घर की जीजी का मैं लाड़ला था। उनके ठाकुर जी के लिए स्कूल के अहाते से कनेर और मधुमालती के फूल लाने से लेकर दोपहर को चिल्लाकर राधेश्याम की रामायण गाना मेरा रोज का कार्यक्रम था। फलस्वरूप हर छठ पर छोटी-छोटी कुल्हियों में भुने चने, मकई, मटर भरने में, जन्माष्टमी पर पंजीरी, पंचामृत बनाने में और कातिक में मेले से सालभर की खरीद-फरोख्त करने में मैं उनका सलाहकार और छोटा सिपाही था।

इस बार मेले में मनिहार की दूकान की चर्चा बहुत जोर में थी। फतेहपुर वाली चाची ने मेले से लौटकर बताया, "हाय मैया, ऐसा बढ़िया फव्वारा है कि बीस रंग का पानी ओमें कुलेल करत है, और छुवै की जरूरत नैं, चाभी लगाय देव और फव्वारा आपै-आप चलत रहत है।" जब ऐसी चीज आयी है तो जीजी अपने लाड़ले छोटे सिपाही को कैसे न दिलाएँ ! दो रुपया मुझे दिया गया और मैं मेले में गया। चूड़ियों की दूकान। कुछ चूड़ियाँ अन्दर से खोखली होती हैं। बहुत-से रंगों की ऐसी तमाम चूड़ियों को जोड़-जोड़कर एक गोरखधन्धा-सा बनाया गया था। ऊपर-नीचे दो टीन के बर्तन थे, जिनका पानी इस गोरखधन्धे में से होकर गुजरता था। लगता था, हजारों रंग काँच की उन नलियों में से बेतहाशा पगलाये हुए दौड़ रहे हैं। एक-दूसरे की आभा लेकर नये-नये रंग बन रहे हैं और कातिक के सवेरे की हल्की धूप में उन रंगों की छाया-किरणें काँच के ऊपर-ऊपर साथ-साथ दौड़ रही हैं। जिसने देखा, मन्त्रमुग्ध रह गया। खिलौने का दाम पाँच रुपये था। जीजी ने मेरे मुँह पर उत्सुकता देखी, बगल वाले जान-पहचान के खत्री बिसाती से तीन रुपये तुरन्त उधार लिये और खिलौना मेरा हो गया।

इस होनहार बिरवान के पात चीकने तो कभी नहीं रहे, न आज हैं पर शायद नवलेखन के किसी भावी व्याख्याकार की आत्मा मेरी काया में प्रवेश कर गयी होगी तभी न वह तिलिस्म हाथ में आ जाने के बाद नवलेखन का बौद्धिक, वैज्ञानिक और विश्लेषक आधुनिक मिजाज मुझमें जागा। बौद्धिक मिजाज ने जानना चाहा कि इतने रंग इसमें कहाँ से आते हैं, वैज्ञानिक मिजाज ने निश्चय कर लिया कि जो बात मणिहार जैसा महामानव कर सकता है, वह मुझ जैसा लघुमानव क्यों न कर लेगा ! विश्लेषक मिजाज ने पाँच रुपये दिये और पानी के बर्तन और काँच की नली के बीच के रबड़ ट्यूब को निकाल दिया। पानी नीचे गिर गया। उसके बाद मैंने पुनर्सृजन शुरू किया मगर पानी नहीं आया तो नहीं आया ! भीड़ में से दो-चार ज्ञानियों ने आजमूदा नुस्खे बताये मगर बात बिगड़ती गयी। उसके बाद पहले मनिहारिन हँसी और फिर भीड़। मैं लौटा तो खिलौना जीजी की डोलची में

था, मगर मेरे गाल पर आँसू की बड़ी-बड़ी लकीरें बन गयी थीं और हर दस कदम पर एक हिचकी आ ही जाती थी।

मेला आज भी लगा है। लेकिन एक साधारण करामात के खिलौने का विश्लेषण जिससे नहीं हो सका, वह बड़ी सम्पूर्ण कृतियों का ब्यौरेवार विश्लेषण करके रख दे, वैसा गर्व बचपन के साथ चला गया। सिर्फ इतना जानता हूँ कि साधारण शिल्प में भी जाने कितनी चीजें होती हैं जो मिलकर गति का, रंग का, वैविध्य का आभास देती हैं। मगर जो मूल स्रोतस्विनी उस रंग-बिरंगे परिवेश में से बहती है, वह उद्‌गमस्रोत और अभीष्ट गन्तव्य के किस सापेक्ष सन्तुलन से आती है, बात तो अभी भी धीरे-धीरे जानने के लिए हर अच्छे-बुरे में से जी रहा हूँ।

वैसे मेले में आसपास कई ऐसे लोग हैं जिनके पास अपने-अपने आजमूदा नुस्खे हैं। वे सब कुछ पहले से ही जानते हैं, जानते आये हैं, जानते रहेंगे। ख़ुद उन्होंने कभी कोई चीज बनायी है या नहीं, नहीं मालूम। कभी किसी चीज का मूल्य दिया है जीवन में या नहीं, यह भी नहीं मालूम। लेकिन उनके आजमूदा नुस्खों की घोषणा बराबर-बराबर सुन पड़ती है। यहाँ उसके आधार पर विश्लेषण करने चलिए तो उससे बात और बिगड़ती जाती है। बस, इतना जानता हूँ कि मैं जितना नहीं जान पाया हूँ, उसके बारे में यह गर्व नहीं है कि वह सब मेरा जाना हुआ है। पर साथ ही साथ न जानने की स्थिति को भगवान् की कृपा मानकर बैठ जाऊँ और जानने को, जानने की प्यास को और सारी कोशिशों के बावजूद न जान पाने की आकुलता-भरी तड़प को हेय मानूँ, तिरस्कार-योग्य मानूँ, यह भी नहीं है। जीवन के मर्म को पूरी तरह न जानने का बोध, जानने की चरम आकुल प्यास और उसको जानने की प्रक्रिया में ही अच्छे-बुरे, तीखे और फीके हर रंग में से एकरंग होकर बहते जाने की अथक गति, अभी तक तो यही उपलब्धि है।

यह मिजाज पिछले युग के मिजाज से थोड़ा भिन्न जरूर है। अंग्रेजी का रोमाण्टिक कवि जानने को बहुत महत्त्व नहीं देता था। उससे प्रभावित पूर्व का छायावादी कवि रहस्य और विस्मय को वरदान मानता था। एक वर्ग ऐसा था, और है जिसके सामने जानना कोई समस्या ही नहीं। वह सब कुछ जानता है। उसके पास हर चीज के नपे-तुले प्रतिमान थे। लेकिन यह कैसे कह दूँ कि ऐसे लोग नवलेखन के पहले ही थे और नवलेखन में नहीं हैं ? इसलिए अधिक से अधिक यह कह सकता हूँ कि यह न जानने का बोध, जानने की प्यास, जानने की प्रक्रिया में जीने और जीने की प्रक्रिया में जाननेवाला मिजाज जिन लोगों का है, उनमें मैं अपने को पाता हूँ। ऐसे लोग बहुत भाग्यशाली नहीं होते। वे अधिक से अधिक यह कहकर अपने को सन्तोष दे सकते हैं कि भाग्यशाली न होना ही उनकी ताकत है। वे यह भी पाते हैं कि तमाम चीजों के बीच शायद उनका एक अंश तटस्थ द्रष्टा बना रहता है, संजय की भाँति। और अक्सर राज्य कौरवों का

होता है और जिस शासन-सत्ता के सामने उसे विवरण देना पड़ता है, उसके आँखें नहीं होतीं।

[2]

'लो मैं वापिस लौटता हूँ
पर, अब जानता हूँ मेरे पीछे
जहाँ ढाल और पेड़ों का अन्त है
एक गुनगुनाती नदी और
एक हँसता हुआ पुल है।'

–विपिन अग्रवाल

संजय की दृष्टि सिर्फ दिशाओं को वेध कर देखती थी। लेकिन दिक् (स्पेस) के अतिरिक्त एक दूसरी महत्त्वपूर्ण चीज है काल या समय का प्रवाह। हम, हमारी जिन्दगी जो है वह पहले नहीं थी, जो पहले थी वह अब नहीं है। इतना जानना बहुत ज्यादा उलझन पैदा नहीं करता; अधिक से अधिक यह गलत या सही धारणा पैदा करता है कि यह सब माया से उत्पन्न भ्रान्तियाँ हैं और उनसे तटस्थ होकर मनुष्य भय से मुक्त हो जाता है। लेकिन जब साक्षात्कार यह होता है कि जो पहले कभी था वह वहीं पर अब भी है और जो आज है उसमें भी उसकी टीस और कसक निरन्तर विद्यमान है और जो आज है वह उससे बिल्कुल पृथक् है लेकिन कहीं पर बीज रूप में सही, उसी में विद्यमान था, तो वहीं से संजय की आधुनिक जटिल समस्या प्रारम्भ होती है। आज संजय को सिर्फ दिशाओं की दूरी नहीं पार करनी पड़ती, वरन् काल के अजस्र प्रवाह में पैठकर कभी उसे देखना पड़ता है जो आज बीज रूप में है और कल आ सकता है, कभी उसे पीछे लौटना पड़ता है। जहाँ वह सब था और नहीं है और न होते हुए भी अपनी जगह बदस्तूर कायम है। आज का संजय बहुत बड़ी उलझन में है। उसका काम भी दोहरा, तिहरा और चौहरा हो गया है।

उससे भी बड़ी बात यह है कि आज का रणस्थल बँटा हुआ नहीं है। यह नहीं कि कौरवों का महल एक जगह हो, पाण्डवों का अन्तःपुर दूसरी जगह और कुरुक्षेत्र इन दोनों से दूर किसी तीसरी जगह। जो भी उस कुरुक्षेत्र में नहीं है वह संजय अपने को युद्ध से बाहर मानकर तटस्थ विवरण देता जाए ऐसा भाग्य अब उसका नहीं रहा। अब कुरुक्षेत्र बहुत व्यापक है। हर जगह है। शस्त्रयुक्त योद्धाओं की रणभूमि में भी, पाण्डवों के अन्तःपुर में भी, कौरवों के प्रासाद में भी; यहाँ तक कि अर्जुन का रथ चलाते हुए कृष्ण के चिन्तन में भी है, और दूर छुटी हुई यमुना-तट की किसी ग्राम-बालिका के मन में भी। दो पक्षों का संघर्ष, दो नैतिकताओं का संघर्ष, दो दृष्टिकोणों का संघर्ष बराबर चलता रहता है। संजय की

तटस्थता बहुत उलझी हुई, जटिल प्रक्रिया हो गयी है क्योंकि कभी-कभी संजय जो कहना चाहता है उसमें और जिन शब्दों से कहना चाहता है उनमें संघर्ष उठ खड़ा होता है। फिर भी उसका अटूट विश्वास है कि उसका एक रचनाकार व्यक्तित्व है जो भोक्ता भी है और तटस्थ द्रष्टा भी। छाया की तरह बराबर वह व्यक्तित्व उसके साथ रहता है, उस तमाम दौरान में जब वह पानी की धार की तरह हजार-हजार रंग की नलियों में से बेतहाशा पगलाया हुआ-सा बहता जाता है।

कभी-कभी मन युद्ध से थक जाता है, जीवन के कठोर निर्मम संघर्ष से थक जाता है, लौट जाता है उस ठण्डी, ख़ुशनुमा नवम्बर की उजली भोर के कोहरे में !

असल में पद्मा जिज्जी मुझसे कुछ महीने छोटी हैं लेकिन केवल अपने तेहे, बेरोक हँसी और बुज़ुर्गाना ममता के बल पर बड़ी बन बैठी हैं। उसके बाद आज तक क्या मजाल कि उन्होंने कभी एक पल को यह माना हो कि मैं उनसे बड़ा नहीं तो कम-से-कम बराबर का तो हूँ ही या अब मैं उम्र के साथ-साथ थोड़ा समझदार हो चला हूँ। समझदारी की बात मैंने उठायी कि उन्होंने खिलखिलाकर हँसना शुरू किया। हँसी के बीच-बीच में मेरी जाने कौन-कौन-सी मनोरंजक भूलों की मनगढ़न्त कहानियाँ नमक-मिर्च लगाकर सुनाएँगी और फिर खिलखिलाकर हँसेंगी। नतीजा यह होगा कि डर के मारे उनका बड़प्पन मुझे फिर स्वीकार कर लेना पड़ेगा और उनके आदेशों का आँख मूँदकर पालन करना पड़ेगा।

उन दिनों उनको झक सवार थी मेरी तन्दुरुस्ती सुधरवाने की। सेठ (मेरे बहनोई साहब) का तबादला जिला बाराबंकी के बड़े ख़ूबसूरत गाँव में हो गया था, जिसके चारों ओर पहाड़ियाँ और घने जंगल थे। एक छोटी-सी रेलवे लाइन उधर से गुजरती थी। कई मील दूर बियावान जंगल में चौड़ी गहरी खतरनाक मटमैली सरजू नदी बहती थी, जिस पर रेल का बहुत बड़ा पुराना पुल था। पटरियों के किनारे-किनारे जाइए तो चारों ओर लोहे के जाल से बना हुआ धुएँ से काला पड़ा वह पुल एक भयानक कन्दरा-जैसा लगता था। वह कन्दरा उस खौफनाक विराट् जंगली नदी को चीरकर न जाने कहाँ ट्रेनों को ले जाती थी। पद्मा जिज्जी ख़ुद कभी अपने घर से बाहर निकलकर दो फर्लांग भी नहीं गयी होंगी क्योंकि बड़ी अफसराइन थीं। कस्बे पर पुराने जमाने की स्पष्ट छाप थी और कोई महिला घर से नहीं निकलती थी।

लेकिन मेरी तन्दुरुस्ती सुधरनी तो जरूरी थी, इसलिए सुबह मेरा चार मील टहलना भी जरूरी था। उस दिन तड़के अँधेरे मुँह जिज्जी की डाँट सुनाई पड़ी और बची-खुची तन्दुरुस्ती को बढ़ाने के लिए मैं पटरियों के किनारे-किनारे प्रातः भ्रमण के नाम पर जिज्ञासु सिद्धार्थ की तरह घर से निकल पड़ा।

अवध की वह सुबह, हवाएँ सीधे हिमालय से आती हैं। माथे पर टकराती हैं, पलकों को, होठों को छूती हैं, बालों को बिखेरती हैं और चारों ओर छाये हुए

कोहरे में हल्की-हल्की लहरें बनाती चली जाती हैं। ज्यों-ज्यों सुबह होती है, कुहरा घना लगने लगता है। फिर उसमें परतें बन जाती हैं; फिर कहीं पेड़ों के बीच, कहीं लाइन के पास, कहीं सरोवर के ऊपर कोहरे के बड़े-बड़े टुकड़े जमा हो जाते हैं। लाइन के किनारे-किनारे छोटे-छोटे पोखरे लगातार चले गये थे जिनमें कई रंग के छोटे-छोटे कुमुद, कोकाबेली और कमल फैले थे। लाइन के उस ओर सूरज उग रहा था। लाइन ऊँचाई पर थी और मेरी छाया बहुत लम्बी, धुँधली भूरी धारी की तरह कोहरे में तैरती जा रही थी। दिन और ज्यादा खिला, छाया जरा छोटी हुई, नीचे उतरी और किनारे के सरोवरों में कोहरे ढँके कमल और कोकाबेली के फूलों पर से तैरती हुई चलने लगी। मैं कुछ सोच नहीं रहा था सिर्फ यह महसूस कर रहा था कि सरोवर का ठण्डा पानी, कमल का हरियाला ताजा स्पर्श, सिवार का उलझाव—सब मुझमें से गुजर रहा है। दोनों मैं हूँ, कंकड़ और लोहे के इस रास्ते पर चलता हुआ मैं और कोहरे, कमल और सरोवर में तैरता हुआ मैं। और मैं सिहरकर रुक गया, जब मैंने देखा कि किनारे से दो जल-साँप छप्प से कूदे और मेरी भूरी छाँह को पानी में सौ-सौ टुकड़ों में काटते हुए, टेढ़े-मेढ़े लहराते-तैरते हुए कमल-नाल के चारों ओर खेलने लगे, जहाँ मेरा छाया कण्ठ था। मैंने दोनों हाथ अपने ठण्डे, सुबह की ओस से भीगे गले पर रखे। साँप कमल-नाल को लपेटकर आपस में कुलेल कर रहे थे।

मैं नहीं जानता, सौन्दर्य किसे कहते हैं। यह जानता हूँ कि कुछ चीजें बाँध लेती हैं। उस दिन सुबह उन साँपों ने मुझे बाँध लिया था। जादू तब टूटा जब लखनऊ से आनेवाली गाड़ी की सीटी दूर से सुनाई दी। लौटकर आया तो जिज्जी परेशान थीं। दो अर्दली साइकिल पर मेरी खोज में जा चुके थे।

घर के बगल में टीलों को काटता हुआ एक नाला बहता था। किनारे-किनारे एक पगडण्डी थी जो जंगल के बीचोंबीच ले जाती थी। जंगल का वह छोटा-सा हिस्सा खेतों के समुद्र में हरे प्रायद्वीप की तरह घुस आया था। लेकिन कितना भयानक था वह जंगल ! लतरों ने नीचे से उगकर, तनों से लिपटकर, ऊपर डालियों से झूल-झूलकर जंगल को भयानकतम बना दिया था। घर-भर को खिला-पिलाकर, खाकर जिज्जी सो जाती थीं तो मैं वहाँ भाग जाता था। उस दिन दो डालों के बीच बैठा-बैठा बहुत कुछ सोचता रहा। वह 'मैं' कौन है जो अपने से अलग जीता है ? कमल और साँपों से खेलता है और उसका एक-एक संवेदन मुझ तक पहुँचा देता है ? या यह केवल छाया है ? उन दोनों का एकत्व कहाँ होता है ? किशोर मन में पहली बार अपने अन्दर की भाव-प्रक्रिया के प्रति कुतूहल जागा था। याद है मुझे कि दो-तीन दिन अजीब बेचैनी और अजब भावाकुलता मन में बनी रही। बहुत दिनों बाद एक कविता लिखी थी—झील के किनारे :

वह निरन्तर जोकि चलता आ रहा है साथ
इन सबों से सर्वथा निरपेक्ष
लापरवाह
नीली झील के इस छोर से
उस छोर तक
एक जादू के सपन-सा
तैरता जाता

उस दिन यह बोध कुतूहल, विस्मय और व्यक्तित्व की आन्तरिक सम्पन्नता के प्रति एक उत्साहपूर्ण ख़ुशी जगा गया था। लेकिन ज्यों-ज्यों वक्त बीतता गया मालूम हुआ कि संजय का काम इतना आसान नहीं है। वे लड़ते हुए, छाया-शरीर को सौ-सौ खण्डों में काटते हुए जल-साँप इतने निरापद विषहीन भी नहीं हैं। यह भी मालूम हुआ कि बहुत सुबह जंगली नदी की ओर निकल जानेवाले के लिए फिर कोई ऐसा ममताभरा घर नहीं बचता जहाँ वह लौटकर ममता की छाँह में सब भूल जाए। कोई ऐसा शान्त अरण्य नहीं है जहाँ वह बैठकर चुपचाप सोच सके। सब कुछ खण्ड-खण्ड होकर घुल-मिल गया है। छायाएँ साँप बन जाती हैं, कमल की पाँखुरियाँ खूँख्वार नदी बन जाती हैं, नदियाँ उन घरों को सैलाब में बहा ले जाती हैं जहाँ थके पाँव लौटा करते हैं और जिन शान्त अरण्यों में लौटकर चुपचाप चिन्तन किया जा सकता है वे अरण्य छाया की तरह समानान्तर चलते हैं, उनको देखते रहिए पर उसमें लौटकर चिन्तन नहीं कर सकते। और फिर साँपों की लताएँ, जंगली नदियों का तूफान, कुहरा सब एक विराट् जंगल बन जाते हैं जिनमें लौटने का कोई रास्ता नहीं।

लेकिन संजय की समस्या है कि उसे पीछे लौटना भी है ! दिक् की सीमाओं की तरह काल की सीमाओं को भी तोड़ना है, समय-प्रवाह में आगे भी बढ़ना है, पीछे भी लौटना है और कभी-कभी आगे बढ़ने के लिए पीछे लौटना है और कभी-कभी पीछे लौटने की ही प्रक्रिया में आगे बढ़ते जाना है।

विचित्र है यह आधुनिक युग का माहौल जिसमें जिज्ञासा एक पहलू से देखने पर ऋषियों की दिव्य दृष्टि लगे और दूसरे पहलू से सरकस के खिलाड़ियों का हास्यास्पद व्यायाम ! आस्था से श्रद्धापूर्वक सर झुकाइए और होठों पर बरबस हँसी आती जाए ! और तुर्रा यह है कि तटस्थ संजय तटस्थ भी नहीं है और पक्षधर भी नहीं। कृष्ण की तरह इस सारे युद्ध में सिर्फ वही मरता है, हर बार वही मरता है। चाहे किसी का ब्रह्मास्त्र छूटे, चाहे किसी की गदा चले, चाहे किसी धृतराष्ट्र का प्रवंचना-भरा लौह आलिंगन मिले, मृत्यु उसी की होती है। वह शिकायत भी नहीं कर सकता क्योंकि उसको मारने वाले के मन में भी जो-जो भटकन और

बेचैनी है, किसी अंश में संजय का उसके साथ भी तादात्म्य है।

[3]

क्रान्तिद्रष्टा नहीं हैं हम
मनीषी भी नहीं
मसीहा भी नहीं
पर, ओ भाई...

–मलयज

अच्छे थे वह जमाने जब दुनिया में मसीहा हुआ करते थे। एक ओर काफी गुनाह होते रहते थे; धर्म, नियम टूटते रहते थे, और दूसरी ओर कोई मसीहा आता था जो ख़ुद ईश्वर होता था, हाथ उठाकर कहता था कि सारे संशय छोड़कर मेरी शरण आओ। तुम्हारा समस्त 'योग-क्षेमं वहाम्यहम्' या कोई दूसरा मसीहा आता था जो ईश्वर नहीं तो ईश्वर का बेटा होता था और कहता था, तमाम दुनिया के पाप मैंने अपने कन्धे पर ले लिये हैं ताकि हे पिता, ये तुम्हारे तईं विश्वास लाएँ और तू इन्हें क्षमा करे। कवि भी छोटा-मोटा मसीहा होता था : 'कविर्मनीषी परिभूस्वयंभू'–'पोयेट दॅ अनएक्नॉलेज़्ड लेजिस्लेटर ऑफ़ दॅ वर्ल्ड।'

जमाना बदल गया है, जमाने का मिजाज बदल गया है। मसीहे निरर्थक लगने लगे हैं और 'योग-क्षेमं वहाम्यहम्'-जैसे मसीहाई वाक्य भारतीय जीवन-बीमा निगम के मोटो वाक्य बन चुके हैं। और हस्तिनापुर में 'कविर्मनीषी' का क्या हुआ है, उसको न जानना ही अच्छा है।

संजय मसीहाई के गर्व में यह नहीं कह सकता कि सबका पाप अपने कन्धों पर लेकर ही उसने कोई बहुत बड़ा काम किया है, न वह पूर्ण प्रभु और अपूर्ण जनसाधारण के बीच का जनसम्पर्क अधिकारी है। मसीहा ऊपर से आता था और बड़ी-बड़ी सभ्यताओं का कूड़ा-कचरा बटोरकर फिर ऊपर चला जाता था; तब तक के लिए जब तक कि वह कूड़ा-कचरा फिर न इकट्ठा हो जाए। संजय ने यह जाना कि नये युग के मिजाज का एक नया रंग निराला का है जो गुलाब के मुकाबले में कूड़े-कचरे या उस पर उगे कुकुरमुत्ते को तरजीह देने लगा है। दूसरी आवाज पन्त की है–'कूड़ा-कर्कट सब भू पर : लगता सार्थक औ सुन्दर !' और लो ! स्याह-सफेद, पवित्र-मलिन, अच्छे-बुरे की तमाम धारणाएँ सदियों से जमी-जमायी बिखर गयी हैं। मसीहाई के जमाने में तो बिलकुल स्पष्ट मालूम था कि एक पक्ष मर्यादा का होता है और दूसरा पक्ष अमर्यादा का, एक पक्ष का विनाश जरूरी है और दूसरे पक्ष का उद्धार। मगर यह कैसा अजब वातावरण है कि अच्छे और बुरे के बीच की रेखा बिलकुल अनिश्चित है। मर्यादा अगर टूटती है तो

उसके तोड़ने में सभी सहयोगी हैं—कोई कुछ कम, कोई कुछ ज्यादा ! 'टुकड़े-टुकड़े हो बिखर गयी मर्यादा, उसको दोनों ही पक्षों ने तोड़ा है, पाण्डव ने कुछ कम, कौरव ने कुछ ज्यादा !' और तब कोई भी ऐसा मसीहा नहीं रह जाता जो सामान्य संकट से निर्लिप्त सर्वोपरि हो और उस उलझन में दीख पड़ता है कि कृष्ण की मौत तथा परीक्षित की मौत एक ही कहानी के दो अध्याय बन जाते हैं।

और यहाँ से उसकी खोज फिर से शुरू होती है। यह खोज इतनी जटिल और इतनी कठिन है जितनी कि शायद पहले कभी नहीं रही। तमाम चीजों को देखने, उनकी अच्छाई-बुराई परखने का जो अन्दरूनी मापदण्ड था यह झूठा पड़ चुका है। हर युद्ध बाहर भी होता है और उसके मन में भी। वह मरने वाला भी है और जिस उपकरण ने मारा है वह भी उसी का है। वह परीक्षित भी है और अश्वत्थामा भी। इन सबके बीच से उसे चीजों का अर्थ खोजना है। बाहरी निगाह वालों के लिए दुनिया पहले से कहीं ज्यादा खुशनुमा, रंगीन और जगमग है। लेकिन उसके लिए वह रोशनी बुझ चुकी है जिससे दुनिया की तमाम रोशनियाँ देखी जाती हैं : तमाम रंग पहचाने जाते हैं।

मेरे शहर में एक नुमायश आती थी। उस छोटे उजाड़ बियावान शहर में वह वर्ष का सबसे उल्लासमय पर्व होता था। साल-दर-साल वही पुरानी दूकानें, वही बिजलियों का सजाव, वही शिवमूर्ति की जटाओं से निकलता फव्वारा ! मगर शहर का शहर उमड़ पड़ता था। उनके लिए वह सब हर बार नया था। उस दिन जालौन की मशहूर आतिशबाजी के खेल दिखाये जाने वाले थे। मेरे मोहल्ले का अन्धा बरेठा ग्राहकों के उधार के कपड़े पहनकर नुमायश जाने के लिए तैयार हो रहा था। नुमायश की ठसाठस भीड़ में मैंने उसे देखा। उसका लड़का उसका एक हाथ पकड़े था, धक्के खाता हुआ बाएँ हाथ से टटोलता-टटोलता वह अन्धा बरेठा नुमायश 'देख' (?) रहा था। थोड़ी देर में आतिशबाजियाँ छूटेंगी, आसमान में रोशनी के अजीबोगरीब खेल होंगे ! सौ-सौ रंगों के अनार छूटेंगे और मेरे मोहल्ले का अन्धा बरेठा उन्हें 'देखेगा' ! हाय रे उजाले की प्यास !

अगले दिन कुछ ऐसा हुआ उस शहर में जिसका शोर नुमायश से भी ज्यादा मच गया। वही कातिक का जमुना-स्नान का मेला। वही बचपन का बलुआघाट। शोर था कि उलटी गंगा बह आयी है। इलाहाबाद के संगम पर साफ दीखता है कि जमुना का हरा पानी इधर है, गंगा का सफेद पानी उधर, मगर आज गंगा का वह सफेद पानी बहुत दूर तक जमुना के अन्दर आ गया है और गऊ घाट से त्रिकोण बनाता हुआ करेलाबाग तक जमुना के अन्दर तक चला गया है। शहर में सनसनी थी। ऐसा सिर्फ एक बार कभी हुआ था जब बड़ा भारी अकाल पड़ा था। उसके पहले सन् सत्तावन का गदर हुआ था। अब क्या होगा !

लेकिन यह हुआ कैसे ?

दो-चार समझदार लोगों ने कहा कि शायद हरिद्वार के पास गंगा की नहर बन्द कर सारा पानी मूलधारा में डाल दिया गया है, क्योंकि नहर की मरम्मत हो रही है। लेकिन यह व्याख्या मोहल्ले के लिए बेकार थी। ठठ के ठठ लोग भय, आशंका और कुतूहल-भरे हुए बलुआघाट की ओर चले जा रहे थे। बरसों बाद उसी मेले की सड़क पर मैं जा रहा हूँ। साथ मेरे घर के कई लोग हैं। रुदौली से आये हुए बड़े जीजा, शान्ति, केशो और मोती। बारहदरी की सीढ़ियों पर मैं खड़ा हूँ। दिन ढल रहा है और जमुना के अन्दर दूर तक धँसकर आनेवाली गंगा छप-छप करती पाँवों को भिगो रही है। कैसा अजब है कि इस वक्त सारे मेले-ठेले से दूर मेरा ध्यान सिर्फ रंगारंग नुमायश में घूमते हुए उस अन्धे बरेठा पर केन्द्रित हो गया है ! सारी दुनिया उसके लिए सिर्फ आवाज है; अगणित प्रकार की घुली-मिली आवाजें, जिनमें से उसके लिए रंग, रोशनी और आकार अपने-आप उभर आते थे। सचमुच के रंग, रोशनी और आकारों से वे मेल खाते थे या नहीं, यह दीगर बात है। लेकिन उसने नुमायश की वह शाम उन्हीं आवाजों के सहारे भरपूर जीने की कोशिश की थी।

उलटकर उस गलत दिशा में वह आनेवाली गंगा की लहरें पत्थर की चिकनी साफ सीढ़ियों पर छप-छप करती हुई मेरे पाँव को भिगो रही हैं। धीरे-धीरे वे धवल लहरें लम्बी-पतली सफेद पट्टियाँ बन जाती हैं और लहरों के नीचे समय की जाने किस अतल गहराई से ऊपर उठ आता है एक चेहरा, आँखों पर पट्टियाँ बँधी हुई। यह तो गान्धारी है ! आँखें होते हुए जिसने आँखों पर पट्टियाँ बाँध ली थीं, बूढ़े धृतराष्ट्र के लिए ! क्यों, किसलिए उस वातावरण में मुझे गान्धारी की याद दिला गयी वह गंगा, मुझे आज तक नहीं मालूम।

फिर वह चेहरा लहरों में बह गया। लौट आया मेले का शोर और नुमायश की भीड़ में धक्के खाता हुआ मुहल्ले का अन्धा बरेठा !

अन्दर की रोशनी धुँधली है और हमें इस नुमायश में जीना पड़ रहा है और संजय को लगता है कि किसी अंश में शायद वह धृतराष्ट्र भी है। और वह मसीहे की तरह यह नहीं कहता कि तुम मेरे पास आओ, मैं भूखे को भोजन और अन्धे को दृष्टि दूँगा। वह सिर्फ यह कह रहा है कि युद्ध ऐसा अजीब है कि स्याह और सफेद घुल-मिल गये हैं। वह सिर्फ यह कह रहा है कि वधिक अश्वत्थामा और वध-लक्ष्य परीक्षित के बीच की रेखा बहुत क्षीण रह गयी है। और वह सिर्फ यह कह रहा है कि वह इन सबकी पीड़ाओं से परे नहीं है। उसकी मुक्ति कोई वैयक्तिक मुक्ति भी नहीं रह गयी है। सबकी मुक्ति में उसकी मुक्ति है क्योंकि वह सबकी एक सचेत इकाई है। सचेत इसलिए कि वह जानता है कि अभी उसे बहुत कुछ जानना शेष है और जानने की प्रक्रिया में उसे अच्छे-बुरे के बीच एकरंग होकर जीना पड़ रहा है और जीने की प्रक्रिया में वह जानता चल रहा है।

❑

एक घृणा : अनेक आयाम

इस बार ही नहीं, अनेक बार ऐसा हुआ है। पात्र के बारे में पूरे नोट्स बना लीजिए, यहाँ तक कि घटनाक्रम और संवादों की विस्तृत रूपरेखा भी सोच लीजिए, लेकिन जहाँ लिखते-लिखते पात्र अपने व्यक्तित्व को उपलब्ध कर ले गया, वहीं वह आपके हाथ में नहीं रहता। फिर उसका चरित्र-विकास अपने आन्तरिक क्रम के अनुसार होता है और आपका बनाया तथा कागज पर लिखा हुआ सारा ढाँचा नाकाफी साबित होने लगता है। अश्वत्थामा के बारे में भी यही हुआ। जब अन्धायुग के पूरे नोट्स बनाये थे और अंक-प्रति-अंक उसकी रूप-रेखा बनायी थी, तब कृष्ण के सारे मूल्य-मर्यादा-जाल को ध्वस्त करने का दायित्व गान्धारी पर था, लेकिन लिखते-लिखते गान्धारी शाप देकर कृष्ण के प्रति सहसा द्रवित हो गयी और विद्रोह तथा असहमति की कठिन भूमिका आगे आकर अश्वत्थामा ने सँभाल ली।

अश्वत्थामा का चरित्र ख़ुद मेरे लिए एक पहेली हो गया था। उसके आन्तरिक विकासक्रम में इतना प्रबल आवेग था कि मैं लिख डालता था और फिर काफी रात गये छत पर टहल-टहलकर सोचा करता था कि अब ? अश्वत्थामा की घृणा कटुता, आवेग, विक्षोभ—इन सबसे मैं आविष्ट था। कहीं-कहीं आक्रान्त भी। मैं बहुधा सोचता रहा था कि इतना ध्वंसात्मक, इतना पीड़ादायक पात्र मेरी चेतना में कहाँ अवस्थित था और क्यों ?

अन्धायुग की मूल पाण्डुलिपि समस्त मंच-संकेतों के साथ दृश्य काव्य के रूप में ही लिखी गयी थी। आकाशवाणी के उपयुक्त वह हो सकती है, इसका दूर-दूर तक खयाल नहीं था। एक दिन जब श्री सुमित्रानन्दन पन्त ने प्रस्तावित किया कि इसे वे आकाशवाणी पर प्रस्तुत करना चाहते हैं और स्वयं इसका निर्देशन करेंगे तो मुझे आश्चर्य हुआ। लेकिन जल्दी ही पता लग गया। योजना गोपालदास जी की थी। आकाशवाणी प्रयाग के तत्कालीन संचालक गोपालदास जैसा साहित्य का पारखी, उस माध्यम का जानकार और नवीनतम साहसी प्रयोगों को समझने वाला

कम मिलेगा। वे अन्धायुग की पाण्डुलिपि ले गये। हफ़्ते भर बाद मैं उनके यहाँ गया। मालूम हुआ कि उनकी बच्ची सख़्त बीमार है। लेकिन वे खाट के सिरहाने बैठकर रात-रात अन्धायुग में डूबे हुए हैं। मैं थोड़ा अपराधी-सा अनुभव करने लगा। मैंने उनसे कहा कि इस कार्यक्रम को स्थागित कर दें; शायद यह सफल नाट्यकृति न साबित हो, शायद रेडियो के उपयुक्त न हो ! वे कुछ नहीं बोले। मुझे पहुँचाने बँगले के फाटक तक आये और चलते-चलते कन्धे पर हाथ रखकर बोले, "लगता है, अश्वत्थामा को चित्रित करते-करते ख़ुद कुछ ठिठक गये हो !" "क्यों ?" मैंने पूछा। उन्हें सारे प्रसंग याद हो गये थे। प्रसंग का उल्लेख करते हुए बोले, "अमुक स्थान पर अश्वत्थामा कुछ कहना चाहता है और तुमने उसे नहीं कहने दिया। मैं वह संवाद दस-बारह बार पढ़ चुका हूँ। मुझे लगता है कि कहीं कुछ छूट-सा रहा है।" मैं जाकर कमरे से पाण्डुलिपि ले आया। फाटक पर खड़े-खड़े वह प्रसंग पढ़ा, लेकिन मुझे लगा कि संवाद पूरा है, कहीं कोई कमी नहीं।

लेकिन गोपालदास जी अपनी बात पर दृढ़ थे। जब मैं नहीं सहमत हुआ तो बोले, "तुम्हारे इस पात्र को मैं जीता रहा हूँ पिछले हफ्ते भर। मैं उसकी ओर से कह सकता हूँ कि लेखक कुछ अंश दबा गया है।" फिर हँसकर बोले, "जल्दी नहीं है, दो-तीन दिन बाद दोहराना इसे; तुम्हें मालूम है, इस रेडियो-नाटक में अश्वात्थामा की भूमिका ख़ुद मैं करूँगा !"

आठ-दस दिन बाद रिहर्सल में वे मुझे ले गये। उन्होंने अश्वत्थामा के वे संवाद बार-बार पढ़े और अकस्मात् मुझे एहसास हुआ कि कहाँ पर कौन-सा कथन जोड़ना है।

जिस दिन रेडियो पर पहली बार अन्धायुग प्रसारित हुआ, तमाम लोग रेडियो खोले बैठे थे और मैं अपनी साइकिल लिये अँधेरी सड़कों पर भटक रहा था। मेरी हिम्मत नहीं थी कि मैं उसका प्रसारण सुनूँ। अगर कहीं नितान्त असफल हुआ तो ? जिन पात्रों और प्रसंगों और संवादों को मैंने खास ढंग से परिकल्पित किया है, कहीं वे वैसे न प्रसारित हुए तो ? और गान्धारी और युयुत्सु और अश्वत्थामा—इन्हें ध्वनि में सजीव होते मैं कैसे झेल सकूँगा ? लेकिन साढ़े ग्यारह बजे रात को पता चला कि अन्धायुग अप्रत्याशित रूप से प्रभावोत्पादक सिद्ध हुआ। फिर भी मुझे भय था कि कहीं लोग मुझे केवल आश्वासन तो नहीं दे रहे हैं !

दूसरे दिन गोपालदास जी के कमरे में बैठकर पूरा रेकॉर्डेड टेप सुना और उस ध्वनि-नाट्य का अश्वत्थामा सारी घृणा को एक नया आयाम देता हुआ लगा । अश्वत्थामा की आवाज गम्भीर थी; उसमें विक्षोभ का कम्पन था लेकिन साथ ही एक संयम भी और नाटक के अन्य सन्दर्भों से जुड़कर ऐसा लगता था कि गोया अश्वत्थामा एक अत्यन्त दायित्वपूर्ण पात्र है। समस्त इतिहास में अपनी भूमिका को भलीभाँति समझते हुए, अपनी घृणा को दार्शनिक भाव से स्वीकारते हुए, कभी-कभी महसूस होता था कि अपने विरोध में भी वह कृष्ण से एक कण नीचा

नहीं। अपने सधे, गम्भीर, संयमित कम्पन वाले स्वर के द्वारा गोपालदास ने अश्वत्थामा की घृणा की जो व्याख्या प्रस्तुत की थी, उससे लगा कि अगर अनासक्त प्रेम के और अनासक्त युद्ध के दार्शनिक कृष्ण हैं तो अनासक्त विक्षोभ का प्रणेता अश्वत्थामा है।

और वर्षों बाद की बात। अलकाजी के खुली छत वाले मंच पर सत्यदेव दुबे द्वारा अन्धायुग का बिलकुल नये ढंग से प्रस्तुतीकरण। छत पर अँधेरा है, दर्शक सीढ़ीनुमा सीटों पर खामोश बैठे हैं और बहुत हल्के आलोक में एक पेड़ के सूखे तने के पास एक काँपता हुआ तीखी झकोर वाला प्रबल स्वर, "मैं क्या करूँगा ? हाय, मैं क्या करूँगा वर्तमान को, जिसमें मैं हूँ और मेरी प्रतिहिंसा है ?" और अश्वत्थामा का यह मर्मस्पर्शी स्वर दर्शकों को झकझोर जाता है। और एक के बाद एक प्रसंग—टूटे हुए धनुष के पास बैठा हुआ अश्वत्थामा, वृद्ध याचक की हत्या के प्रयास के बाद उसका कृपाचार्य से पूछना, "मैंने क्या किया मातुल ?"

यह एक दूसरा अश्वत्थामा है, गोपालदास के अश्वत्थामा से पृथक्। यहाँ दर्शन नहीं है, यहाँ है भावना, सर्वथा मानवीय भावना, बेहद नाराज, बेहद असन्तुष्ट, बेहद क्षुब्ध। एक के बाद दूसरा प्रसंग उसी भावना को और-और-और कड़वाहट देता जाता है; यहाँ तक कि जब नाटक समाप्त होता है और अश्वत्थामा की पीड़ा का शमन भी होता है तब भी अपने अपनी नियति को तो स्वीकार कर लिया है लेकिन कृष्ण से समझौता नहीं किया है। लगता है जैसे वह घृणा का एक जीवन्त ज्वालामुखी है—पिघला लावा और अंगारे और धधकती चट्टानें जिसके अवचेतन में उबल रही हैं और उसका एक-एक शब्द पिघली हुई आग की तरह हमें दहका जाता है !

नाटक समाप्त होने के बाद भी जैसे अश्वत्थामा के संवाद अँधेरे में प्रेत की तरह चीत्कार करते छूट जाते हैं।

इस बार अश्वत्थामा की भूमिका में थे मानवेन्द्र चिटणीस—लीला चिटणीस के पुत्र। मराठी और अंग्रेजी रंगमंच के अभिनेता, हिन्दी में पहली बार। मैंने ज़ब उनसे कहा कि उनका अभिनय सचमुच अविश्वसनीय रूप से सफल था तो अकस्मात् उनके स्वर से भावना गायब हो गयी और कुछ तटस्थ स्वर से बोले, "शायद इसलिए कि मेरी अपनी जिन्दगी में बहुत कड़वाहटें रही हैं, बहुत ! शायद इसीलिए !"

दो वर्ष बाद जब थियेटर यूनिट ने पुनः अन्धायुग के प्रस्तुतीकरण की तैयारी शुरू

की, तब सत्यदेव दुबे ने सूचित किया कि वे स्वयं अश्वत्थामा की भूमिका ले रहे हैं। अनेक लोग उनके इस निर्णय से सहमत नहीं थे क्योंकि उन्हें लगता था कि इतनी श्रमसाध्य भूमिका स्वयं ले लेने के बाद प्रस्तुतीकरण और निर्देशन में दुबे शायद पूरा समय न दे पाएँ। लेकिन दुबे के निश्चय अंगद के पाँव होते हैं। फिर बात करने पर लगा कि इस भूमिका को वे कुछ और व्याख्या देना चाहते हैं और उन्होंने इस पर काफी मनन किया है।

और जब इस बार अश्वत्थामा रंगमंच पर आया तो वह अन्दर से बेहद भरा हुआ था, इस कदर कि लगता था कि संवाद के शब्द उसके लिए यथेष्ट नहीं पड़ रहे हैं और कथ्य इस कदर तेज हो गया है कि शब्द उसके पीछे-पीछे भाग रहे हैं। यह अश्वत्थामा कृष्ण से तुमुल विवाद में ग्रस्त था। लगता था, सारी असंगतियों, विषमताओं के बारे में वह प्रश्न पर प्रश्न उठाता चला जा रहा है; कोई उत्तर उसे सन्तुष्ट नहीं कर पा रहा, और उसकी खीज बढ़ती जा रही है और सारी खीज विक्षोभ, घृणा, तैस और छटपटाहट एक अन्यायपीड़ित पात्र की नहीं है, एक अनुत्तरित प्रश्न की है।

गोपालदास और मानवेन्द्र के अश्वत्थामा से यह अश्वत्थामा पृथक् था।

नाटक एक सहकारी कला है और अभिनेता भी नाटक की मूल परिधि के अन्दर रहकर कितनी मौलिकता व्याख्याओं में ला सकता है, यह इस दौरान मेरे समक्ष स्पष्ट होता गया। अभिनेता के इस अधिकार की सीमा कहाँ पर है, यह एक अलग प्रश्न है; मेरे समक्ष लेखक के नाते एक दूसरा प्रश्न शुरू से रहा है—इतनी घृणा, इतना ध्वंस, इतना विक्षोभ आखिर क्यों ? अश्वत्थामा ऐसा क्यों होता गया अपने-आप मेरे लिखते-लिखते ?

इसका जवाब मुझे जिस दिन मिला था, वह दिन भी मुझे याद है। अपने मित्र फादर एक्स्ट्रास से घण्टों बातें होती थीं इन तमाम सवालों को लेकर। सार्त्र का विकल्प और अस्तित्ववाद, वैष्णवता, कैथोलिक मानववाद, हमारा वर्तमान भारतीय बौद्धिक विघटन और बात चलते-चलते जाने कहाँ आयी कि मुझसे घोर असहमत होते हुए वे बोले, "तुम कभी-कभी अश्वत्थामा की तरह बोलने लगते हो !" फिर जब हम लोग टहलते-टहलते गिरजे के बगल में वर्बीना की नीली क्यारियों के पास पहुँचे तो एक बेंच पर बैठ गये और कहने लगे, "घृणा का भी एक औचित्य है। जानते हो, हमारे यहाँ कहा जाता है—Hatred is the best apprenticeship to love. घृणा प्रेम का पूर्वाभ्यास है !"

तो क्या यह अश्वत्थामा की घृणा का एक और आयाम है ?

❑

व्यक्तित्व और कृतित्व

जलौघमग्ना सचराचरा धरा

जब बाहर का सारा जीवन दैन्य, पराजय, कुण्ठा, विकृति, पाशविकता और कुरूपता से इस कदर आक्रान्त हो गया हो कि उसमें मनुष्यता के लिए तिल-भर भी जगह न बचे तथा जो कुछ भी मानवीय है वह कुण्ठित, बौना, भ्रष्ट और खण्डित होने को विवश हो जाए, उस समय हमारे सामने कौन-सा विकल्प है ? क्या हम इन तमाम स्थितियों से आँख चुराकर किसी कल्पित, अमानवीय, अलौकिक सौन्दर्य की कल्पना में अपने को झुठलाएँ या इन मानव-विरोधी भ्रष्ट व्यवस्थाओं को ही अपने अस्तित्व की एकमात्र आधारभूमि मानकर मनुष्यता की थाती पर से अपना विश्वास ही खो बैठें ? इतिहास में सिर्फ आज नहीं, अनेक बार ऐसी अन्धकारमय स्थितियाँ आती हैं। शायद यह जरूर है कि संकट की यह गहनता और व्यापकता इतनी पहले कभी नहीं थी जितनी कि आज है।

कुछ जातियों में, खास तौर से उनमें जो आन्तरिक रूप से अत्यधिक कल्पना-प्रवण रही हैं और सांस्कृतिक स्तर पर वैभव-सम्पन्न, बहुधा एक अद्भुत क्षमता दीखती है—मिथकों और प्रतीकों के निर्माण की, और फिर उन मिथकों और प्रतीकों के सहारे अपनी उस आन्तरिक संकल्पशक्ति को जगाने की जो इस गहन संकट के समय उनके खण्डित होते हुए व्यक्तित्व को, उनकी पिसती हुई, क्षय होती हुई मानसिकता को नयी ताकत देती है और वे पुनः इस संकट से जूझती हैं और मनुष्यता के तत्त्व को फिर से स्थापित करती हैं। परम्परा, समाज-व्यवस्था, राजसत्ता, धर्म, नियम, आचार, नैतिकता सबकी कठोरतम वर्जनाओं को निर्ममता से जाँच कर स्वीकार या अस्वीकार की एकमात्र कसौटी होती है, संकट के समक्ष अपने मनुष्यत्व की रक्षा और उसकी प्रतिष्ठा करता हुआ मनुष्य, और वे साहस से उद्घोष करती हैं : 'सबार ऊपरे मानुषेर सत्य तम्हार ऊपरे नाईं।'

वह कौन-सा क्षण था जिस समय एक अत्यन्त संवेदनशील, अध्ययन समृद्ध, गहन दृष्टि वाले लेखक ने उन सारी गलित वर्जनाओं, झूठी रूढ़ियों, भ्रान्त किन्तु हजारों वर्षों से प्रतिष्ठित मानव-विरोधी धारणाओं के नीचे पिसती हुई, हर तरफ से डरी हुई मानसिकता को एक अमृत वाक्य देने का संकल्प किया, एक

मूल-मन्त्र, 'किसी से भी न डरना, गुरु से भी नहीं, मन्त्र से भी नहीं, लोक से भी नहीं, वेद से भी नहीं !' (बाणभट्ट की आत्मकथा) हजारों साल से, वेद से, शास्त्र से, पंचायत से, गुरु से, जाति-बिरादारी से, स्वर्ग से, नरक से, कर्म-फल से, सगुन-असगुन से, कैलाश से लेकर आँगन की तुलसी तक में वास करनेवाले तैंतीस करोड़ देवताओं से, पत्रा-पंचांग से, साधु और फकीर से, राजा और पटवारी से और सिपाही से लेकर राह काटनेवाली बिल्ली तक से डरनेवाली कायर जाति जो दूसरी ओर नृशंस होकर जिन्दा औरतों को जलाने तक की अमानुषिकता पर उतर आती थी, उसकी सारी व्यवस्था के बीच खड़े होकर किस पीड़ा और किस साहस से उसने ललकारा था, "पाखण्डी ! तेरे सब शास्त्र पाखण्ड सिखाते हैं, तुझे धोखा देते हैं; जो तेरे भीतर सत्य है उसे दबाने को कहते हैं; जो तेरे भीतर मोहन है उसे भूलने को कहते हैं; तू जिसे पूजता है उसे छोड़ने को कहते हैं !" और इसीलिए मूल-मन्त्र था, "डर मत ! कुछ भी डर से मत स्वीकार ! अपने मनुष्यत्व को, अपनी देह को, अपने मन को गर्हित या त्याज्य मानकर मत आरम्भ कर ! तूने देह धारण की; यह देह-धारण ही तेरे पाप का प्रमाण है, अतः इसे दण्ड मानकर स्वीकार करना—यह चिन्तन मानव-विरोधी है ! क्यों नहीं मनुष्य अपने सत्य को देवता समझ लेता आर्य ?"

कैसे संकल्प-समृद्ध परिपूर्ण आस्था है, शिरीष फूलों-सी मृदुल और वज्र से भी कठोर !

❑

शान्तिनिकेतन में जिस कुटिया में द्विवेदी जी रहते थे, वहाँ से प्रार्थना-प्रांगण को जानेवाली पगडण्डी पर एक विशाल शिरीष वृक्ष पड़ता है। उतरते फाल्गुन चढ़ते वैशाख के दिन थे। नर्मदेश्वर जी और शिवनाथ जी भोर में ही मुझे उठा देते थे और फिर हम लोग हिन्दी भवन के पीछे खड़े होकर पण्डित जी की प्रतीक्षा करते थे। भोर के धुँधलके में प्रार्थना-प्रांगण की ओर जाते हुए नर्मदेश्वर और शिवनाथ जी से तमाम दुनिया की बातें करते हुए पण्डित जी को यह क्या मालूम था कि धीरेन्द्र जी का भेजा हुआ यह दुबला-पतला संकोची स्वभाव का शोधछात्र, जो चुपचाप पीछे-पीछे चल रहा है (निगाह बचाकर शिरीष का एक झब्बेदार फूल भी तोड़ लेता है), वह मन-ही-मन पण्डित जी की बाणभट्ट की आत्मकथा से मिला हुआ एक गुरु-मन्त्र दोहरा रहा है : 'किसी से भी न डरना, गुरु से भी नहीं, मन्त्र से भी नहीं, लोक से भी नहीं, वेद से भी नहीं।'

अपनी उस कॉटेज के बरामदे में बैठे हुए, कभी नाथ सम्प्रदाय पर बात करते हुए, कभी सूफी फकीरों के लतीफे सुनाते हुए, कभी ठठाकर निश्छल हँसी हँसते

हुए और कभी आम्र वृक्ष के नीचे घास और सूखे पत्तों पर बैठे छात्रों को लेक्चर देते हुए पण्डित जी...और निपुनिका (निउनिया) के हाथ का पान खाते हुए, चण्डीमण्डप में बाबा से निडर होने का मन्त्र लेते हुए, नौका-युद्ध के साथ गंगा में डूबती भट्टिनी को बचाते हुए और उनके उपास्य महावाराह की मूर्ति का उद्धार करते हुए बाणभट्ट। मेरे मन में ये दोनों छवियाँ एक-दूसरे में घुलती-मिलती रहती थीं। मैं प्रयाग से आया हुआ बटुक था। हमारी नगरी में संगम में जहाँ गंगा-जमुना मिलती हैं वहाँ दूर से एक रेखा स्पष्ट दीखती है, उधर हरा जल, इधर दूधिया, लेकिन बिलकुल पास जाओ तो सब घुला-मिला; पता नहीं चलता कहाँ से जमुना खत्म होती हैं, कहाँ से गंगा शुरू हो जाती हैं। डॉ. प्रबोधचन्द्र बागची से तन्त्र के पाठ लेकर और शान्ति भिक्षु से वज्रयान के पाठ लेकर लौटता था और अकसर चुपचाप हिन्दी-भवन वाले अपने कमरे की खिड़की से पण्डित जी को अपनी कुटिया के बरामदे में बैठे देखता रहता था—कभी बाणभट्ट, कभी पण्डित जी ! तब से बराबर मानो यह आदत बन गयी। कितनी बार पण्डित जी मिले, उनसे बातें बहुत कम करना, बस उन्हें देखना (शायद उनसे खुलकर बातें एक ही बार हुईं जब वे दोपहर के खाने पर रघुवंश जी के यहाँ आये थे और साथ में थे छोटे-से मुकुन्द जी सफेद कमीज हाफपैण्ट पहने)।

और हमेशा शुभ्र खादी के कुरते-धोती और दुपट्टे में उनकी हँसती हुई छवि ने बार-बार यह प्रश्न जगाया कि वह कौन-सा क्षण होगा, किस आत्म-मन्थन की परिणति होगी, किन अनुभवों का साक्षात्कार होगा, जो उन्हें उस विस्फोटक सत्य तक ले आया कि किसी से भी न डरो, लोक से भी नहीं, वेद से भी नहीं !

❑

आज यह कहने में कोई संकोच नहीं मुझे कि वाराणसी के जिस समुदाय ने पण्डित जी का विरोध किया, वह शायद इसीलिए कि बौद्धिकता और चिन्तन के धरातल पर वह 'बाणभट्ट की आत्मकथा', 'सूर साहित्य', 'कबीर', 'हिन्दी साहित्य की भूमिका' के लेखक से बहुत-बहुत छोटा था। पण्डित जी ने पहली बार एक दृष्टि दी थी जिससे हम अपनी सारी साहित्य-परम्परा की जीवन से सम्पृक्ति और युग से उसकी प्रतिबद्धता के आन्तरिक धरातल को समझ सकें। न केवल साहित्य वरन् जीवन के धरातल पर भारतीय मानसिकता जिस चिन्तन-पारतन्त्र्य से दो हजार वर्ष से ग्रस्त थी, उसे खुली चुनौती देने का एक साहसपूर्ण प्रयास इस चिन्तक ने किया था।

इस चुनौती का मूलबिन्दु 'कबीर' में नहीं वरन् सूर साहित्य में मिलता है, वहाँ जहाँ पण्डित जी ने कतिपय पश्चिमी अध्येताओं की इस धारणा का विवेचन किया

है कि भारतीय भक्ति-आन्दोलन मध्यकालीन ईसाई प्रभावों की देन है। पण्डित जी ने उस समय ईसाई भक्तों की और भारतीय वैष्णव भक्तों की मूल जीवन-दृष्टि का अन्तर बताते हुए कहा था कि ईसाई परिकल्पना मनुष्य जीवन में व्याप्त सारे दुःख और वेदना को उस आदिम पाप का दण्ड मानती है जो आदम ने अदन के बाग में किया था वर्जित फल को चखकर। इसीलिए अपने शरीर को कष्ट पहुँचाकर तपःपूत होना ही पश्चात्ताप का एकमात्र मार्ग है ईसाइयत में।

किन्तु तन्त्र से लेकर भक्ति तक जो हमारी जीवन-दृष्टि विकसित हुई, वह प्रवृत्तियों के हनन की नहीं थी, और 'बाणभट्ट की आत्मकथा' के गुरु ने विरति-वज्र से यही कहा था, "देखो ! न तो प्रवृत्तियों को छिपाना उचित है, न उनसे डरना कर्त्तव्य है, न लज्जित होना युक्तियुक्त है।" और इसी बात को सुचरिता ने कहा था, "मानव-देह केवल दण्ड भोगने के लिए नहीं बनी है आर्य ! यह विधाता की सर्वोत्तम सृष्टि है। गुरु ने अब यह रहस्य मुझे समझा दिया है। मैं जिसे अपने जीवन का सबसे बड़ा कलुष समझी थी, वही मेरा सबसे बड़ा सत्य है !"

भारतीय मानसिकता को हजारों वर्षों से अनेकानेक भयों की सृष्टि करके दबाया गया था। इसी भय के बस वह एकांगी होकर कभी एक ओर, कभी दूसरी ओर झुकती रही। कभी देह से और कभी चेतना से मुक्ति पाने की विचित्र अमानुषिक राहें उसने ढूँढ़ीं। कभी अपने पापी कल्मषमय शरीर को जिन्दा आरे से कटवाकर 'कासी करवत' लेना और कभी केवल मदिरा और मैथुन के चरम उन्माद में जीवित शव-साधन कर अपने को पशुता के धरातल पर उतार देना—दोनों ही एकांगिताओं में अपनी मानवीय मानसिकता और उसकी सार्थकता को प्रतिष्ठित करने का आग्रह नहीं था; दोनों ही में पलायन था, एक में देह को ही दण्डनीय मानकर और दूसरे में मानवीयता को बोझ मानकर।

इन दोनों अतिरंजनाओं का अतिक्रमण कर सही रास्ता वैष्णव चिन्तन ने सुझाया था जिसने बताया था कि यह मनुष्य अपने देह और मन दोनों से पवित्र है लेकिन उसकी सार्थकता केवल आत्मनिष्ठ हिंस्र गुहावासी पशु की भाँति अमानुषिक और आक्रामक बने रहने में नहीं है, बल्कि समग्र मानवता की ऐतिहासिकता का सार्थक अंग बनने में है। इसी बात को अगर वैष्णव शब्दावली में कहें तो सुचरिता के शब्दों में, "वस्तुतः कल्मष भी मनुष्य का अपना सत्य है; उसे स्वीकार करके ही वह सार्थक हो सकता है। दबाने से वह मनुष्य को नष्ट कर देता है। समस्त गुण और अवगुण जब तक निर्विकार चित्त से नारायण को नहीं सौंप दिये जाते तब तक वे भार मात्र हैं।"

हमने प्रारम्भ में यह कहा था कि गहनतम संकट के क्षणों में महान् जातीय प्रतिभा जिन सार्थक मिथकों और प्रतीकों की कल्पना करती है, उससे उस जाति की आन्तरिक संकल्प-क्षमता का पता चलता है। यह केवल संयम की बात नहीं

कि द्विवेदी जी ने वैष्णवता के अनेकानेक अवतार-प्रतीकों में से महावाराह का प्रतीक चुना। कल्मष और कीचड़ में धँसती हुई धरती का उद्धार महावाराह ने किया। सारे कालिख और कीचड़ में धँसकर भी उसमें से संरक्षणीय मानवीय तत्त्व को बचा ले आने और उसको पुनः प्रतिष्ठित करने की क्षमता। यह प्रतीक बहुत कुछ कहता है जिसे आज के सन्दर्भ में समझा जाए तो बहुत से महत्त्वपूर्ण विचारसूत्र निकल सकते हैं।

आज के मानवीय संकट का विवेचन करते हुए उस कीचड़ की बाढ़ का, उस सैलाब का जिक्र बार-बार आया है जिसकी व्यंजना 'जलौघमग्ना सचराचरा धरा' से होती है। एक ओर मूल्यों का सम्पूर्ण विघटन, दूसरी ओर मनुष्य में नूतन मूल्यान्वेषण की क्षमता और साहस का क्षय हमें कहाँ ले आया है, इसके लिए मुझे 'मानव-मूल्य और साहित्य' में भी सैलाब का प्रतीक सूझा—'इस क्रमभग्नता के दौर में स्थिति बिलकुल विपरीत होती है, निरर्थक विशृंखल क्षणों का एक सीमाहीन सैलाब, मनु के जलप्लावन जैसा...उसके चारों ओर जो भी बहाव है वह उसे कहीं ले नहीं जाता। इधर से उधर थपेड़े देकर तोड़ता रहता है...एक अस्पष्टता की कुहेलिका...न मनुष्य के अन्दर अन्तरात्मा रह जाती है जो संसार का मूल्यांकन कर सके और न उसके बाहर कोई व्यवस्था जिसका मूल्यांकन किया जाए। ऐसा लगता है, जैसे एक शून्य दूसरे शून्य के सैलाब में फँस गया हो !'

और शून्य के इसी सैलाब में से उपजता है भय और अविवेक और निष्क्रियता और संकल्पहीनता और निरुद्देश्य हिंस्रता ! और वही भय संस्कृति में आन्तरिक रुग्णता बनकर पैठ जाता है। अस्तित्ववादी गैब्रियल मार्सेल कहता है, "हम आज कहते हैं, हमारी संस्कृति मरणोन्मुख है। इसके अर्थ क्या हैं ? क्या कोई भूचाल उसे नष्ट कर रहा है...नहीं, मरणोन्मुख संस्कृति से मतलब होता है कि हमारी संस्कृति का आन्तरिक मूल्य कुछ नहीं रहा। मनुष्य में आन्तरिक रुग्णता आ गयी है। क्या यह आन्तरिक रुग्णता केवल एक शिविर में या एक व्यवस्था की संस्कृति में है ? नहीं, हमारी वर्तमान स्थिति में दोनों ओर की व्यवस्थाएँ प्रगति की शत्रु हैं। अतः वे जानबूझकर मनुष्य की आन्तरिकता को रुग्ण और कुण्ठित बना रही हैं। वैयक्तिक आन्तरिकता के विरुद्ध इस गुप्त कीटाणु-युद्ध के तरीके बड़े ही विचित्र और नृशंस हैं। व्यक्ति में भय का संचार किया जाता है। भय-संचार की इस टेकनीक का पूर्णतम विकास पूँजीवादी देशों में अणु बम के रूप में हुआ है और साम्यवादी देशों में चिन्तन-पारतन्त्र्य के रूप में !"

इस अणु बम और चिन्तन-पारतन्त्र्य ने हमें इतिहास के उस मोड़ पर लाकर खड़ा कर दिया है जहाँ आज का किशोर मानस एक ओर रेडगार्ड बन गया है, दूसरी ओर बीटनिक। एक ही सिक्के के दो पहलू, दोमुँहा भय। और उसी से पैदा होता है पाखण्ड और जब उसी पाखण्ड का एक अदना भारतीय प्रवक्ता मार्क्सवाद

का झण्डा हाथ में लेकर मारिजुआना की तिजारत और मानसिक ऐयाशी की वकालत करता नजर आता है, आलोचना की अदालत में तो हमें आश्चर्य नहीं होता। भय और उससे उत्पन्न इन तमाम पाखण्डपूर्ण स्थितियों का एहसास भारत में ख़ूब अच्छी तरह हो रहा है।

❑

'बाणभट्ट की आत्मकथा' के प्रकाशन को आज बीस वर्ष हो गये। लगभग उतना ही समय गुजरा हमें आजादी पाये हुए। आर्यावर्त को आक्रामक दस्युओं से मुक्त कराने का स्वप्न लेखक ने देखा था लेकिन आजादी के बाद के बीस वर्षों में क्या आक्रामक दस्यु घटे या पराजित हुए ? क्या सचमुच भट्टिनी के महावाराह की रक्षा हुई ? क्या सचमुच हमारी राष्ट्रीय मानसिकता भय से मुक्त हुई या नये-नये ढंग से नये-नये शास्त्र, नये-नये देवता, नयी-नयी जाति, वर्ग और वर्ण-चेतना का नया अहंकार, नये-नये राजपुरुष और नये से नये पाखण्डों का अन्धकार हमको ग्रसता गया, हम नये भयों के शिकार होते गये ? और न केवल जीवन वरन् साहित्य-चिन्तन के स्तर पर यह मिथ्याचारी, झूठे चेहरों वाला गर्हित पाखण्ड और भी मुखर नहीं होता गया, और भी बेशर्म नहीं होता गया ?

और कभी-कभी मैं फिर उसी तरह बिना कुछ कहे पण्डित जी की ओर चुपचाप देखता हूँ कि 'किसी से भी न डरना' का मूल-मन्त्र देनेवाले की वाणी मन्द क्यों रही ? जिसने लोक से भी और वेद से भी निडर होने की बात कही थी, वह पिछले कितने ही वर्षों से ऐसी ज्वलन्त समस्याओं पर या तो चुप है या जब वह बोलता है तो कुछ ऐसा जिसमें किसी को भी नाराज न करने की वर्तुलता होती है। न लोक नाराज हो, न वेद नाराज हो, न गुरु नाराज हो, न मन्त्र नाराज हो। क्या नामवरी और बदनामवरी की चिन्ता उसके प्रखर चिन्तन पर कहीं बोझ बन गयी है ? या जिन धरातलों पर उसने चिन्तन किया था, वास्तविक साहित्यिक जगत् में उससे कहीं पृथक् धरातल के कष्टप्रद साक्षात्कार ने उसको क्लान्त और दुखी कर दिया है ?

लेकिन द्विवेदी जी ने ही लिखा था कि 'दुःख तो केवल मन का विकल्प ही है।' अपने को निश्शेष भाव से दे देने के बाद वह दुःख कितने बड़े सुख में परिणत हो जाता है, यह भी उन्होंने लिखा है। अपने को सत्य के प्रति निश्शेष भाव से अर्पित कर देने की क्षमता उनमें है, यह मैं जानता हूँ। और इसीलिए मैं जानता हूँ कि कहीं धीरे-धीरे वह विस्फोटक क्षण पक रहा है। और फिर वे उसी ज्वलन्त वाणी में कहेंगे, "अमृत-पुत्रो, प्रजा में मृत्यु का भय छा गया है। यह अशुभ लक्षण है। न्याय जहाँ से भी मिले वहाँ से उसे बलपूर्वक खींच लाओ। यदि तुम नहीं

समझते कि न्याय पाना मनुष्य का धर्मसिद्ध अधिकार है और उसे न पाना अधर्म है तो भारतवर्ष का भविष्य अन्धकार से आच्छन्न है। म्लेच्छवाहिनी सेना पहली बार नहीं आ रही है, अन्तिम बार भी नहीं आ रही है, तुम यदि आज तुवर मिलिन्द और श्री हर्षदेव की आशा पर बैठे रहोगे, तो सम्भवतः आज यह विपत्ति टल जाए, परन्तु कल नहीं टलेगी। तुवर मिलिन्द और श्री हर्षदेव सदा नहीं रहेंगे पर तुम्हें सदा रहना है। राजा, महाराजा और सामन्त स्वार्थ के ग़ुलाम बनते जा रहे हैं। प्रजा भीरु और कायर होती जा रही है। धर्माचरण में व्याघात इसीलिए उत्पन्न हुआ है कि राजा अन्धे हैं, प्रजा अन्धी है, विद्वान् अन्धे हैं। यह बड़ा अशुभ लक्षण है। अपने-आपको बचाओ, धर्म पर दृढ़ रहो, न्याय के लिए मरना सीखो, मृत्यु का भय माया है।" (बाणभट्ट की आत्मकथा)

❑

उन्हें नहीं मालूम कि जीवन के कभी-कभी कितने गहन अन्धकारमय क्षणों में 'बाणभट्ट', 'सूर साहित्य' और 'कबीर' के उनके कितने ही वाक्यों ने मुझे [illegible]ना उजाला और कितनी शक्ति दी है। केवल मुझे ही नहीं, उनके कितने ही [illegible]कों को, शिष्यों को, मित्रों को। यदि आज इस वेला में उन्हें श्रद्धा देने का अधिकारी अपने को पाता हूँ तो यह भी उन्हीं की प्रेरणा है और यदि उनसे कुछ निवेदन करने की सामर्थ्य पाता हूँ तो यह भी उन्हीं की प्रेरणा है। आज उनकी षष्टि-पूर्ति के अवसर पर भी धुँधलके में उसी तरह शिरीष वृक्ष के नीचे चुपचाप उन्हें मन-ही-मन प्रणाम कर रहा हूँ और उनसे पाये हुए इस गुरु-मन्त्र को दोहरा रहा हूँ कि सत्य के लिए 'किसी से भी न डरना, लोक से भी नहीं, वेद से भी नहीं।'

❑

मध्यवर्ग का सैलाब और बूढ़ा मछेरा

[अमृतलाल नागर का 'अमृत और विष' : एक समीक्षा]

"ही वाज़ स्टिफ़ ऐण्ड सावर नाउ ऐण्ड हिज़ वूण्ड्स ऐण्ड ऑल ऑफ़ दॅ स्ट्रेण्ड पार्ट ऑफ़ हिज़ बॉडी हर्ट विद दॅ कोल्ड ऑफ़ दॅ नाइट। आई होप आई डू नॉट हैव टु फ़ाइट अगेन, ही थॉट। आई होप सो मच आई डू नॉट हैव टु फ़ाइट अगेन।

बट बाई मिडनाइट ही फ़ाट ऐण्ड दिस टाईम ही न्यू दैट दॅ फ़ाइट वाज यूज़लेस।" अर्नेस्ट हेमिंग्वे : ओल्ड मैन ऐण्ड दॅ सी।

"अब वह उकठकर बदमिजाज हो चला था और उसके जख्म और बदन के सभी ऐंठे हुए हिस्से रात की ठण्ड में टीसने लगे थे। उम्मीद है कि अब फिर जूझना नहीं पड़ेगा, उसने सोचा। बहुत-बहुत उम्मीद है कि अब फिर जूझना नहीं पड़ेगा।

मगर आधी रात चढ़ते-चढ़ते उसे फिर जूझना पड़ा और वह जानता था कि इस बार जूझना बेकार है।"...

❑

इस बार के जूझने में एक फर्क और है। वह न हेमिंग्वे का मछुआरा है और न संग्राम-स्थल एक अनन्त क्रूर और फिर भी मोहक समुद्र; दुश्मन भी उस दन्तुल मत्स्य की तरह प्राणघातक नहीं बल्कि भोला और निरीह है। इस बार जूझने वाला है निम्न मध्यवर्ग का एक लेखक अरविन्द शंकर—अपनी परिस्थितियों, अपनी विफलताओं, गलित पुरानी रूढ़ियों, झूठे पड़ते हुए नये मिथ्या-मूल्यों से निरन्तर जूझता हुआ। और चारों ओर समुद्र नहीं है, भारतीय मध्यवर्ग का स्वातन्त्र्योत्तर उद्वेलन मात्र है जिसमें इतिहास का छूटा हुआ कूड़ा भी है और नयी आशाओं-आकांक्षाओं का ज्वार भी और उतार भी। लेकिन यह सच है कि हेमिंग्वे के मछुआरे की तरह अरविन्द शंकर भी उकठ चुका है। उसके जख्म रह-रहकर

टीस उठते हैं, वह बहुत बार थककर संघर्ष विमुक्त होना चाहता है, मगर इसके बावजूद उसे जूझना पड़ता है और वह फिर जूझता है और जूझने के दौरान वह अनेक ऐसी बातें सोचता है, जो हेमिंग्वे के मछुआरे के लिए अकल्पनीय हैं, मसलन–

'क्या भाग्यवादी हो गये ?...मेरे मन, तूने टेढ़ा सवाल पूछ लिया। मैं फैशनेबिल हैकड़ी के साथ इसे नकार तो हरगिज न सकूँगा। ऐसा लगता है कि जीवन के पीछे कोई महाविधान है और यह भी मैं जानता हूँ कि मनुष्य अपना भाग्य बदल सकता है, नया भाग्य बना सकता है और यह भी उसी नियम के अन्तर्गत है।'...यही नहीं, अरविन्द शंकर की कशमकश जहाँ उलझी हुई है वह गाँठ भी बूढ़े मछेरे के लिए अपरिचित है–'असलियत कहीं और है। अब हम अँधेरे और उजाले को अलग-अलग करके उसी अलग-अलग ख़ूबियों और खामियों को तो ख़ूब बखान चुके लेकिन अब इससे ही काम चलता दीख नहीं पड़ता। बीती सदियों में निष्ठा के साथ किये गये इस विश्लेषण के मुख्य सूत्रों-उपसूत्रों को हमें फिर से बाँट-छाँट और गुन-धुन करके बँटना चाहिए। अँधेरे-उजाले को अलग-अलग न करके संयुक्त रूप में ही देखना चाहिए जैसाकि वह वस्तुतः है, वह एक है दो नहीं। क्या मैं शंकराचार्य के अद्वैत दर्शन के निकट पहुँच गया ?' यह शब्दावली और यह कशमकश अरविन्द शंकर की है, बूढ़े मछेरे की नहीं। बूढ़ा मछेरा तो उस महामत्स्य को मारने के बाद केवल यह सोचता है कि क्या उसने पाप किया है ? और फिर इस पाप-भावना का निराकरण वह यों करता है कि...पर वह दीगर बात है और हेमिंग्वे पर अधिक सोचने से हम शायद अरविन्द शंकर को समझने में गलती भी कर जाएँ, क्योंकि नागर जी के इस उपन्यास में अन्त तक हेमिंग्वे के मछेरे का प्रतीक अरविन्द शंकर को याद अवश्य आता रहा है (और इसीलिए मुझे हेमिंग्वे से शुरुआत करनी पड़ी), किन्तु वह बिम्ब उसके लिए सहज और सत्य नहीं है। अन्तिम वाक्य है–'इस समय भी मेरे दो जीवनाधार तो हैं ही, एक तो धुर बचपन में मुझे ढकेल-ढकेलकर अपने साथ दौड़ा ले चलनेवाला मेरा अनन्य साथी बछेड़ा और दूसरा वह औपन्यासिक नायक मछेरा।' अरविन्द शंकर के लिए इनमें से पहला ही बिम्ब अधिक सहज और सत्य है।

आज से कई वर्ष पहले नागर जी ने जब इस उपन्यास की शुरुआत की थी और इसके कुछ प्रारम्भिक अध्याय बम्बई में सुनाये थे तो पुत्ती गुरु की लड़की के ब्याह और बारात वाला अंश बहुत पसन्द किया गया था, लेकिन लगता था कि यह तो नागर जी की कलम का जाना-पहचाना क्षेत्र है ही, अरविन्द शंकरवाला अंश इससे बिलकुल मेल नहीं खाता था और आश्चर्य हो रहा था कि इन दोनों बेमेल स्वरों को सामंजस्य में वे कैसे बिठा पाएँगे और शिल्प का रूप अन्त में कैसा उभरेगा। अब उपन्यास शुरू करने के बाद कुछ अध्यायों तक तो कथा कहने के

इस असाधारण ढंग के कुछ झटके लगते हैं लेकिन उपन्यासकार की यह अद्भुत सफलता है कि कुछ ही अध्यायों के बाद पाठक न सिर्फ इस शिल्प का अभ्यस्त हो जाता है वरन् उसे इसमें नये प्रकार का थ्रिल मिलने लगता है और अनेक अध्यायों तक सीधी-सादी कथा में डूबने के बाद जब अकस्मात् फिर अरविन्द शंकर कथा के पात्रों को पीछे हटाकर सीधे पाठकों से बात करने लगते हैं तो पाठक उनके साथ भी उतना ही तादात्म्य अनुभव करते हैं जितना उपन्यास की मूल कथा के पात्रों और परिस्थितियों के साथ।

कथा कहने का यह ढंग सचमुच न केवल असामान्य है वरन् बहुत साहसिक भी है। उपन्यासकार ने स्वयं एक उपन्यासकार की कल्पना की है जिसका नाम है अरविन्द शंकर। एक मध्यवर्ग का सद्गृहस्थ, जिसका जीवन कुछ बहुत असाधारण, बहुत घटनापूर्ण नहीं रहा और न जिसका पारिवारिक जीवन ही बहुत सन्तोषप्रद है। अपनी संगिनी माया से पूर्ण सहयोग और सद्भावना पाकर भी अपने बेटों और अपनी बेटी की जीवन-स्थितियों से उसको निराशा ही है। फिर भी उसका साहित्य में मान है और नगर में उसकी षष्टिपूर्ति का आयोजन मनाया जा रहा है। उसी षष्टिपूर्ति के दिन वह अपने पूर्वजों और अपने जीवन के अनुभवों के बारे में सोचता है और यहीं से उपन्यास का ताना-बाना शुरू हो जाता है।

अरविन्द शंकर अपने जीवन की परिस्थितियों, अपने पुत्र, अपनी पुत्री, अपने परिचित मित्रों का जिक्र करते-करते अकस्मात् भीड़ में से कुछ पात्र चुन लेता है और फिर उनको लेकर कथा की परिकल्पना शुरू कर देता है। अभी तक औपन्यासिक कला का लक्ष्य यही रहा करता था कि पाठक के समक्ष कल्पित परिस्थितियों को इस तरह हर तरफ से सँवारकर पेश किया जाए कि वे पात्र और परिस्थितियाँ बिलकुल सच और प्रामाणिक माने जाएँ। कल्पित कथा और पात्र जिस सीमा तक वास्तविक होने का आभास दे सकें उसी सीमा तक वे सफल माने जाते थे। न केवल चरित्रांकन और कथा-गठन वरन् कभी-कभी अन्य उपकरण भी वास्तविकता की यह भ्रान्ति उत्पन्न करने में प्रयुक्त किये जाते थे। इस दृष्टि से 'बाणभट्ट की आत्मकथा' का आमुख द्रष्टव्य है जहाँ इस आत्मकथा को वास्तविकता की भ्रान्ति देने के लिए विदेशिनी दीदी और बिल्ली के बच्चों की कुशल कथा गढ़ी गयी है। नागर जी के उक्त उपन्यास में प्रक्रिया बिलकुल उलटी है। यहाँ अरविन्द शंकर स्पष्ट कहता है कि वह इन पात्रों पर अपने जीवन में आये हुए कतिपय पात्रों की स्मृति आरोपित कर रहा है। कभी-कभी इन पात्रों के जीवन के कुछ बड़े सनसनीखेज प्रसंगों की कहानी कहने के बाद जब उपन्यासकार पाठक को बिलकुल तन्मय होकर वास्तविकता की भ्रान्ति में डुबा देता है, तब अकस्मात् झटका देता है और घोषित करता है कि यह सब कल्पित है, शायद यह अरविन्द शंकर के जीवन की अमुक स्मृति है जो उसने यहाँ गूँथ दी है और

फिर वह मूल कहानी छोड़कर जीवन का वह संस्मरण सुनाने लगता है जो यहाँ इस रूप में आ गया है। इस प्रकार उपन्यास में कथा के तीन स्तर हो जाते हैं। एक तो अरविन्द शंकर के जीवन का स्तर, एक उसकी सृजन-प्रक्रिया में से निकलने वाले पात्र और परिस्थितियाँ और उनकी कथा, और एक इन दोनों के पीछे अप्रत्यक्ष रूप से विद्यमान, वास्तविक लेखक यानी नागर जी की कथा-दृष्टि। ये तीनों एक के अन्दर एक विचित्र ढंग से गुँथे हुए हैं—कभी एक-दूसरे के पूरक होकर, कभी एक-दूसरे के प्रेरक होकर और कभी एक-दूसरे के विलोम होकर। यह अत्यन्त उलझन-भरा कथाशिल्प प्रयोग की दृष्टि से अत्यन्त रोचक तो है पर इसमें दो खतरे थे। एक तो इसमें इतना उखड़ापन आ जाए कि कथा की स्वाभाविक गति बाधित होने लगे और दूसरे वास्तविकता या प्रामाणिकता की जो भ्रान्ति औपन्यासिकता का एक महत्त्वपूर्ण तत्त्व है वह स्थापित ही न हो पाये और सारी कहानी बनावटी मालूम होने लगे। पहले खतरे से तो यह उपन्यास पूरी तरह नहीं बच पाया है। लेकिन नागर जी की प्रतिभा और कथाशैली की यह अद्भुत उपलब्धि है कि अपने शिल्प और पात्रों को गढ़ने की सारी प्रतिक्रिया को पाठक के समक्ष बिलकुल उद्घाटित कर देने के बाद उन्होंने न केवल उससे और भी आत्मीयता और अन्तरंगता स्थापित कर ली वरन् कथा को एक नये स्तर पर वास्तविकता और प्रामाणिकता का स्वाद दे दिया।

पिछले दिनों हिन्दी तथा अन्य भारतीय भाषाओं में जो बड़े उपन्यास लिखे गये उनका कथा-फलक मुख्यतया दो प्रकार का रहा है। या तो वे अनेक पीढ़ियों के विवरण प्रस्तुत कर एक विशिष्ट कालावधि में समाज के ढाँचे के विकास को चित्रित करते रहे हैं, या एक ही विशिष्ट समय में समाज के अनेकानेक वर्गों का क्रॉस-सेक्सन प्रस्तुत करते रहे हैं। इस उपन्यास में नागर जी ने इन दोनों पद्धतियों का समुचित उपयोग किया है लेकिन उपर्युक्त दोनों पद्धतियाँ उनकी उस नयी पद्धति में ही अन्तर्भुक्त हो गयी हैं। वैसे उन्होंने पीढ़ियों के क्रम से अनेक पात्रों का वंशगत इतिहास बताकर समाज के उभरते हुए या मिटते हुए वर्गों में उनकी सामाजिक स्थिति का रोचक निरूपण किया है। अरविन्द शंकर का वंशगत इतिहास, डॉ. आत्माराम का वंशगत इतिहास, रद्धू सिंह और लाला साहब का इतिहास और इन सबों के माध्यम से विक्टोरिया के युग से लेकर आज तक भारतीय समाज के विभिन्न वर्गों का उत्थान और पतन, उसके अन्तर्गत पनपने वाली राजनीतिक, सांस्कृतिक, नैतिक और आर्थिक मान्यताएँ और प्रवृत्तियाँ, उन सबके आधार पर गठित चारित्रिकता और इन तमाम चीजों का मानवीय प्रकृति में प्रतिफलन; यह सब नागर जी की औपन्यासिक कला के महत्त्वपूर्ण उपकरण बनकर आये हैं। यदि समाज के विशाल क्रॉस-सेक्सन की दृष्टि से इस उपन्यास के कथा-फलक को देखें तो वर्गों, परिस्थितियों और पात्रों का वैविध्य हमें आश्चर्य

में डाल देता है। शासक-सौदागर कम्पनी बहादुर के निजाम में पनपनेवाला नया भारतीय व्यवसायी वर्ग और उसके मूल्य तथा उन मूल्यों की सामन्तवादी मूल्यों से टकराहट राधेलाल और शेख मुहम्मद की विचित्र साझेदारी और अलगौझे में चित्रित है। अंग्रेजी कानून और नयी व्यवस्था के दबाव में टूटता हुआ सामन्ती आभिजात्य, उसकी झूठी शान और आन्तरिक गिलगिलापन लाल साहब और उनकी पत्नी तथा पुत्रों के संघर्ष में उभरा है। एक विशिष्ट भारतीय बुद्धिजीवी वर्ग जो भारतीय पुनर्जागरण का अग्रदूत रहा उसकी अंग्रेजियत, उसकी राष्ट्रीयता, उसकी आन-बान और उसकी सांसारिक सफलता, उनका सुधारवाद और उसकी विलासिता–उसकी समस्त चारित्रिक जटिलता डॉ. आत्माराम के पिता सर शोभाराम के इतिहास में चित्रित हुई है और फिर जहाँ उपन्यास वर्तमान में आता है, वहाँ तो पात्रों के वैविध्य का कहना ही क्या ! ठकुराई की झूठी ठसक में घुटते हुए रद्धू सिंह, भंगड़ पुत्ती गुरु, कीर्तन में दफ्तर की सारी कुण्ठा भूलनेवाले लाला बाबू, क्लर्क लोग, राजा केशोराय की बारादरी को हड़पने का आकांक्षी भारतीय जनतन्त्र का खलनायक चोरबाजारिया लाला रूपचन्द, उसकी जेब में रहनेवाले मिनिस्टर, 'इंडिपेंडेंट' के प्रतिनिधि खन्ना साहब, उनकी समाज-सेविका पत्नी और सारस लेक के प्रख्यात डॉ. आत्माराम और फिर जवान लड़के-लड़कियाँ, रमेश, रानी, लच्छू, हर्रो, छैलू, जयकिशोर और खोखा मियाँ, भवानी शंकर और उमेश–इन तमाम पात्रों के अलावा और कितने ही गौण पात्र हैं जो समकालीन भारतीय जीवन के इस विराट् कथा-फलक को सजीव गतिपूर्ण बना जाते हैं और उनमें से हरेक पात्र अपने में पूर्ण, स्पष्ट और प्रखर हैं। कुछ तो अपनी छोटी-सी ही झलक में इतनी गहरी छाप छोड़ जाते हैं जो मुख्य पात्रों के प्रभाव पर भारी पड़ने लगती है।

कथा का मूल घटना-केन्द्र है राजा केशोराय की बारादरी, एक उजड़ा हुआ खँडहर जहाँ मोहल्ले के युवकों ने अपनी एक छोटी-सी संस्था बना रखी है और एक पुस्तकालय भी है। इस संगठन का प्रण है भँगेड़ी पुत्ती गुरु का बेटा रमेश जिसके साथी हैं लच्छू, विलासी पिता का कुण्ठित पुत्र छैलू, जयकिशोर और वैद्य गणेश गोडबोले का पुत्र शामराव गोडबोले। रमेश की बहन का विवाह होता है, बारात आती है जिसमें रमेश और उसके साथी जी तोड़कर सारा इन्तजाम करते हैं और बारातियों की क्षुद्र ठनगन, पुत्ती गुरु के विस्फोट, साथियों के तैश, धूम-धड़ाके और आतिशबाजियों के बीच एक मौन मर्यादित और बहुत कोमल डोर है रानी के मूक प्यार की, रमेश के प्रति। वह रमेश की बहन की सखी है, ठाकुर रद्धू सिंह की पुत्री है, बाल-विधवा है। रानी धीरे-धीरे अपने परिवार के घुटन-भरे वातावरण के विरुद्ध विद्रोह करती है, अपनी सौतेली माँ की सहायता और प्रोत्साहन से बहनजी (मिसेज खन्ना) का प्रश्रय खोजकर नौकरी कर लेती है और बाद में खन्ना साहब और बहनजी की ही सहायता से रमेश से विवाह। रमेश एम.

ए. की पढ़ाई जारी रखता है। उसी बीच गोमती में भयानक बाढ़ आती है और वह उसमें फँसे अपने पिता पुत्ती गुरु को अदम्य साहस से बचा लाता है और सहसा शहर-भर के युवकों का हीरो बन जाता है। उसके बाद ही उसकी तथा उसके पूरे दल की टकराहट होती है—शहर के मशहूर धनपति चोरबाजार के मशहूर लाला रूपचन्द से, जो नगर के नवनिर्माण का लाभ उठाकर मन्दिर और धर्मशाला बनवाने के बहाने राजा केशोराय की बारादरी हड़पना चाहते हैं। मूल संघर्ष यहीं से स्पष्ट हो जाता है। एक ओर अनुभवसिद्ध, साधनसम्पन्न, घाघ लोग हैं जिनका एकमात्र उद्देश्य है स्वातन्त्र्योत्तर व्यवस्था में फैली अराजकता, मूल्यहीनता, आडम्बर और कायरता का चतुराई से लाभ उठाकर अपनी तिजोरियाँ भरना और उससे राजनीति, समाज, धर्म और साहित्य के क्षेत्र में अपनी प्रतिष्ठा बढ़ाना। इनमें हर तरह के लोग हैं—टूटे हुए सामन्त, पाई-पाई को मोहताज पुराने रईस, युद्धकाल में पनपे हुए नये व्यापारी, खद्दरधारी जनसेवक, नेता और मिनिस्टर, पाधा, पुरोहित और हाजी; यद्यपि उनमें आपसी प्रतिद्वन्द्विताएँ हैं, एक-दूसरे को काटकर आगे बढ़ने की ललक है, ईर्ष्याएँ हैं, लेकिन फिर भी उनका समवेत आग्रह इन युवकों की आकांक्षाओं और मान्यताओं के विरुद्ध है। ये युवक स्कूली या कॉलेज-विश्वविद्यालय के कच्चे तरुण हैं जिनके साथ कोई नहीं है, सिवा खन्ना साहब और डॉ. आत्माराम के...

उपन्यास पूरा पढ़ चुकने के बाद बहुत गाढ़ा प्रभाव छूटता है; कितनी ही घटनाएँ और कितने ही पात्र बहुत गहरी छाप छोड़ जाते हैं। लेकिन पीछे मुड़कर देखने पर ऐसा लगता है कि यह मोर्चेबाजी, सत्याग्रह, अनशन, जुलूस, लाठीचार्ज वाला हिस्सा ही सबसे कमजोर छूट गया है; यही नहीं, वरन् दोनों प्रमुख पात्र रानी और रमेश ही शायद अन्य पात्रों की अपेक्षा अधिक वायवीय लगते हैं। सारी सामूहिक हलचल, आन्दोलन, लड़कों का अनशन और प्रतिक्रिया में पुत्ती गुरु का अनशन, राजनीतिक दावपेंच—इन सबका उतना प्रभाव नहीं छूटता जितना इस प्रसंग में उस एक अकेले डरपोक और बाद में प्रतिहिंसा के पागल छैलू की जीवन-कथा और उसके अग्निकाण्ड का छूट जाता है। कथा के केन्द्र में बारादरी पर मन्दिर न बनने देने का आन्दोलन है, पर ऐसा लगता है कि बस, यह केन्द्र का घटनावृत्त तो कहानी है और उसके चारों ओर कितना कुछ है जो बेहद सशक्त और आवेगमय है, साक्षात् जीवन, मसलन बारात का प्रसंग, सारस लेक के आश्रम का बाह्य अनुशासन और आन्तरिक कुण्ठा, लच्छू को रूस जाने और लौटकर शिश्नोपजीवी हो जाने का घटनाक्रम, उन सिन्धी लड़कियों की गाथा, लाल साहब की कोठी की विचित्र घटनाएँ और सबसे गहरी छाप छोड़नेवाला वह भयानक अनुभव जब रमेश गोमती की दूसरी बाढ़ के समय लाल साहब की कोठी पर पहुँचता है और वहाँ वहीदन, बूढ़े हामिद, उस नौजवान दासी के बीच वह रात

बिताता है, चरम घृणा गलित वासना, आसन्न मृत्यु और विचित्र सहअस्तित्व की रात...इन तमाम प्रसंगों की तुलना में यह केन्द्रीय प्रसंग, आन्दोलन वाला प्रसंग कमजोर क्यों लगता है, थोड़ा नाटकीय-सा ?

कभी-कभी लेखक के चिन्तन का उलझाव इस प्रकार के स्थलों को कमजोर बना देता है। नागर जी में कम-से-कम वह उलझाव तो नहीं ही है। जहाँ वे नयी पीढ़ी की सामाजिक स्थिति का विवेचन करते हैं वहाँ वे स्पष्ट कहते हैं, "हमारी नयी पीढ़ी में इस समय दो तरह के लोग हैं। एक सक्रिय महत्त्वाकांक्षी हैं और दूसरे हताकांक्षी...कुछ पुराने अन्त्यज हैं और कुछ दूसरे महायुद्ध के बाद नयी आर्थिक मान्यताओं वाले नये समाज के अन्त्यज हैं। मैं समझता हूँ कि इन आर्थिक अन्त्यजों की सन्तानें ही आज विद्रोह-पथ पर अग्रसर हो रही हैं। उनका विद्रोह दिशाहीन हो सकता है...पर उसकी पीड़ा सच्ची होती है।"

इस स्थल के चित्रण में कुछ विचित्र घटित हुआ है। अरविन्द शंकर तो रानी और रमेश की कथा कह रहे थे और उसी कथा में उन्होंने विश्वविद्यालय के छात्रों का विद्रोह मोहल्ले की पृष्ठभूमि में परिकल्पित कर जोड़ देना चाहा, लेकिन पता नहीं, उनके जाने या अनजाने उनका नायक, उनका साहसी विद्रोही रमेश पीछे रह गया और उस समस्त घटनाचक्र में अरविन्द शंकर की सारी सहानुभूति ले गया और डरपोक, भागनेवाला अनायक या ऐंटी-हीरो छैलू, जिसका विद्रोह ध्वंसात्मक ही नहीं, कुछ अंश तक सर्वथा अमानुषिक भी है, पर जिसकी पीड़ा सर्वथा सच्ची है, अपने समलैंगिक व्यभिचारी पिता के प्रति क्षोभ की पीड़ा ! उपन्यासकार सारा घटनाचक्र नायक रमेश के इर्द-गिर्द बुनता रहा (इस विशेष प्रसंग में), लेकिन कब अनजाने में अ-नायक छैलू आकर एक ऐतिहासिक भूमिका अदा कर गया और अपनी पीड़ा और कुण्ठा का ध्वंसात्मक विस्फोट कर उसी प्रकार विलुप्त हो गया, इसकी चेतना शायद कथा बुनने वाले अरविन्द शंकर को भी नहीं रही।

सच पूछें तो यह उपन्यास बाहर से अवश्यम्भावी दीखनेवाली सम्भावनाओं में से सहसा असम्भावित परिणाम घटित हो जाने की एक विषादमयी गाथा है। स्वयं अरविन्द शंकर के दोनों बेटों में भवानी का प्रेम-विवाह, उसके बाद का भ्रमोच्छेद और उसके बाद उसका एक अध्यापिका का रखैल बनकर रहना, अभिनन्दन के समय अरविन्द शंकर के समस्त स्वाभिमान और विक्षोभ का विस्फोट और एक प्रखर स्पष्ट कथन लेकिन उसी के कारण उसके महत्त्वाकांक्षी पुत्र उमेश का सहसा अलग हो जाना, फिर उसका विवाह और आत्महत्या, रूस जाने वाले लच्छू का चरम व्यवसायी होकर लौटना, पुत्ती गुरु की खोज में सर्वभक्षी बाढ़ को चीरकर जानेवाले और बारादरी के प्रश्न पर जन-चेतना का सूत्रधार बन जाने वाले रमेश का बानो के समक्ष अकस्मात् हिम्मत हार बैठना—यह सारा का सारा घटना-वितान इस बात का प्रमाण है कि नागर जी ने सतही समाधानों, ऊपरी दिखावों, नारों, मिथ्या मूल्यों,

झूठी आदर्शवादिताओं के पाखण्ड को चीरकर यथार्थ, कटुतम यथार्थ का मुँह-दर-मुँह साक्षात्कार किया है। कहीं भी संशय उठाने से वे घबराये नहीं हैं और समस्त संशयों से लेकर भी वे (संशयात्मा विनश्यति) विनष्ट नहीं हुए हैं। शायद यहाँ पर उनकी वही आस्था काम आयी है—'-अँधेरे-उजाले को अलग-अलग न करके संयुक्त रूप में देखना चाहिए जैसाकि वह वस्तुतः है, वह एक है दो नहीं !'

इस दृष्टि को अरविन्द शंकर ने शंकर के अद्वैत से जोड़ा है। मैं नहीं जानता कि शंकर-दर्शन के विद्वान् इसे शांकरी दृष्टि मानेंगे या नहीं, लेकिन इसमें कोई सन्देह नहीं है कि नागर जी के इस उपन्यास की कथानुभूति आज की भारतीय अनुभूति है और यह दृष्टि उसी की उपलब्धि है। पिछले दिनों तक एक हिन्दी उपन्यासकार ने अखिल भारतीय मंच पर लेखक की भारतीयता का प्रश्न उठाया था, सहसा आधुनिकता की तोतारटन्त छोड़कर मानो एक बड़ी गहरी और पते की बात कही हो, कुछ ऐसी मुद्रा से। आल्प्स की गुफाओं में बर्फ से बन्द गुहा में कैद कुछ विदेशी औरतों की अत्यन्त दार्शनिक बातचीत वाली निर्यात-योग्य भारतीयता शायद नागर जी के उपन्यास में न मिले लेकिन भारतीय भारतीयता, समकालीन भारतीय यथार्थ की यह एक ज्वलन्त गाथा है।

प्रेमचन्द-काल का उपन्यास एक आश्रम स्थापित कर अपने लक्ष्य की पूर्ति कर लेता था, बाद के कुछ उपन्यासकार अपने अहम् के मनोवैज्ञानिक प्रक्षेपण में और कुछ उपन्यासकार सामूहिक सामाजिक चेतना के जागरण और जनक्रान्ति की भूमिका तैयार करने में लक्ष्य की पूर्ति मान लेते थे; नागर जी का यह उपन्यास वहाँ से शुरू होता है जहाँ डॉ. आत्माराम आश्रम स्थापित कर चुके हैं लेकिन उस सदुद्देश्यपूर्ण आश्रम में अत्यन्त पवित्र और महान् व्यक्तित्व वाले डॉक्टर आत्माराम की छाया में दमित यौन कुण्ठाएँ घुन की तरह उस सारी उपलब्धि को अन्दर से खोखला बना रही हैं, सामूहिक चेतना जाग चुकी है, देश स्वतन्त्र हो चुका है, लेकिन हर आदर्श झूठा पड़ चुका है। पुरानी पीढ़ी गल चुकी है, नयी पीढ़ी गुमराह महत्त्वाकांक्षा और दिशाहीन ध्वंसात्मक विद्रोह और आन्तरिक विघटन के दोहरे पाट में पिस रही है, साम्यवादी क्रान्ति भी जहाँ होनी थी हो चुकी है, लेकिन सर्प-मुख में पड़ी स्वाति-बूँद की तरह वह लच्छू में निम्नतम कोटि की व्यावसायिकता ही जगा पाती है और इस प्रकार हर सम्भावित समाधान पर प्रश्न-चिह्न लगाकर ही उपन्यास एक नये धरातल पर अपनी खोज शुरू करता है।

अन्त के कुछ पहले डॉ. आत्माराम पुनः सम्मुख आते हैं। अब वे अपने पत्र-साम्राज्य से भी आगे बढ़कर अनेक योजनाएँ सोच रहे हैं, मसलन चैम्बर ऑफ कॉमर्स में एक तटस्थ शान्तिप्रिय गुट बनाने की, समाज की चौमुखी प्रगति के लिए सन्तुलित वातावरण बनाने की...और जब सेन इन्हें असम्भव कहता है तब भी डॉक्टर अपने निश्चय पर अटल रहते हैं, और तब 'डॉक्टर सिद्धान्त निश्चित करते

हैं, उनके आधार पर सेन योजनाएँ बनाते हैं, उन योजनाओं को फैलाने और चलाने वाले उसे मनमाने ढंग से चलाते-फैलाते हैं। डॉक्टर झुंझलाते हैं, मुट्ठियाँ बाँधते हैं, शब्दों की आग बरसाते हैं। उनके हठ से काम को कुछ ठीक कर दिया जाता है और तब तक डॉ. आत्माराम किसी नयी सैद्धान्तिक, तात्त्विक, अन्तर्राष्ट्रीय मानवीय महत्त्व की गुत्थी सुलझाने में रम जाते हैं। इस बीच में उनकी पुरानी प्रेरणाएँ लावारिस औलादों की तरह आवारा होकर जिस-तिस रागरंग में बहकने-भटकने लगती हैं, अमृत विष बन जाता है।' इस विष बन जाने वाले अमृत की प्रक्रिया से जागरूक पाठक को एक बहुत परिचित प्रक्रिया याद आ जाए तो आश्चर्य नहीं, पं. नेहरू के राष्ट्र-निर्माण की प्रक्रिया ! क्या यह सांकेतिकता लेखक को अभीष्ट है या यह यों ही आ गयी है ? यही नहीं, और अनेक समानताएँ मिल जाएँगी (केवल सार्वजनिक प्रकृतिगत)। अमृत के विष बन जाने वाली बात तो पूरी तरह घटती है।

लेकिन बात यहीं खत्म हो सकती थी। अगले और अन्तिम अंश में उनके अखबार साम्राज्य पर आक्रमण, रमेश का पराक्रम, लच्छू का हृदय-परिवर्तन वगैरह सब काफी कमजोर लगता है। चूँकि यह समापन अंश है अतः इसकी कमजोरी और भी खलती है और इस कमजोरी का परिहार बिलकुल अन्तिम अध्याय का अरविन्द शंकर का समापन वक्तव्य भी नहीं कर पाया है। वैसे अरविन्द शंकर के सारे प्रसंग का चित्रण पूर्णतया सफल उतरा है, ऐसा नहीं कहा जा सकता। जहाँ अरविन्द शंकर एक लेखक के रूप में, रचयिता के रूप में आता है और अपनी कथा कहता है, और अपने पात्र स्थापित करता है, और अपनी कथा में निजी स्मृति और दूसरे पात्र के अंकन को घुलाता-मिलाता चलता है, वहाँ तो वह बहुत सफल है, जहाँ उसने सवाल उठाये हैं, संशय उठाये हैं वहाँ भी वह ठीक ही है, लेकिन अपने निजी और पारिवारिक प्रसंगों में उसका चित्रण कुछ अधिक भाव-विह्वल हो गया है और नागरजी के जाने या अनजाने चित्रण का वह कौशल ढीला पड़ गया है जो स्वयं अरविन्द शंकर द्वारा पात्रों के गढ़े जाने में उन्होंने प्रदर्शित किया है। इसीलिए मूल कथा के प्रवाह से अरविन्द शंकर की पुरानी स्मृतियों और उनके तर्क-वितर्क का मेल तो पूरी तरह बैठता चला जाता है पर उसके वर्तमान निजी जीवन का ऊहापोह बहुधा प्रवाह को बाधित करता-सा लगता है। माया का चरित्रांकन भी बहुत ही भाव-विगलित-सा हो गया है। कहीं-कहीं वस्तुओं, व्यक्तियों या स्थितियों के विवरण भी अनावश्यक रूप से विस्तृत हो गये हैं।

हमने बात हेमिंग्वे के मछुआरे वाले प्रतीक से उठायी थी क्योंकि अरविन्द शंकर उस प्रतीक से अभिभूत है। हेमिंग्वे ने अपने इस उपन्यास-लेखन के शिल्प के बारे में एक बार कुर्टसिंगर से कहा था, ‘‘मैं हमेशा समुद्र में तैरते हिमखण्डों की पद्धति पर लिखने की कोशिश करता हूँ। ऊपर जितना दीखता है उसका

सतगुना-अठगुना अंश नीचे जल में डूबा रहता है। जो कुछ ज्ञात है, उसे आप निकाल दें, वह अंश नीचे लुप्त है, उससे हिमखण्ड और सशक्त ही होता है। हाँ, अगर आप कुछ इसलिए छोड़ रहे हैं कि वह आपको ज्ञात नहीं तो कथा में, बीच में दरारें छूट जाने की सम्भावना है।

'ओल्ड मैन ऐण्ड दॅ सी' को मैं एक हजार पृष्ठों तक फैला सकता था और उसमें गाँव के हर बाशिन्दे को खींच लाता और फिर यह भी कि उनका रोजी-रोजगार कैसे चलता है, उनका शजरा क्या है, कहाँ शिक्षा पायी, कितने बच्चे हुए, वगैरह-वगैरह।

लेकिन खैर, इस बार मेरी तकदीर बुलन्द थी और मैं अपनी अनुभूति को पूर्णतया सम्प्रेषित करने में कामयाब हो सका, ऐसी अनुभूति को जो किसी ने नहीं सम्प्रेषित की थी।''

निस्सन्देह नागर जी के उपन्यास का शिल्प इस पद्धति के अनुसार नहीं ढल सकता था क्योंकि दोनों उपन्यासों में सम्प्रेषणीय अनुभूतियाँ अलग-अलग हैं। यह पृथक्ता उपन्यास के अन्त वाले सन्दर्भ में भी प्रतिबिम्बित होती है। भवानी शंकर को समाचार मिलता है कि उसके महत्त्वाकांक्षी पुत्र उमेश ने आत्महत्या कर ली है। इस मृत्यु का समाचार पाकर भवानी शंकर पर जो प्रतिक्रिया होती है वह उस निर्वेद से बहुत पृथक् है जो हेमिंग्वे के मछुआरे की अन्तिम निष्पत्ति है। भवानी शंकर जिस प्रकार मृत्यु के उस सन्दर्भ में कर्म-फल, पुनर्जन्म, विधि-विधान आदि धारणाओं को विकासवाद और वर्ग-संघर्ष से जोड़ने की कोशिश करता है वह निस्सन्देह बीसवीं शताब्दी के प्रथमार्द्ध में गठित उस भारतीय मानसिकता का द्योतक है जो डार्विन, फ्रायड और मार्क्स को स्वीकार करती है, उनके द्वारा विकीर्ण ज्ञान के आलोक में अपने असन्तुलित और विघटनशील समाज और व्यक्ति का पुनर्निर्माण करना चाहती है, लेकिन भारतीय अध्यात्म की बहुप्रचारित धारणाओं को खींच-तानकर नये ढाँचे के साथ समन्वित कर देने का मोह संवरण नहीं कर पाती। कहीं-कहीं तो अरविन्द दर्शन की सुमित्रानन्दनीय शताब्दवली तक आ गयी है—'विश्वात्मा अब अपने-आपको नव-नैतिक सौन्दर्य के धरातल पर उतार रहा है...' (पृ. 716)। यह स्वर सारे उपन्यास के मूल सशक्त स्वर से मेल नहीं खाता। न यह नागर जी का अपना स्वर है। पन्त जी की रचनाओं की अकर्मण्यवादी छद्म आध्यात्मिकता, जीवनानुभूति से लबालब भरे हुए नागर जी के लिए एक बहकी-बहकी शाम का शौक हो सकती है, उनका मूल स्वर तो उसी चुनौती का स्वर है—'ये अफसर, नेता, मुनाफाखोर, संकीर्ण स्वार्थों और मृत धार्मिकता के ठेकेदार—इन अज्ञान के प्रतीकों से जूझे बिना ही ढह जाऊँ, विश्राम करूँ और मर जाऊँ...तब तो मैं हेमिंग्वे के बूढ़े मछेरे से हार जाऊँगा...मुझे जीना ही होगा, कर्म करना ही होगा !'

यह उस संघर्षशील, जीवन्त आधुनिक भारतीय मानसिकता का स्वर है जिसने भारतीय समाज में व्याप्त शताब्दियों की पराजय-भावना और पतनोन्मुखता से विद्रोह किया था, स्वतन्त्रता की लड़ाई लड़ी थी और कतिपय मूल्यों के लिए त्याग किये थे। स्वतन्त्रता के बाद खोखलेपन, अकर्मण्यता, मानसिक दासता और मूल्यहीनता का जो दौर शुरू हुआ, जो प्रतिक्रान्ति प्रारम्भ हो गयी उससे यह मानसिकता समझौता नहीं कर पाती और यह एक शुभ लक्षण है : यही व्यग्रता उसे ठेल-ठेलकर उस अकर्मण्यवादी छद्म आध्यात्मिकता के चक्रव्यूह में से निकालकर आगे ले जाती है, जिसमें बहुधा भारतीयता के नाम पर थके और चुके हुए दिमाग आश्रय खोजने लगते हैं। इसीलिए मैंने शुरू में कहा था कि नागर जी के सन्दर्भ में मुझे हेमिंग्वे के मछुआरे के बजाय वह दूसरा बिम्ब अधिक उपयुक्त लगता है जिसका जिक्र उपन्यास के अन्तिम वाक्य में उन्होंने किया है, 'धुर बचपन में मुझे ढकेल-ढकेलकर अपने साथ दौड़ा ले चलनेवाला मेरा अनन्य साथी बछड़ा।'

❑

वह एक कहानी–
और उसके अनेक परिशिष्ट

दिचलस्प बात यह है कि जिस एक कहानी की बात मैं करना चाहता हूँ उसका असली अर्थ तो बाद में समझ में आया। पहले तो वे कहानियाँ जेहन पर ज्यादा गहरी छाप छोड़ती गयीं जो वस्तुतः परिशिष्ट थीं—पूरक या हाशिये की टिप्पणियाँ ! बहुत बाद में जाकर समझ में आया कि ये कहानियाँ जिन समस्याओं की ओर संकेत करती हैं उनकी मूल कुंजी तो एक दूसरी कहानी है जिसको मैं पढ़कर लगभग भूल-सा चुका था, मगर जो कभी अनजाने में लगी हुई चोट की तरह उस समय तो कुछ महसूस नहीं हुई लेकिन बाद में रह-रहकर करकती रही।

इसीलिए आज भी जब उस एक कहानी के बारे में सोचने बैठा तो पहले याद आयी प्रसाद की 'मधुआ', गोर्की की 'शिशिर की शाम', टैनेसी विलियम्स की 'रूबियो व मौरेना', फ्लॉबेयर की 'एक सीधी सरल आत्मा', क्योंकि यह सब कहानियाँ आज तक दिमाग में बसी रही हैं और रह-रहकर जिस एक सवाल को विविध ढंग से पेश करने की कोशिश करती रही हैं उसकी सही पृष्ठभूमि किसी और ही कहानी से समझ में आयी।

उस कहानी की खासियत यह है कि वह जिन्दगी के एक बहुत बड़े बुनियादी सवाल को, आदमी के एक बहुत गहरे और मार्मिक संघर्ष को, व्यक्ति और समाज के आपसी सम्बन्धों के एक बहुत महत्त्वपूर्ण पहलू को और शायद इस आधुनिक युग में उभरकर आनेवाली एक बहुत बड़ी संकटपूर्ण समस्या को इतने सीधे-सादे मानवीय ढंग से पेश कर देती है कि हम यह समझ नहीं पाते कि लेखक ने जो परिस्थितियाँ, घटनाएँ और कथाक्रम पेश किया है, वह केवल उतना ही नहीं है जितना कि दीखता है। उसके पीछे बहुत कुछ है, एक बहुत बड़ी परिधि, एक बहुत बड़ा प्रतीकात्मक अर्थ, जो परत-दर-परत खुलता जाता है—ज्यों-ज्यों हम जिन्दगी जीते जाते हैं और ज्यों-ज्यों इस शताब्दी का यह संकट पक-पककर और नुमायाँ होता जाता है। आज विदेश में भी और देश में भी बहुत से कहानीकार एक दार्शनिक चिन्तक और द्रष्टा का मुखौटा लगाकर, पोज बनाकर उसी सवाल

को अकसर पेश करते हैं मगर कहाँ वह सादगी, कहाँ वह सीधी-सादी मगर बेहद असर करनेवाली कहानी कहने की ताकत। और सबसे बढ़कर यह खासियत कि उस वक्त वह झकझोरती नहीं सिर्फ आहिस्ते से दिमाग में एक दर्द का किनका बनकर बस जाती है—बाद में बार-बार करकने के लिए।

वह कहानी है एक ऐसे लेखक की जिसका नाम शायद मैंने बहुत कम लिया है, जिसका जिक्र शायद ही कभी मैंने किया हो। वह है मोपासाँ। मोपासाँ से परिचय कराने के लिए मैं हमेशा जैनेन्द्र जी का आभारी रहूँगा। तब अंग्रेजी गद्य पढ़ने की ओर ज्यादा रुचि नहीं थी, लेकिन हिन्दी में अनूदित जो भी विदेशी साहित्य मिलता था, उसे पढ़ने की कोशिश करता था। लेकिन शायद जैनेन्द्र जी द्वारा किये गये टॉल्सटॉय और मोपासाँ के अनुवाद एकमात्र अनुवाद थे जिनमें कहानी अपनी सारी मौलिक शक्ति और अर्थवत्ता के साथ उभरकर आयी थी। मोपासाँ ने मनुष्य के मन की क्षुद्रताओं, कमजोरियों, असंगतियों, लोभ, लालसा और आवेश की वृत्तियों का बहुत खुला और साहसपूर्ण चित्रण किया था। मगर उसकी चन्द कहानियाँ कुछ और भी विशिष्ट हैं और उन विशिष्ट कहानियों में वह एक कहानी है—'धागे का टुकड़ा !' पेरिस के किसी विशाल सुसज्जित जगमग स्वागत कक्ष में नकली और असली हीरों से लदी बेवफा पत्नियों की कहानी नहीं, स्वच्छन्द, कामुक, लिप्सामयी किसी रूपजीवा की कहानी नहीं। यह कहानी नॉर्मण्डी के एक सीधे-सादे अधेड़ किसान की है जो उस दिन खरीद-फरोख्त करने अपनी घोड़ागाड़ी में कस्बे की हफ्तावारी पैंठ की ओर जा रहा था। फ्रांस के उस देहाती क्षेत्र का वह बाजार किसी मेले से कम न था। अनाज, दूध और पनीर से लेकर ढोर-डंगर तक खरीदे-बेचे जा रहे थे। आवाजें लग रही थीं, सौदे चल रहे थे। वह अधेड़ किसान अपनी गाड़ी खड़ी कर धीरे-धीरे बाजार की ओर जा रहा था कि उसने देखा, रास्ते में कुछ धागा पड़ा हुआ है। स्वभाव से किफायतसार उसने सोचा कि काम की चीज है इसे रख लो, कभी काम आएगी। धागा उठाया और लपेट ही रहा था कि उसने देखा, सामने की खिड़की पर उसका पुराना दुश्मन काठी बनानेवाला कुतूहल से उसे देख रहा है। तुरन्त किसान ने सोचा कि यह भी क्या बात, वह समझेगा मैं इस कदर कंजूस हूँ कि धागे के टुकड़े कूड़े से बटोरता फिरता हूँ। उसने तुरन्त धागा अपनी मिरजई में छिपा लिया और सड़क की ओर सर झुकाकर देखते हुए इस तरह आगे बढ़ गया मानो उसकी कोई चीज गिर गयी है और उसे वह खोज रहा है।

दोपहर ढलने के बाद सौदा-सुलुफ निपटाकर तमाम लोग सराय में इकट्ठे हुए, खाना खाने और सुस्ताने। बातचीत और गपशप ख़ूब जोरों पर थी कि डोंडी की आवाज सुनाई पड़ी। मुनादी हो रही थी—'हर खास व आम को इत्तला दी जाती है कि सुबह नौ-दस बजे के आसपास मैन विले के हाडल ब्रेक साहब का एक

चमड़े का बटुआ जेब से गिर गया है। उस बटुए में पाँच सौ फ्रेंक और कुछ जरूरी कागजात हैं। जिसको मिला हो, जाकर शहर के मेयर या हाडल ब्रेक साहब को दे आये। उसे बीस फ्रेंक बतौर इनाम के दिये जाएँगे वरना पता लगने पर चोरी के इल्जाम में उसे सख्त सजा दी जाएगी।' सराय के अन्दर बातचीत का रुख फौरन बदल गया। अब सब सौदा-सुलुफ एक ओर। बातें इस पर होने लगीं कि बटुआ किसने लिया होगा ? मिलेगा या नहीं मिलेगा ? आदि-आदि। खाना-वाना खाने के बाद तीसरे पहर की कॉफी का दौर चल ही रहा था कि मेयर के एक अर्दली ने आकर चारों तरफ देखा और धागा उठानेवाले किसान का नाम लेकर पूछा कि क्या फलाँ-फलाँ नाम का शख्स यहाँ हाजिर है ? सारे हाल की निगाह उसकी ओर घूम गयी। वह घबराकर उठ खड़ा हुआ। अर्दली बोला, "मेरे साथ आओ ! तुम्हें मेयर साहब ने याद फर्माया है।" मेयर के दफ्तर में उससे पूछा गया कि क्या उसने सुबह कोई बटुआ पाया है ? किसान यूँ ही डरा और घबराया हुआ था। जब उसने इनकार किया तो मेयर ने डाँटते हुए कहा, "सीधे-सादे ढंग से बटुआ दे दो वरना मुसीबत में पड़ोगे। लोगों ने तुम्हें बटुआ उठाते देखा है।" मालूम हुआ कि उसके पुराने दुश्मन काठी बनाने वाले ने मेयर से आकर चुगली खायी थी। जब बहुत पूछताछ के बाद भी उसने बटुए का उठाना कबूल न किया तो मेयर ने पूछा, "तो क्या काठीवाला झूठ कहता है ?" किसान बोला, "मैं किसी का बुरा नहीं चाहता, किसी को झूठा नहीं कहता। आप यकीन नहीं करेंगे, मैंने यह धागे का टुकड़ा उठाया था।" मेयर अविश्वास से मुस्कुराया। बेचारा किसान मर्माहत होकर और जोर से बोला, "मैं भगवान की शपथ खाता हूँ। मुझे नरक मिले अगर मैं झूठ कह रहा हूँ।" मेयर की भृकुटियाँ तन गयीं, उसने डाँटकर पूछा, "न सिर्फ तुमने बटुआ उठाया बल्कि उसके बाद तुम बहुत दूर तक धरती की ओर देखते हुए धीरे-धीरे चलते रहे कि इस बटुए से कोई सिक्का तो इधर-उधर नहीं गिरा।" किसान भय, क्रोध और दुःख से काँपने लगा। "लोगों को क्या पड़ी है कि किसी भले आदमी की इज्जत धूल में मिलाने के लिए झूठी चुगली खाते घूमते हैं। मेरा विश्वास कीजिए..." लेकिन मेयर ने विश्वास नहीं किया, किसी ने विश्वास नहीं किया। अन्त में उसे यह कहकर रिहा किया गया कि आगे सरकारी वकील से पूछकर उस पर कार्यवाही की जाएगी।

वह लौटकर सराय में पहुँचा तो लोग उसके चारों ओर घिर आये। खबर फैल चुकी थी। चोर पकड़ लिया गया है पर इतना चालाक है वह कि इसी बीच में उसने बटुआ गायब कर दिया। सब लोगों के मन में घटना की सही-सही तस्वीर बैठ चुकी थी। लेकिन हर एक ने उससे पूछा। कुछ ने कुतूहल के स्वर में, कुछ ने जिज्ञासा का बहुत भोला स्वर अपनाकर, कुछ ने हमदर्दी का चेहरा लगाकर और वह बार-बार पूरे गले से चीख-चीखकर हर एक को अपनी सफाई देता रहा। लोग

मुस्कराते हुए सुनते और मुँह फेरकर ठहाका लगाते। "कैसा साफ झूठ बोल रहा है !" थोड़ी देर में सराय के अन्दर उसकी पक्ष और विपक्ष की कहानी के दर्जनों रूपान्तर हो गये और अलग-अलग जगह अलग-अलग लोगों के गिरोह उसे दोहराकर ठहाके लगाने लगे।

वह कभी अपनी मेज पर सर झुकाये बैठा रहता, फिर उसका ख़ून उबलता तो भीड़ में से चुन-चुनकर अपने परिचित, आत्मीय और निकट मित्रों के पास जाता, उनके कन्धे पकड़-पकड़कर चिरौरी-मिन्नत कर सच्ची बात बताता। धागे का टुकड़ा दिखलाता और धागे का टुकड़ा देखते ही फिर भीड़ में एक ठहाका लगता, फिर वह ग़ुस्सा होता, चीखता, सर धुनता। उसकी समझ में नहीं आ रहा था कि वह क्या करे ? वह जो कह रहा है सच है पर इन्हें कैसे यकीन आए ? उसने इनका क्या बिगाड़ा है ? ये लोग सब जानते हैं कि काठी बनानेवाला कितना क्षुद्र और कमीना है। झूठ उसकी घुट्टी में मिलकर पिलाया गया था। ये लोग इस भले सीधे किसान की बात क्यों नहीं मानते ? उसका गला बैठ गया था, अपनी कहानी दोहराते-दोहराते।

रात को गाँव जाते वक्त उसने कुछ लोगों को वह जगह भी दिखायी जहाँ से उसने वह धागे का टुकड़ा उठाया था। लेकिन लोग मुँह फेरकर हँस दिये। उसका सर क्रोध और दुःख से फटने-सा लगा। रात को वह गाँव पहुँचा लेकिन यह खबर उसके पहले गाँव पहुँच चुकी थी। उसने ख़ुद एक कौर भी मुँह में नहीं डाला। पहले घर-घर जाकर दरवाजा खटखटाया। हर परिचित परिवार को अपना संकट बताया, अपनी सफाई दी, लेकिन हर जगह उसे अविश्वास-भरी मुस्कान मिली। घर के दरवाजे खुल जाते थे मगर हर जगह दिल और दिमाग के दरवाजे बन्द कर दिये गये थे। पता नहीं किधर से एक झूठ उनमें घुसकर बैठ गया था और सच गला फाड़-फाड़कर, सर पटक-पटककर वापस लौट आता था। रात को वह लौटा तो उसे तेज बुखार चढ़ आया था।

दूसरे दिन दोपहर को एक खेतिहर मजदूर ने लाकर बटुआ मेयर के दफ्तर में जमा कर दिया। उसे वह बटुआ पगडण्डी पर मिला था। उसने खोला मगर पढ़ा-लिखा न होने की वजह से उसकी समझ में नहीं आया कि इसमें क्या-क्या है। उसने अपने मालिक को दिया। मालिक ने उसे वापस लौटाने की सलाह दी। बटुआ वापस मिल गया। यह खबर बटुए के मालिक को भी मिली। वह बटुआ वापस ले गया। किसी ने आकर यह खबर इस किसान को भी दी।

अकस्मात् जैसे इसमें जिन्दगी लौट आयी। आखिरकार सत्य विजयी हुआ। झूठ हार गया। उसने मिरजई डाली और फिर घर-घर जाकर अपनी विजय की कहानी सुना आया। मगर यह क्या, ज्यों ही वह घर से निकलता त्यों ही अन्दर से ठहाकों की आवाज क्यों आती...?

जब पैंठ का दिन आया तो वह फिर गाड़ी जोतकर बाजार की ओर चला। सिर्फ इसलिए कि जिन-जिन लोगों ने उस दिन एक गलत धारणा बना ली थी उन्हें वह जाकर फिर बताएगा। लेकिन जब वह उसी जगह से गुजरा तो उसे हँसी की खिलखिलाहट सुनाई पड़ी। उसने देखा कि वही काठीवाला अपने दरवाजे पर खड़ा हँस रहा है। किसान का दिमाग चकरा गया। इसमें इसके हँसने की क्या बात थी ? बाजार में पहुँचते ही एक परिचित गाड़ी वाले ने दूर से ही उसे हँसकर सलाम किया, बोला, ''आओ-आओ, तुम तो बड़े चतुर निकले ! तुम्हारा बटुआ उठाने का सारा किस्सा मैं सुन चुका हूँ।'' इसने ग़ुस्से से प्रतिवाद किया। सारी कथा शुरू से आखीर तक फिर सुनायी। लोग मजा लेने के लिए चारों तरफ इकट्ठे हो आये। शाम तक यह आलम था कि लोग ख़ुद उसे बुलाते थे। एक दिलचस्प मनोरंजन के तौर पर उससे कहते थे, ''हाँ भाई, अब जरा अपने पक्ष की सारी बात विस्तार से बता जाओ !'' और वह पूरी ताकत से सब बताता था कि वह सच्चा निकला और फिर लोग ठहाके लगाकर कहते, ''मान गये भाई तुम्हें !'' उसके दिमाग पर फिर जैसे हथौड़े की-सी चोट लगती—वह क्या करे, कैसे बताए, कैसे समझाए ! लोगों ने यह कहना शुरू किया था कि बटुआ मिला इसे, कुछ पैसे देकर इसने लौटवाया किसी और से।

और हफ्ते-पर-हफ्ते, महीने-पर-महीने गुजरते गये। हर जगह, हर बार वह अपनी बात और विस्तार से, दुगुने बल से, नयी-नयी दलीलें और नये-नये प्रमाण जुटाकर पेश करता रहा। और सब सुनकर लोग कहते, ''कैसा पहले सिरे का मक्कार है ! झूठ गढ़ते-गढ़ते थकता भी नहीं।''

लोग देख रहे थे कि उसका दिमाग बहकने लगा है, जुबान लड़खड़ाने लगी है, आँखें धँसने लगी हैं, चेहरा पीला पड़ने लगा है, उम्र से कहीं ज्यादा बूढ़ा लगने लगा है, मगर अब लोगों को मजा आने लगा था—बिना पैसे का तमाशा ! लोग उससे इस तरह पूछते, जैसे कोई लड़ाई से लौटे सिपाही से हालचाल पूछता है ! और वह फिर दुगुने आवेग से सब कुछ बताता। उसके दिमाग की एक-एक तह हिल गयी थी। एक-एक नस टूटने पर आ गयी थी। वह बहकते हुए प्रेत की तरह लड़खड़ाता हुआ घूमता था। जाड़ा आते-आते वह बिस्तर से लग गया। मरने के जरा पहले बेहोशी में बड़बड़ा रहा था, ''बटुआ नहीं, धागे का टुकड़ा था मेयर साहब ! यकीन कीजिए मेयर साहब ! यह रहा वह धागे का टुकड़ा !''

❑

कहानी पढ़ी और फिर लगभग भूल-सी गयी। उसके बाद जिन्दगी के प्रवाह से लड़ती-झगड़ती उम्र धीरे-धीरे बढ़ती गयी और हिन्दी का एक कहानीकार सहसा मन पर छा गया—जयशंकर प्रसाद ! आज भी जब उनकी तुलना उनके समकालीन प्रेमचन्द आदि से करता हूँ तो पाता हूँ कि प्रसाद की ऊँचाई, उनकी गहरी

जीवन-दृष्टि, उनकी चिन्तन-परिधि और उनकी प्रतिभा के समक्ष उनका समकालीन कोई भी कहानीकार टिकता नजर नहीं आता। ये कहानियाँ जीवन के बुनियादी सवाल को कहाँ और कैसे उठाती हैं, कैसे छोटी-छोटी अनगिनत संवेदनाएँ किसी एक बहुत बड़े मौलिक प्रश्न के सन्दर्भ में गहरे अर्थ वाली हो उठती हैं, यह जाना था प्रसाद की एक दूसरी पुस्तक 'काव्य और कला तथा अन्य निबन्ध' पढ़कर। प्रसाद ने अपने ढंग से भारतीय तत्त्व-चिन्तन का एक लेखा-जोखा प्रस्तुत किया था आनन्दवाद और दुःखवाद की शब्दावली में।

जिस गरीबी, आत्माभिमानपूर्ण संघर्ष और कटु यथार्थवाली परिस्थितियों के बीच बचपन कटा था उसने अकसर बिलकुल अकेले बैठकर इधर-उधर की तमाम बातें सोचने की आदत डाल दी थी। अधपका किशोर मन अपने आसपास की यथार्थताओं से जितनी तेजी से कल्पना-लोक में भागता है उतने ही आग्रह से वह कल्पना और चिन्तन-लोक की एक-एक चीज को जाने या अनजाने अपनी रोजमर्रा की जिन्दगी की बहुत छोटी-छोटी चीजों से जोड़ता भी चलता है। कभी-कभी उसके लिए ये दो दुनियाएँ अलग नहीं होतीं। एक-दूसरे में बुरी तरह घुली-मिली, एक-दूसरे को बहुत कड़ी पकड़ से जकड़े हुए रहती हैं ! रात को खरहरी खाट पर उमस में मोहल्ले के गहरे नीले तारों भरे आसमान की ओर देखते हुए मन चम्पाद्वीप की खिलखिलाती हुई फूल-सजी बालिकाओं की हँसी से गली में रहनेवाली बासन माँजने वाली बुढ़िया की रोवाराहट की ओर दौड़ता था और भारतीय चिन्तन-परम्परा के आनन्दवाद और दुःखवाद के प्रसंग में यह सोचा करता था कि मेरे अमुक सम्बन्धी, मेरे अमुक पड़ोसी, जो इतने कष्ट में हैं और जो भले हैं, ईमानदार हैं, जिन्होंने किसी का कुछ नहीं बिगाड़ा है लेकिन जो हर तरफ से लांछित, प्रताड़ित और अपमानित हैं, उनके साथ यह अन्याय क्यों हो रहा है ? चारों तरफ से तरह-तरह के अनुभव मन में बार-बार एक सवाल उठा जाते थे—कैसी है यह जिन्दगी जिसमें जो जितना सच्चा, सरल और सीधा है वह बार-बार, हर तरह से प्रताड़ित होता है ? कितनी घटनाएँ, कितने चेहरे, कितनी आँसू भरी आँखें इस वक्त याद आ रही हैं। कुछ जिनके बारे में जहाँ-तहाँ लिखा है, कुछ जिनके बारे में अभी लिखना शेष है। उन सबकी अनुभूति दिनोंदिन इस सवाल को उभारती जाती थी—ऐसा क्यों ? ऐसा क्यों...बचपन में आर्यसमाज से लेकर गोस्वामी तुलसीदास की रामायण तक ने इसका एक जवाब दिया था, 'कर्म प्रधान विश्व रचि राखा, जो जस करइ सो तस फल चाखा।' धागे का टुकड़ा उठाने वाले उस किसान ने पिछले जन्म में कुछ ऐसा किया होगा कि उसे यह दण्ड मिला। लेकिन फिर सवाल उठा कि उस एक को दण्ड दिलाने के लिए भगवान् ने उन हजारों अड़ोसियों-पड़ोसियों की आत्मा को इतना जड़, निर्जीव और अमानुषिक क्यों बना दिया ? ऐसे भगवान् को किस जन्म में दण्ड मिलेगा ? नहीं,

यह बात गले नहीं उतरी।

ईश्वर जेहन से हटा तो मार्क्सवाद आया। पहली बार जिन्दगी की परिस्थितियों को एक ऐतिहासिक तारतम्य में समझने की दृष्टि मिली। बहुत कुछ असंगति, कुण्ठा और दुःख शायद इस रास्ते चलकर समाप्त हो सकेगा। लेकिन वक्त बीतते न बीतते फिर सवाल उठकर आया कि धागे का टुकड़ा उठानेवाले किसान की पीड़ा, उसकी अपने को सच साबित करने की बेकली और उसके इर्द-गिर्द जमा होने वाली भीड़ की निर्मम अमानुषिक हृदयहीनता को क्या वर्ग-संघर्ष समाप्त कर देगा ? निगाह जब अपने ही चारों ओर गयी तो पाया कि साम्यवाद के नाम पर हिन्दुस्तान में जो हो रहा है वह तो अधिकतर वही है जो उस भीड़ ने उस किसान के साथ किया था। एक खबर कहीं से आयी कि सन् '42 का आन्दोलन जन-विरोधी है तो सारी साम्यवादी भीड़ एक स्वर में उस आन्दोलन पर ठहाके लगाने लगी। एक खबर कहीं से आयी कि सुभाष बोस फासिस्ट हैं तो जनयुग में कार्टून छपने लगे कि सुभाष जनरल तोजो के कुत्ते हैं। एक खबर कहीं से आयी कि हिन्दी में जितने लोग प्रगतिशील लेखक संघ के सदस्य नहीं हैं उन्हें अमेरिका से रुपया मिलता है और भीड़ कानाफूसियाँ करने लगी कि इन्हें जरूर रुपया मिलता है।

मन ने फिर चोट खायी। न, यह चिन्तन-पद्धति इन बुनियादी सवालों का जवाब पूरी तरह नहीं दे सकती। यहाँ तो आये दिन धागा उठानेवाला किसान पकड़ा जाता है। मोपासाँ का किसान तो मरते वक्त तक बेहोशी में भी यह कह सका था कि वह चोर नहीं है, लेकिन यहाँ तो मरने के पहले किसान से कनफेशन लिखवा लिया जाता है कि बटुआ मैंने ही उठाया था।

और चारों तरफ का दुःख, कठोरता, निरपराध यातनाएँ, एक इन्सान का दूसरे बेकसूर इन्सान को अकारण आहत करना और निहत्थे, अकेले, साधनहीन, सीधे मगर अपनी सचाई को लेकर सीना तानने की कोशिश करनेवाले इन्सानों का एक-एक कर बुराई और झूठ की ताकत के आगे टूटते-बिखरते चले जाना—यह अब दिनोंदिन एक अबूझ सवाल बनकर उठता ही रहा। सचाई क्या है ? यह सब क्यों ? आखिर वह कौन-सी व्यवस्था होगी, कैसे होगी, जिसमें उस किसान की सचाई को सचाई की तरह कबूल किया जाएगा; उसमें और उसके इर्द-गिर्द रहनेवाले तमाम दूसरे इन्सानों में एक सही और बुनियादी समझ पैदा होगी। व्यक्ति और समाज, सत्य और असत्य। अकेलापन और समाज के अभिन्न अंग होने की सार्थकता ! और फिर अन्ततोगत्वा यह कि सत्य, अपने निजी जीवन में उपलब्ध किया हुआ सत्य कैसे सबका बन सकेगा ? और अगर नहीं बन पाता है तो हम क्या करें ? हमें क्या करना चाहिए ?

❑

पन्त जी ने कहीं एक बड़ी सशक्त कविता लिखी है—'मरने दो हे, ईश्वर को मरने

दो। वह जन्मेगा फिर, नये-नये रूपों में।' वह कर्म-फल के आधार पर दण्ड देने वाला कपोल-कल्पित ईश्वर मन में कब का मर चुका है, लेकिन एक नया ईश्वर जन्म लेता है। वह अभागों, गरीबों, सताये हुए, कुण्ठितों और विकलांगों को पिछले जन्म के कर्मों का अपराधी घोषित कर सुख से नहीं बैठता। वह अंश रूप में हर एक के साथ है, वह ख़ुद उनकी सारी पीड़ा झेल रहा है। यह एक बहुत मानवीय ईश्वर था। वैष्णवता से उपजा और सन्तों की परम्परा से संस्कार पानेवाला। इसने एक हलकी-सी राहत दी। उन्हीं दिनों पढ़ते-पढ़ते पाया कि इसके बहुत निकट, लगभग इसे छूती हुई एक दूसरी बहुत बड़ी कहानी है—जीसस के बलिदान की कहानी। अपनी सचाई जिसके लिए उसे सलीब पर चढ़ना पड़ा वह सिर्फ उसकी सचाई नहीं थी, सबकी सचाई थी और इतना बड़ा दिल था उसका कि उसने मरते वक्त सबके लिए क्षमा माँगी। यही नहीं, उसने बार-बार कहा कि वह सबके पाप, सबके झूठ, सबके अत्याचार, सबकी निरंकुशताएँ अपने कन्धों पर वहन कर रहा है ताकि उसके पिता की बनायी हुई यह धरती हलकी हो, इसमें रोशनी और सुख-चैन पनपे।

वैष्णवता के संस्कार और जीसस की कहानी ने पहली बार यह बताया कि जीवन में बाहर भी रास्ता तभी मिलता है जब अन्दर मन का रास्ता प्रशस्त होना शुरू हो; कि यातना भी निरर्थक है, वह केवल किसी कल्पित—पिछले जन्म में किये किसी कल्पित कर्म का दण्ड नहीं है बल्कि एक सार्थक प्रक्रिया है जो इसी जन्म में अपने को आन्तरिक समृद्धि और सार्थकता देती है। और एक बहुत गहरे स्तर पर हमें दूसरों से जोड़ती है। जॉनडॅन का वह कथन याद आया कि कोई भी मनुष्य अपने में सर्वथा पृथक् एक द्वीप नहीं है, वह अन्दर ही अन्दर समग्र जाति के महाद्वीप से जुड़ा हुआ है।

लेकिन फिर एक प्रश्न-चिह्न लगा। हर आदमी मसीहा नहीं होता। न जरूरत है कि वह मसीहा बने। शायद मसीहों के दिन बीत भी गये। हम तो सिर्फ इतना पूछना चाहते हैं कि हमने कोई कसूर नहीं किया। जो हमारा सच था हमने उस पर टिकने की कोशिश की। फिर हमें यह यातना क्यों ? दुनिया के किस पैमाने से यह अन्याय नहीं माना जाएगा ? लेकिन फिर किसका अन्याय ? इसके लिए जिम्मेदार कौन ?

एक ख़ूबसूरत शाम : वैसी जैसी सिर्फ इलाहाबाद में होती है। मैडोना की एक बड़ी भव्य सौम्य मूर्ति के सामने नीली वरवीना का बहुत ख़ूबसूरत प्रसार ! और मैं अपने परमप्रिय मित्र कैथोलिक फादर श्री ऐम्स्टॉस को प्रश्नों से मथे डाल रहा हूँ। जिन बहुत थोड़े-से लोगों के सामने अपने मन का सारा संघर्ष बिना किसी हिचक के रखता आया हूँ उनमें वे सबसे प्रमुख हैं। मैं पूछता हूँ कि आखिर यातना, पीड़ा मनुष्य को दृष्टि देती है माना, लेकिन तोड़ भी तो देती है। जो इसमें

टूट गये, जो टूट रहे हैं, जो आगे टूट जाएँगे उनका जिम्मेदार कौन ? एक विशेष शब्द हमने चुना है, 'अनडिजर्व्ड सफरिंग' (वह यातना जो हमें अकारण मिलती हो)। अनडिजर्व्ड सफरिंग का समाधान क्या है ? शायद कोई नहीं। फादर ऐम्स्टॉस बार-बार नये-नये पक्ष सामने रखते हैं और मैं नामंजूर करता चलता हूँ। अन्त में हम लोग कमरे में आते हैं। एक प्याला कॉफी मेरी ओर बढ़ाते हुए वे कहते हैं, 'तुम नाम कृष्ण का लेते हो मगर शायद तुम्हारी ज्यादा सहानुभूति अश्वत्थामा के साथ है।' उन्होंने 'अन्धायुग' पढ़ा है।

एक ऐसा ही ऐतिहासिक क्षण था आज से दो हजार वर्ष पहले जब उस बहुत बड़े मुकदमे के बाद जीसस के विरोधियों ने जीसस को फाँसी पर चढ़ाने का फैसला दिया था। वहाँ का रोमन शासक था पोण्टियस पाइलेट। फाँसी चढ़ाने के पहले हुक्मनामे पर पाइलेट की अँगूठी की मोहर होना जरूरी था। पाइलेट मुकदमे को ध्यान से सुनता रहा। जिस आदमी ने अन्धों को आँखें दीं, भूखों को रोटी दी, अकेलों को आश्रय दिया, अज्ञानियों को दृष्टि दी, उसे चन्द सिक्कों के लिए उसी के एक शिष्य ने चुम्बन के संकेत से बेच दिया। अब वह अपना सलीब ख़ुद कन्धों पर लादकर वधस्थल तक जाएगा और दो चोरों के साथ उसे सलीब पर लटका दिया जाएगा। पोण्टियस पाइलेट न ईसा का अनुयायी है न ईसा का विरोधी और इस मुकदमे में सच क्या है यह भी वह नहीं जानता। शायद सच जीसस की ओर है। मगर रोमन नियम के अनुसार वह स्थानीय अदालत के फैसले में हस्तक्षेप नहीं करना चाहेगा। फाँसीनामे पर उसने मोहर लगायी। कहते हैं, उसके बाद उसने एक थाल मँगवाया। लोटे में पानी मँगवाया और चारों ओर शून्य निगाह से देखता हुआ बोला, "और सत्य क्या है, कौन जाने ?" और जिस हाथ से मोहर लगायी थी उसे धोकर रेशमी अँगोछे से सुखा लिया।

यह एक ऐसा समाधान है जो आज तक सैकड़ों, हजारों, लाखों पोण्टियस पाइलेट करते आये हैं। कोई दूसरी अदालत उनके लिए फैसला दे दे, समाधान ढूँढ़ दे; वे उस पर मोहर लगाकर रेशमी अँगोछे से हाथ पोंछ लेंगे। लेकिन वह कलाकार, वह लेखक, वह कहानीकार क्या करे जो दूसरे के दिये हुए फैसलों पर मोहर लगाकर अपने हाथ धो लेने से सन्तोष नहीं पाता ? उसे यह आत्मवंचना अधिक लगती है, समाधान कम।

बाद में सुना कि शायद ईसाई चिन्तकों ने एक कारण बताया है कि सृष्टि के आदि में वर्जित फल चखकर मनुष्य ने आदिम पाप किया और यह सारी अकारण यन्त्रणा वह दण्ड है जो मनुष्य-जाति को आज तक उस आदिम पाप के लिए भुगतना पड़ रहा है। यह व्याख्या मुझे जन्मान्तर और कर्मफल वाली व्याख्या की ही तरह कपोल-कल्पित और बेमानी लगी। वर्ग-वैषम्य इसका मूल कारण है और क्रान्ति होते ही यह सब मिट जाएगा। यह भी तीस साल पहले का एक

सतही आशावाद था जो अब मन को सुकून नहीं दे पाता। समस्या जहाँ की तहाँ है। आखिर वह कौन-सी चीज है जो दिल और दिमाग में एक ऐसा अवरोधक तत्त्व बनकर पनप आती है कि एक सीधे-सादे बेकसूर आदमी की सचाई दूसरों तक पहुँच नहीं पाती ? रिश्ते जुड़ते हैं—दोस्ती के, अड़ोस-पड़ोस के, कुटुम्ब-कबीले के, समाज के ! लेकिन लगता है कि इन तमाम सम्बन्धों के बावजूद हर दिमाग और हर दिल अपने में चारों तरफ से बन्द एक स्वतः संचालित यन्त्र थे। एक पुरानी कविता की उपमा देने के लिए क्षमा चाहता हूँ, मगर लगता है जैसे सचमुच हर रोशनी पारदर्शी शीशे की एक अभेद्य मंजूषा में बन्द है। हम बार-बार उससे टकराते हैं; पंख पटकते हैं, इर्द-गिर्द उड़ते हैं ! होते-होते हमारे पंख टूटने लगते हैं, थककर हम उड़ने की ताकत खोने लगते हैं, उस धागे वाले किसान की तरह जो निरन्तर उस भीड़-व्यापी झूठ से लड़ते-लड़ते अन्त में समाप्त हो गया।

इसीलिए अकसर मन को बहुत गहरे छू गयी हैं वे कहानियाँ जिनमें इस अकारण यातना के प्रत्युत्तर की तरह दो व्यक्तियों से एक अकारण ममता पनप आयी है। गहरी और प्रगाढ़ ! वह ममता परम्परागत रिश्तों की धारणाओं से परे होती है। एक ओर से देखिए तो उसमें कुछ नहीं होता और दूसरी ओर से देखिए तो उसमें क्या कुछ नहीं होता। प्रसाद की 'मधुआ' कहानी में उस बच्चे और बूढ़े के बीच की अकारण ममता, गोर्की की 'शिशिर की शाम' में पुरानी नाव के नीचे ठण्ड और बारिश में उस लड़के को अकारण समस्त वर्जनाओं से रहित ममता और संरक्षण देनेवाली लड़की, टैनेसी विलियम्स की उस मार्मिक कहानी में उस अत्यन्त बौद्धिक लेखक को अपने बेडौल किन्तु अत्यन्त समर्पणशील तन से बाँध लेनेवाली उस बेपढ़ी-लिखी मैक्सिकन लड़की की करुणा और फ्लॉबेयर की कहानी में तमाम इन्सानी रिश्तों से असफल और निराश हो जानेवाली उस सीधी-सादी बूढ़ी नौकरानी का अपने तोते के प्रति अन्तिम लगाव और नेह-छोह—यह सब ऐसे पक्ष रहे हैं जो उस भयानक शून्य को भरने की कोशिश करते हुए-से लगते हैं। उस तीखे और अनुत्तरित प्रश्न का जवाब देते हुए-से लगे हैं, किसी दर्शन के तर्क से नहीं, किसी चिन्तन के विश्लेषण से नहीं, बल्कि मनुष्य की सहज मर्मस्पर्शी अनुभूतियों के माध्यम से। इसीलिए इन कहानियों ने मन को बहुत छुआ है। समय-समय पर एक सुकून दिया है, एक समाधान की ओर इशारा किया है। लेकिन व्यापक और विराट् जीवन के सन्दर्भ में इन कहानियों में चित्रित मर्मानुभूतियों का क्या महत्त्व है, ये मन के किस सूनेपन को भरने की कोशिश करती हैं, यह मुझे तभी समझ में आया जब मैंने उस एक कहानी को अच्छी तरह समझा—मोपासाँ की 'धागे का टुकड़ा' !

सर्वथा निजी

शुक्र तारे वाली एक शाम

हर दिन नहीं—कोई-कोई दिन ही ऐसा बीतता है। उसका बीतना सिर्फ सूरज डूबने-निकलने या आँख के खुलने और बन्द होने, या सुबह होने या शाम होने तक ही महदूद नहीं होता—उस दिन का बीतना ऐसा लगता है गोया मन के इस खाली-खाली प्याले में जो दो-चार बूँदें बच गयी हैं, उनमें से एक-आध और रीत गयी; इस सूनी-सूनी अंजलि में दो-चार फूल बच गये हैं, उनमें से एक-आध और बिखर गये...ऐसे दिन अपने बीतने के बाद एक अजीब से खालीपन का प्रभाव छोड़ जाते हैं। लगता है, जैसे सूनापन, उदासी एक पुरानी चोट है जो ऊपर से सूख गयी थी और यह दिन एक बेदर्द ठोकर है जिसने उस घाव को फिर अनावृत्त कर दिया, फिर उसमें टपकन पैदा कर दी।

इधर-उधर घूमने के बाद जब अपने घर के उदास फाटक पर लौटा तो रात हो गयी थी—चारों ओर खामोशी थी, सर्दी थी, ठिठुरन थी और कोहरा था। होठ मेरे सूखे थे—माथा ठण्डी हवाओं के शीत स्पर्श से शान्त था, हाथ जेबों में ठिठुरे थे और पाँव यन्त्रचालित गति से चल रहे थे—अकस्मात् कोई तेजी से चमका—वह चमक ऐसी थी, जैसे अँधेरे की विराट् झील में अकस्मात् कोई चमकदार मछली उछलकर फिर तह में बैठ जाए ! मैं ठिठक गया...कौन था ? और कौन होता—वह था शुक्र तारा—उशनस् ! पंख फड़फड़ाती हुई उजली तितलियों से जिनकी उपमा देता हूँ न—जो मुझे बेहद मनभावन लगती हैं—बिलकुल उन्हीं आँखों के बराबर बड़ा—दिप्-दिप् दमकता हुआ उशनस्—सहसा मेरे मन में कीट्स के उस प्रख्यात सॉनेट की पहली पंक्ति गूँज गयी :

Bright Star ! would I were steadfast as thou art—
(ओ जगमगाते नक्षत्र ! काश कि मैं उतना ही अविचल होता जितने तुम हो!)

इस बार जब यह पंक्ति याद आयी तो पता नहीं क्यों इस पंक्ति के पीछे एक अजब-सा रहस्य था। लगा, जैसे मैंने आज तक इसे ठीक-ठीक नहीं समझा

था—आज पहली बार मैं इसे समझ पा रहा हूँ—क्योंकि शायद पहली बार मैं उस मनःस्थिति से गुजर रहा हूँ जिसमें से कीट्स गुजरा होगा। कीट्स ने उस सॉनेट में उस अदम्य जाज्वल्यमान नक्षत्र से स्थिरता की कामना की थी। जैसे युगों-युगों से अपने स्थान पर जड़ा हुआ वह नक्षत्र स्थिर है, अचल है—काश कि कीट्स भी वैसा ही हो पाता ! लेकिन कीट्स कैसा है ?—क्षण-क्षण आशंका, भय, कामना, अलगाव, लालसा, अतृप्ति, पीड़ा और परिवर्तन के भँवरजाल में फँसा हुआ, क्षण-क्षण नीचे डूबता हुआ, एक पीले पत्ते की भाँति ! और वह उस क्षण-क्षण के आलोड़न-विलोड़न में कहीं भी पाँव टिकाने का आधार नहीं पाता, कहीं भी समय के इस अजस्र प्रवाह को ऐसे बिन्दु पर नहीं पकड़ पाता जहाँ वह सौन्दर्य का क्षण स्थिर हो, अक्षय हो, कभी घटे नहीं, कभी क्षरित न हो ! कभी—कभी—कभी वह समाप्त न हो। कलाकृति हमेशा चिरन्तन गतिशील जीवन को एक ऐसे बिन्दु पर बाँध लेती है जहाँ जादू से वह चलता-फिरता जीवन हमेशा-हमेशा के लिए बँध जाता है। मुझे याद आ गया कीट्स का 'ओड टु द ग्रीशन अर्न' जिसमें उस पुराने यूनानी पात्र पर चित्रित दृश्य के प्रति कीट्स कहता है कि इसमें जो बाँसुरी बज रही है वह अब कभी भी न रुकेगी—जो युवक और युवती वृक्ष-तले बाहु-पाश में आबद्ध खड़े हैं, वे बाहु-पाश अब कभी न खुलेंगे—वह सदा इसी प्रकार तन्मय रहेगा और तरुणी सदा-सदा के लिए इसी प्रकार वेतस-लता की भाँति सुकुमार बनी रहेगी—सदा-सदा के लिए—सृष्टि के अन्तिम क्षण तक के लिए—कला ने उन्हें इस चिरन्तनता में बाँध दिया है।

कीट्स मेरी जाति का था (कलाकार था), अतः आज उसकी पीड़ा ठीक-ठीक मुझे समझ में आती है। इस निरन्तर तेजी से बदलते हुए जीवन-प्रवाह में मैंने कितनी आतुरता से उन क्षणों को खोजा है जिनमें यह परिवर्तन प्रवाह स्वयं जादू की तरह बँधकर स्थिर हो जाता है—फिर कभी नहीं बदलता, कभी नहीं बदलता। जब तक वह स्थिरता का क्षण नहीं मिलता, हम कला-सृजन नहीं कर पाते। जीवन जिएँ—साँस लें—उम्र बीतती जाए—पर जब तक वे क्षण नहीं मिलते—हम सृजन नहीं कर पाते—नहीं कर पाते। सौन्दर्य-सृजन के लिए बहुत जरूरी है कि एक ऐसी मनोभूमि मिल सके जहाँ हम सारे परिवर्तन के मँझधार में खड़े होकर उस परिवर्तन-प्रवाह को अपने साथ अनुभव करें मगर उसमें भी स्थिर खड़े रहें, उसका आस्वादन करें और उसे अपने शरीर में, अपनी तूलिका में बाँध लें। यों तो सब कुछ बदलता चलता है—क्षण-क्षण, लेकिन उसी बीच में कहीं भी अगर ऐसा प्यार, ऐसा आश्वासन, ऐसा आश्रय मिल जाए कि उसके बीच हमारा विश्वास स्थिर हो जाए—मन की कुतुबनुमाँ को कोई उत्तर में स्थित ध्रुवतारा मिल जाए—जिस पर वह स्थित रह सके तो मनुष्य उस परिवर्तित होते हुए जीवन की एक अनुभूति को जादू की तरह बाँध लेने में समर्थ हो जाता है पर अगर मन को वह स्थिरता

नहीं मिलती तो बस उस परिवर्तन-प्रवाह की तीव्र भँवर में वह चक्कर खाता रहता है—और कहीं भी नहीं पहुँच पाता और न कुछ लिख पाता है। यह न लिख पाने—सौन्दर्य का सृजन न कर पाने और इस वात्याचक्र में विवश से बहते जाने की पीड़ा कितनी मर्मान्तक होती है, यह बताया नहीं जा सकता। जो योगी होता है, स्थितप्रज्ञ होना चाहता है, उसके लिए तो सरल मार्ग है—अपने मन को इंजेक्शन देकर बंजर बना लो। उसमें रागद्वेष, मोह-माया की कोई प्रतिक्रिया ही नहीं होगी। फिर आराम से स्थिर रहो—पर वह स्थिरता निष्फल है, सौन्दर्य का सृजन नहीं कर सकती। कलाकार का रास्ता दूसरा होता है—वैराग्य नहीं, मोह-अनुराग-ममता। और उस ममता को, जो क्षण-क्षण परिवर्तनमयी, मोहमयी, छलनामयी, रूप बदलनेवाली लहर में प्रतिबिम्बित तारे की तरह कभी लुकने और कभी चमकने वाली है, उस प्रीति को, उसी राग को, उसी आत्मदान को, कलाकार अविचल स्थिरता की मनोभूमि बनाना चाहता है—कितना कठिन है यह रास्ता ?

इसलिए न कीट्स उसी तारे से कहता है कि 'काश, मैं तुम जैसा अचल होता—पर स्थितप्रज्ञ विरक्त योगी की तरह नहीं, जैसे तुम हो—बिलकुल अलग—अभिमान में भरे बहुत ऊँचे, गहन निशा में स्थिर जड़, अपनी शाश्वत पलकें खोल निर्निमेष जागते हुए'—लेकिन वह चाहता है दूसरे प्रकार की अचलता :

...yet still steadfast, still unchangeable,
pillowed upon my fair-love's ripening breast,
to fell for ever its soft fall and swell,
awake for ever in a sweet unrest;

...फिर भी स्थिर, अपरिवर्तित
—अपनी रम्य प्रिया के धीरे-धीरे खिलते हुए
वक्षस्थलों पर अपना माथा रखे
उसके श्वासान्दोलित स्पन्दन की अनुभूति में
सदा-सदा के लिए डूबे
सदैव एक मधुर बेचैनी से जागते हुए...

❑

और जब बँगले में प्रवेश करते हुए शिरीष और गन्धराज के वृक्ष-शिखरों पर से उशनस् को जगमगाते देखा तो कीट्स की इस कविता की यह निहित पीड़ा अकस्मात् मन के आगे अनावृत हो पड़ी। इसके पहले भी यह कविता पढ़ी थी, बार-बार पढ़ी थी पर आज अनुभव हुआ कि वास्तव में उस तारे को देखकर कीट्स

केवल अपनी संगिनी का स्नेह नहीं खोज रहा था वरन् इस तेजी से बदलते हुए जीवन-प्रवाह के बीच एक स्थायित्व का द्वीप खोज रहा था—और यहाँ तक कि उसने 'अपनी रम्य प्रिया के खिलते हुए वक्ष-फूलों को' यहाँ मात्र शरीर के रूप में नहीं लिया है। यहाँ अनुभूति की घनी प्रगाढ़ता में वह शरीर भी प्रतीक हो गया है—अँधेरे के अज्ञात विराट् सागर में वेतसलता के हलके सीपिया गुलाबों का रचा हुआ एक प्रवालद्वीप जहाँ कोई भी आश्रय खोज सकता है—उत्ताल तरंगों और प्रलयंकर उद्वेग के बीच स्थायित्व खोज सकता है। उस स्थायित्व की मनोभूमि के बिना कोई कलाकार एक शब्द नहीं लिख सकता क्योंकि वह पाँव टिकाकर (कहीं उलझकर भी और तटस्थ होकर भी) जीवन का आस्वादन ही नहीं कर सकता।...

और फिर मुझे अकस्मात् उस दिन की याद आयी—गंगा-तट की वह एकान्त नीरवता, और यद्यपि इतने दिन हम लोग एक-दूसरे में डूबे रहे हैं, पर उस दिन पहली बार मैंने तुम्हें बताया था कि कैसे वह द्वीप जिसे मैंने कभी स्थायित्व का आधार माना था—(पता नहीं वह सत्य था या नहीं)—आज लहरों में बिखर चुका है। यदि वह मनोभूमि केवल शरीर पाने से मिल जाती होती तो क्या कीट्स के मन में भी इतनी व्यथा होती ? न !—वह सूक्ष्म और स्थूल, आत्मा और शरीर के कितने जटिलतम अन्तर्मिश्रण से मिलती है ! पता नहीं उस दिन मैं अपने को ठीक-ठीक व्यक्त कर भी पाया था या नहीं !...

और उसके बाद कितनी तेजी से घटनाचक्र घूमता रहा। और सोचता हूँ, यह बहुत अच्छा हुआ। जिन्दगी ने कितनी जल्दी दो-तीन महीनों में हमें पका दिया—बहुत गहरा—और बहुत कुछ जो अनावश्यक था, कट गया, छँट गया; रह गया केवल यह ज्ञान, यह स्थापना कि—

जितना आज तक मैं हुआ हूँ किसी का भी...
उतना कुल मिलाकर भी
थोड़ा पड़ेगा, मैं जितना तुम्हारा हूँ !

वह प्रथम दिन था जब अकस्मात् मेरा सारा अस्तित्व झनझना उठा था—मुझे लगा था कि वह जो मैंने उस दिन पाना चाहा था, मुझे मिल रहा है क्या ?

लेकिन केवल इतना नहीं। जैसा मैंने और कहीं लिखा है कि उस अर्द्ध-रात्रि की चाँद-भीगी नीरवता में, उस नीलिमा-स्नात कक्ष में जब रूखे केशों से, सीपिया कन्धों की ढलानों से, वेतसलता के गुलाबों की घाटियों से रजनीगन्धा की श्वेत नशीली कलियाँ झर-झर करती हुई गिरी थीं—उस समय एक गाँठ और खुल गयी थी। ये जो सारे सम्बन्ध हैं, जिन्हें हम संज्ञा और व्याख्या में बाँध सकते हैं—मित्र का, संगिनी का, बहन का, पत्नी का, प्रेमिका का, माँ का, अभिभाविका का—ये

सारे इस परिवर्तन-प्रवाह में बह जाने वाले सम्बन्ध हैं—इनका अतिक्रमण कर कहीं हम जो सम्बन्ध जोड़ते हैं, वह न आत्मा का होता है न शरीर का; वह अपने सम्पूर्ण अस्तित्व का दूसरे के सम्पूर्ण अस्तित्व से सम्बन्ध होता है। पर वह भी कैसा अनिर्वचनीय होता है न ! उसमें सब कुछ समाहित होता है फिर भी वह सबसे परे होता है, सबसे परे...और उसके सम्मुख हम कैसी विवशता-सी अनुभव करने लगते हैं और उसे ठीक-ठीक समझें या न समझें पर उसे हम अपनी इच्छा या अनिच्छा से ग्रहण नहीं करते—वह अपने-आप हम पर आच्छादित होता जाता है। या शायद आच्छादित नहीं होता—हमारे अन्दर हमारे रक्त की बूँद-बूँद में अपने-आप प्रस्फुटित होता है। प्राणों के स्थान पर वही रह जाता है। श्वास-प्रश्वास में वही संचरित होता रहता है और इसीलिए न, उसे खोकर हम जीवित रहने की कल्पना ही नहीं कर पाते। इसीलिए न कीट्स ने कहा था—

—And so live ever; or else swoon to death !

—और इस तरह या तो सदा के लिए अमर हो जाऊँ या मृत्यु में विलीन !

❑

चलते-चलते उस भयानक जन-संकुल प्लेटफार्म पर मुसाफिरों, असबाबों, डाक के थैलों, और फेरीवालों के घने जंगल में तेजी से, तुम्हारा हाथ पकड़ लगभग दौड़ते हुए—मैंने तुमसे जो कहा था, पता नहीं उसमें मैंने अपने को ठीक-ठीक अभिव्यक्त किया था या नहीं ! मैंने तुमसे कहा था—"आज पहली बार मुझे यह लग रहा है कि मैं कैशोर्य से मुक्त होकर सहसा बड़ा हो गया हूँ, और हम दोनों आज अकस्मात् बड़े हो गये हैं—बड़े, गहन, गम्भीर (गहरे और अथाह !)...पता नहीं यह शब्दावली वस्तुस्थिति को ठीक-ठीक समझा पाती है या नहीं। हुआ शायद यह है कि हमारी उम्र के चारों ओर दिशा और काल की जो परिधि थी, उसे अर्द्धरात्रि के उस रजनीगन्धा-क्षण में हमने तोड़ दिया। अब हम वक्त में बँधे नहीं रह गये, उसे चीरकर अकस्मात् एक ऐसे क्षेत्र में प्रविष्ट हो गये जहाँ कुछ बदलता नहीं, घटता नहीं, खोता नहीं, नष्ट नहीं होता—एक अजीब से जादू का रहस्यमय देश जहाँ कुछ भी वृद्ध नहीं होता। न यह गुलाब-लदा तन और न मोमदीप-सा मन!

वह एक सर्वथा नवीन सृष्टि है जहाँ आधी रात की साँवली कसौटी पर कसी हुई कंचन रेखा-सी, तुम्हारे चम्पकवर्णी जिस्म की दिव्य आभा कभी मलिन नहीं होगी। उस बड़े गुलाब की पाँखुरी से जिसे मापा था—वह अकलुष मन सदा-सदा के लिए—अर्द्ध-उल्लसित, लज्जित गति से धड़कता जाएगा, कभी भी मन्द नहीं पड़ेगा। जैसे कीट्स की 'ग्रीशन अर्न' वाली कविता में किसी चित्रकार ने प्राचीन

ग्रीस के एक क्षण को अकस्मात् चिरन्तनता में बाँध दिया था न, वैसे ही शायद किसी बहुत बड़े चितेरे ने उस रजनीगन्धा-क्षण में हमें एक अजीब-सी चिरन्तनता में बाँध दिया—स्थायित्व और गहनता की विचित्र-सी चिरन्तनता में !...इस चिरन्तनता में ऐसी विशेषता थी जो इसके पहले मैंने कभी नहीं जानी थी—जिसकी कभी कल्पना भी नहीं की, वह यह कि इसके पहले भी लोगों ने प्रेम के अमरत्व की कल्पना की, पर सूक्ष्मता के स्तर पर उतरकर, स्थूल का, शरीर का बहिष्कार कर ! हमने एक ऐसी चिरन्तनता पा ली थी जिसमें किसी का बहिष्कार नहीं था—न सूक्ष्म का, न स्थूल का ! न मन का, न जिस्म का ! जिसमें अधूरापन नहीं था, सम्पूर्णता थी—सम्पूर्ण, सम्पूर्ण, सम्पूर्ण—ऐसा पूर्ण जिसके लिए कहा गया है—'पूर्णस्य पूर्णमादाय पूर्णमेवावशिष्यते !' यदि उस पूर्ण में से पूर्ण बाद दे भी दो तो भी पूर्ण ही बचा रहता है। इसीलिए जब हम एक-दूसरे में अपने सम्पूर्ण अस्तित्व को डुबो देते हैं, तब भी हममें कहीं कुछ कम नहीं होता, हम कहीं खण्डित नहीं होते, कहीं विभाजित नहीं होते, कहीं घटते नहीं, कहीं खोते नहीं—एक-दूसरे की सम्पूर्णता को आत्मसात् कर हम जाने कैसे-कैसे हो उठते हैं, विभोर, तन्मय, अलौकिक—और वह खुमार जाता ही नहीं !...

रजनीगन्धा-क्षण को तो जाने दो, उस दिन अपनी छोटी-सी गाड़ी पर लौटते हुए भीड़-भाड़ वाले बाजार का अनुभव याद है ! अकल्पनीय भीड़-भाड़ से भरी वह सड़क कैसी थी—जैसे किसी विशाल चौड़े पाट की बरसाती नदी हरहराकर बह रही हो—नगरों को ध्वस्त करती हुई, जंगलों को उखाड़कर बहाती हुई, गरजती हुई—और उसके बीच हमारी छोटी-सी गाड़ी एक नाव थी, जिसमें सब शान्त था, चिरन्तन था, वक्त का बहाव थम गया था, और हमारा सम्पूर्ण अस्तित्व एक-दूसरे को घेरकर, कसकर, अणु-अणु, कण-कण बाँधकर दिशा और काल के परे चला गया था और मेरी अँजुलियों में फूल थे और उन अँजुलियों पर तुम्हारी अँजुलियाँ थीं और एक हलकी नीली आग थी जो मेरे माथे से चरणों तक नशे की तरह छायी हुई थी—वर्तमान जीवन के उस विराट् जल-प्रलय में हमने एक चिरन्तनता का द्वीप खोज लिया था !

❑

द्वीप से एक बात और याद आ गयी—आज से हजारों वर्ष पूर्व की। यूनान में एक बहादुर जहाजी था यूलिसिस। जिन तूफानों को कोई न झेल पाए उन्हें वह झेल सकता था, जिन देशों को कोई न खोज पाए उन्हें वह खोज निकालता था, जिन द्वीपों में कोई न पहुँच सके वहाँ वह अपने जहाज उतार देता था। उसे बराबर

अपनी यात्राओं में आठ-आठ या दस-दस वर्ष लग जाते थे। उसकी और उसके साथियों की पत्नियाँ यहीं यूनान में प्रतीक्षा करते-करते वृद्धा हो चलीं, तूफानों में लड़ते-लड़ते उनके केश श्वेत हो गये, जिस्म पर झुर्रियाँ पड़ गयीं, पर वे अपने देश लौटकर शान्त जीवन न बिता सके ! एक दिन यात्रा करते-करते वे एक ऐसे द्वीप में पहुँचे जहाँ केवल कमल फूलता था—जल में, स्थल पर, चट्टानों के बीच, सर्वत्र कमल, केवल कमल !...और वहाँ वे पराग से लदे झकोरों में पलक मूँदकर बैठ गये और बोले, "अब हम कहीं नहीं जाएँगे, हमीं को क्या पड़ी है कि हम अज्ञात देशों को जीतें, अन्याय के विरुद्ध युद्ध ठानें ! यहाँ शान्ति है, यहाँ खुमार है, यहीं नींद में डूबे हम अपना सारा जीवन बिता देंगे।" कैसा मधुर चित्रण किया है टेनीसन ने इस मनःस्थिति का, इस द्वीप का—

There is sweet music here that softer falls,
than petals from blown roses on the grass,
or night dews on still waters, between walls of shadowy granite in a gleaning pass,
Music that gentle on the spirit lies,
Than tired eye lids upon tired eyes;
Music that brings sleep down from the blissful skies.
Here are cool mosses deep,
And through the mosses the iris-creep
And in the stream the long leaved flowers weep,
And from the craggy ledge the poppy hangs in sleep.

और इस वातावरण में सब कुछ भुलाकर एकमात्र कामना यही है कि भूल जाएँ सब कुछ—यात्राएँ, तूफान, परिश्रम और संघर्ष—केवल अधमुँदी पलकों से समुद्र की ओर बहती हुई नदी को देखना, मानो नींद में, सपने में—हम सपने में डूब रहे हैं, एक-दूसरे की मधुर काना-फूँसी को सुनते हुए, कमलों का मधु चूसते हुए.. .क्योंकि यहाँ हर बंजर चट्टान की दरार में कमल खिलते हैं, हर घुमाव पर कमल खिलते हैं—तमाम दिन हवा धीमे स्वर में बहती रहती है और गन्धमादन ढालों पर कमलों का पीला पराग उड़ता रहता है।...

The lotus blooms below the barren peaks,
The lotus blows by every winding creek;
All day the wind breaths low with mellower tone

Through every hollow cave and alley alone
Round and Round the spicy down the yellow lotus-dust is blown.

❑

एक द्वीप मेरा भी है—पता नहीं किन तूफानों को झेलता हुआ, कैसे वहाँ पहुँच गया हूँ ! वह द्वीप जहाँ लाल कमल की दो लम्बी पाँखुरियों में न जाने कितना मधु भरा है, वह द्वीप जहाँ उन पाँखुरियों पर दो बहुत प्यारी तितलियाँ हरदम पंख फड़फड़ाते हुए मँडराती रहती हैं, वह बेले की उजली ढेरियों और बड़े-बड़े गुलाबों का द्वीप—वह द्वीप जिसमें हर ढलान पर, हर घाटी में, हर मोड़ पर, हर घुमाव पर नीलकमल खिलते हैं, बेहद नशीले, बेहद मादक !...पर इस नीलकमलों के द्वीप में पहुँचकर मैं यूलिसिस के जहाजियों की तरह थककर बैठ नहीं जाना चाहता...मैं इस स्थायित्व के द्वीप में पहुँचकर प्रत्येक परिवर्तित होते हुए क्षण को सौन्दर्य में, जादू में बाँध लेना चाहता हूँ—प्रत्येक तूफान की संगति, प्रत्येक विक्षुब्ध समुद्र के अन्तर का संगीत खोज निकालना चाहता हूँ—इस नीलकमल द्वीप को अपना आधा बनाकर, अपना केन्द्र-बिन्दु बनाकर वहाँ पहुँचना चाहता हूँ, जहाँ तक अभी कोई नहीं पहुँचा।

कभी धोखा होने लगता है। लगता है, अभी द्वीप नहीं मिला—अभी भी बहाव में हूँ। हो सकता है, यह मात्र भ्रम हो—ठीक वैसे जैसे लम्बी ट्रेन-यात्रा करके आओ और रात को अपने चिरपरिचित नीले कमरे में सोओ तो अकस्मात् मालूम पड़ता है कि कमरा नहीं, यह भी रेल का डिब्बा है, तेजी से हिलता-डुलता भागा जा रहा है। यात्रा का, बहाव का संवेदन नसों में इतना गहरा उतर जाता है कि वे अपने-आप उसे बार-बार दोहराती रहती हैं। पिछले वर्षों में जो मिला है, उसके संवेदन अब भी कभी-कभी अपने को दोहराकर भटकाने लगते हैं।

❑

जब अपना जन्मदिन आ रहा हो, तब ऐसी सर्दी, कोहरे और शुक्र तारे वाली शाम को यह भटकना भी सुखद है। सुखद है यह सोचना भी कि अब भटकने वाली निरुद्देश्य यात्राओं का अन्त आ गया है—सुखद है इस नीले आकाश में जड़े समुद्री द्वीप की भाँति शुक्र तारे को पाना—और सुखद है बँगले के उदास फाटक पर शिरीष और गन्धराज के शिखरों के पार इस शुक्र तारे को अचानक देखना—सुखद है इस चोट खाकर बरसों से चुप हो गये मन का धीरे-धीरे अपनी पलकें

खोलना—सुखद है अपनी नियति को पहचानना और एक के बाद एक क्षणों का स्थायी चेतना से उस आधार को रचना, सजाना, सँवारना—ओ मेरे द्वीप ! कितना सुखद है निरुद्देश्य सड़कों पर भटक-भटककर अपने उदास फाटक पर पहुँचना, कितना सुखद है उदास फाटक से धीरे-धीरे एक-एक कदम अपने घर, अपने प्यारे घर वापस आना...

गन्धराज और शिरीष के पीछे से धीरे-धीरे शुक्रतारा उठ रहा है। थोड़ी देर बाद वह मेरे आँगन में चमकेगा—कितना प्यारा लगता है अपने छोटे-से फूल-बसे घर के आँगन में रजनीगन्धा के फूल जैसे उजले शुक्र तारे का रातभर महकना...!

❑

एक खत

22 अगस्त

सुनो, यह मैंने पहली बार आज महसूस किया कि यहाँ बम्बई में भी तीसरे पहर सूरज ढलता है और धूप खिड़की में से तिरछे होकर पड़ती है और एक अलसायापन-सा सब पर छाने लगता है। तुम कितनी-कितनी दूर हो और आज इस वेला में मेरा वह बहुत पुराना प्यारा अलसाया-सा मूड लौटा है, तुमसे ढेर-ढेर-सी नॉन्सेन्स बातें करने का। न, गम्भीर बातें नहीं, याद-वाद भी नहीं, भविष्य-अतीत भी नहीं, मात्र तुमसे बातें करने का सुख। मात्र तुमसे बोलते हुए अपनी आवाज सुनने का सुख, और मुझसे बोलते हुए तुम्हारी आवाज सुनने का सुख। वह आवाज मानो तुम्हारी पतली मृदुल अँगुलियाँ हैं, मेरे माथे और मेरे बालों से खेलती हुई; वह आवाज मानो तुम्हारे कन्धे पर बिखरी सूखी अलक है, मेरे कपोलों को छूती हुई; वह आवाज जैसे एक सहमा हुआ लजीला संकोच है, बाँहों में, कन्धों पर, ओंठों पर, पलकों पर छाया हुआ...आज बहुत दिनों बाद याद आ रही हैं वे नवम्बर-दिसम्बर की अलसायी हुई सर्द दुपहरियाँ, जब तुम मुझसे रिल्के की कितनी-कितनी कविताएँ सुन-सुनकर खोयी-खोयी-सी रहती थीं। पर आज कविताएँ भी नहीं सुनाऊँगा। नहीं, कुछ नहीं; सिर्फ तुम्हारी सुदूर उपस्थिति की मन्द-मन्द आँच में हलके-हलके सीझते हुए बहते जाना...किन्हीं खयालों में भी नहीं, केवल खुले नीले आसमान में हलके बादल के टुकड़े की तरह !

24 अगस्त, '60

लो दोस्त ! वह भी किस्मत में नहीं बदा था। तुम्हें परसों सुबह तीन बजे इतना लिखकर जरा पीठ टेकी थी कि आँख लग गयी और जब जागे तो मालूम हुआ कि जिस अलसायेपन को मैं मन की लौटी हुई मस्ती समझ रहा था वह तो बुखार की भूमिका थी। उठा तो अंग-अंग टूट रहा था और कमर और पीठ में दर्द। टेम्परेचर भी रहा होगा पर एक तो थर्मामीटर मिला नहीं, दूसरे सोचा—हटाओ, क्या चिन्ता करना, सुबह तक ठीक हो जाएगा ! सुबह ख़ूब नहाये, नतीजा यह हुआ

कि ऑफिस से लौटे तो सर फटा जा रहा था और पलकें तक जल रही थीं। जैसे-तैसे तुम्हारा खत पढ़ा और आँख मूँदकर लेटे रहे। सर तो भारी था ही, खत पढ़कर मन भी बहुत भारी हो आया।

इस समय औचक आँख खुल गयी। सुबह होने वाली है। बदन हलका है। दर्द नहीं है, टेम्परेचर एक-आध प्वाइण्ट हो तो हो, वैसे तो रातभर बेहद बेचैन बीती है। पर यहाँ बम्बई में तीन बजे के आसपास भोर फूटने के पहले आजकल समुद्र भी बिलकुल खामोश हो जाता है और हवा बहुत भारी होकर जैसे इमारतों पर टँग जाती है; मन इस कदर घुटने लगता है कि तुम्हें बता नहीं सकता। एक दिन शायद नौ या दस को सुबह इसी वक्त बैठकर तुम्हें खत लिखा था। आज भी वही वक्त है। सारा बम्बई पड़ा सो रहा है, केवल समुद्र जाग रहा है, हवा जाग रही है, मैं जाग रहा हूँ। इक्की-दुक्की गाड़ियाँ कभी-कभी बीस-पचीस मिनिट बाद खड़खड़ गुजर जाती हैं। जाने क्यों इसी समय उस दिन यहाँ खड़े-खड़े यह खयाल आया कि तुम कहीं वहाँ से चल न पड़ी हो। आ न रही हो। यहाँ तक कि एक दिन तो मैं स्टेशन भी गया कि...

...। तुम्हारा मन कभी-कभी इस कदर उदास हो जाता है, यह स्वाभाविक ही तो है। आज चार साल हो गये, तुम्हें लड़ते-लड़ते-लड़ते-लड़ते। कितनी-कितनी चीजें छूटीं, फिर मिलीं, बदलीं। उनको अजब रूपों में देखा। बीच में बीमारी और प्रवास। मेरी अपनी यन्त्रणा अलग। लेकिन सिर्फ एक बात सोचो। एक बहुत छोटी-सी बात। क्या यह सारा संघर्ष, स्टैण्ड जो कुछ तुम्हें दे गया, जो कुछ हम दोनों को दे गया, उसके लिए इससे भी अठगुनी, दसगुनी, सौगुनी कीमतें दूसरों को नहीं चुकानी पड़ी हैं, और फिर अकसर उन अभागों को कुछ नहीं मिला है ! जो कीमतें हमें चुकानी पड़ीं, चाहे वह प्रवास हो या बीमारी, चाहे वह ना-समझ लोगों का अनजान में या ईर्ष्यालु लोगों का जान-बूझकर किया गया प्रवाद हो, क्या उस सबने धीरे-धीरे हममें अपने स्टैण्ड को पहचानने और उसके योग्य बनने की क्षमता नहीं दी ? हाँ, मेरी संगिनी ! मैं भी उदास रहा हूँ। यही नहीं, अकसर टूटने-टूटने की सीमा तक पहुँचा हूँ। लगा है, मैं रोशनी के एक कण के लिए किस कदर अकेले लड़ रहा हूँ ! सिवा तुम्हारे सबने छोड़ दिया है। यहाँ तक कि उस ईश्वर ने भी जो सबका साथी रहा है, जिसने वह सब देखा है, वह घुटन, वह यन्त्रणा जिसे बाहर वाले कभी समझ नहीं सकते। लेकिन फिर बहुत अन्तर्मन्थन के बाद पाया है कि नहीं, हमारा प्रभु हमें भूला नहीं है। इतना कष्ट, इतनी विडम्बना देते हुए भी हमें पता नहीं किन अदृश्य हाथों से अनजाने सँभाल लेता है। हमें याद दिला देता है कि हमारे व्यक्तित्व की परीक्षा हो रही है...फिर कई बार ऐसा हुआ कि मैं अन्दर से बहुत खिन्न या उदास हुआ हूँ, यह सोचकर कि जिन्हें इतनी अन्तरंगता, इतने पवित्र, सच्चे और गहरे मन से मैंने चाहा, सचमुच प्यार किया,

उन्होंने (केवल उस लड़की की ही बात नहीं वरन् मेरे इन कितने मित्रों ने भी) मुझे कभी एक बार भी समझने की कोशिश नहीं की। उन्होंने मुझे क्या दिया—उफ, जो मैं कभी अपने भयानक से भयानक शत्रु को भी देने की हिम्मत नहीं कर सकता ! मन बेहद कटु रहा, बहुत कटु। लेकिन और कोई जाने या न जाने, तुम जानती हो कि मेरा मन कटु होकर, किसी भी स्थिति में कटु होकर सुख नहीं पाता। उनके प्रति भी नहीं जिन्होंने मुझे समूल नष्ट कर देना चाहा। इसीलिए जब उनके प्रति अपने मोह और उसकी प्रतिक्रियाओं से उबरकर जाँचा-परखा तो हमेशा यह पाया कि वे कटुता के नहीं, तरस के पात्र हैं। जो लोग ख़ुद जीवन में मूल्य चुकाने का साहस नहीं कर पाते, वे बहुत कुछ समझने में असमर्थ होते हैं। कभी दूसरे को वे सब कुछ दाँव पर लगाकर कोई स्टैण्ड लेते और कुछ पाते हुए देखते हैं जिसको पाने में वे असफल रहे हैं तो उनकी अमूर्त कुण्ठा सम्पूर्णतः विद्रोह कर उठती है। वे अपने चरम एकान्त में अपनी आत्मा के समक्ष हीन अनुभव करते हैं और फिर बेमानी चीख-चिल्लाहट, शोर-शराबे से अपने को एक नकली सकून देने की कोशिश करते हैं। हमने या तुमने वह पीड़ा क्या भोगी होगी जो उस क्षण उन बेचारों को भोगनी पड़ती है। अपनी उस चरम पीड़ा को भुलाने के लिए वे एक अफीम खोजने की कोशिश करते हैं। तुम उदास क्यों होती हो प्यार ! तुम शुक्रगुजार क्यों नहीं होतीं कि हम या तुम जरा कमजोर होते और जीवन-भर के लिए अन्तरंग अनुभूतियों के स्तर पर विभाजित व्यक्तित्व, झूठ और आत्मदर्शन के उस यन्त्रणा-चक्र में पड़ जाते जिसमें ये बेचारे हैं, तो क्या होता ?

मेरे ! असल में एक बात मैंने और जानी है। आदमी की सामर्थ्य में यह होता ही नहीं कि वह जिन्दगी दो विरोधी तरीकों से जिए। जिन्दगी जीने का एक ही तरीका है, एक और सिर्फ एक—टु बी ट्रू टु योरसेल्फ़ एण्ड टु बी ट्रू टु क्वेस्ट ऑफ़ योरसेल्फ़ फार कम्प्लीटनेस। जब कभी हम उससे पृथक् कोई भी बचाव-सा शॉर्ट कट खोजने की कोशिश करते हैं, वहीं हम जीवन की पगडंडी छोड़ देते हैं। झूठे पलायनों और समझौतों में जीने की बात सिर्फ बात है। वस्तुतः वह जीना नहीं होता। उसमें हम मानसिक आत्महत्या कर लेते हैं और बाकी सारा जीवन एक शव की धारा के वेग में बहते जाने सरीखा होता है, धारा को चीरकर अपनी गति से बढ़ने वाले जिन्दा तैराक की प्रगति जैसा नहीं। हाँ, अकसर उदास मैं भी हुआ हूँ, मगर दूसरी बात पर। जब कभी संकट के क्षणों में हमें यह अहसास होता है कि जीवन की जिस नदी में लहरों को चीरते हुए हम तैरकर आगे बढ़ रहे हैं, उसमें शायद दो ही चार तैराक हैं, बाकी तमाम केवल शव हैं जो निश्चेष्ट बहते चले जा रहे हैं तो मन पर एक अजीब खिन्नता-भरी उदासी अक्सर छा जाती है। पर वह उदासी एक-दूसरे किस्म की होती है।

❑

यहाँ आने के शायद दूसरे या तीसरे दिन मैंने तुम्हें अपने एक खत में कन्फ्यूशियस के कुछ वाक्य लिखे थे (पता नहीं वह पत्र तुम्हें मिला भी या नहीं, उसी में चौरंगी वाली दूकान पर पता लगाने के लिए किताबों की लिस्ट भी थी)। उन वाक्यों को इधर मैंने बार-बार पढ़ा है–Truth means the fulfilment of ourself, and moral law means the law of our being. Truth is the substance of material existence. Without truth there in no material existence. It is for this reason that the moral man values truth.

इस कसौटी पर कसी तो अकसर वे चीजें, जिन्हें चारों तरफ के तमाम कितने ही लोग चीख-चीखकर नैतिकता के नाम पर प्रचारित करते हैं, अन्दर के सत्त्व से रहित, खोखली और एक मिथ्याडम्बर से कायरता और आत्मवंचनापूर्ण समझौता साबित होती हैं। क्यों उन्हें कभी यह खयाल नहीं आता कि उनकी कसौटी गलत है ? उस एक झूठी नैतिकता के नीचे कितनी गलाजत और कितना जहर पनपता रहता है !

लेकिन एक बात और ! कम-से-कम तुम गवाह हो कि मैं कहीं-कहीं अपने प्रति बहुत निर्मम हूँ–बहुत, इस सीमा तक कि उससे कभी-कभी मैंने अपना नुकसान भी कर डाला है। इस प्रसंग में भी मैंने अकसर बहुत निर्ममता से स्वयं अपनी चिन्तना को चीर-फाड़कर अलग रख दिया है और यह जाँचने की कोशिश की है कि कहीं यह मेरा निजी दुराग्रह तो नहीं है, अपने किसी नितान्त निजी मोहावेश में सारे दायित्वों की बलि तो नहीं चढ़ा रहा हूँ ? तुम गवाह हो कि ऐसे क्षणों में मैंने अपने को अपने से चीर फेंका है और बिना किसी रू-रियायत के अपने को तह पर तह उधेड़कर जाँचा है और हर बार मैंने पाया है कि अपने को, अपने सत्त्व को झुठलाकर हम चारों ओर की दुनिया के प्रति उसके सन्दर्भ में अपने कर्त्तव्यों और दायित्वों के प्रति भी ईमानदार नहीं रह सकते।

अपने को झुठलाकर हम दुनिया का कोई भला कर सकते हैं, यह केवल भ्रान्ति है। अपने वास्तविक स्व का साक्षात्कार करके ही हम दुनिया का भी भला कर सकते हैं। उसके बिना न तो हम अपने चारों तरफ के परिवेश को ठीक-ठीक समझ सकते हैं, न अपने दायित्वों का निर्वाह कर सकते हैं। इसीलिए अपने स्व के सत्त्व को दुनिया की किसी भी कीमत पर न झुठलाना–यह हमारे लिए एक सामाजिक दायित्व भी है। आगे के वाक्य तो और भी मार्मिक हैं–Only those who are their absolute selves in the world can fulfil their own nature, only those who can fulfil their own nature can help and inspire others to fulfil their nature.

इसीलिए मेरे प्यार ! हम अपनी सच्चाई पर दृढ़ रहें, यह हमारी तमाम समाज और दुनिया के प्रति तिरस्कार की भावना नहीं है बल्कि यह एक प्रकार की निष्ठा

है जो हम अनजाने में सबके लिए स्वीकार करते हैं, अपने समवेत अस्तित्व के लिए। गहरे में कहीं हमारा जीवन सबके जीवन से जरूर सम्बद्ध है। मूल स्रोत कहीं अतल गहराई में सबका सम्बद्ध है। हम अपने स्व को कुण्ठित और पंगु बनाकर, अपने जीवन को विषाक्त और मिथ्या बनाकर निखिल संसार के विष और मिथ्या को बढ़ाते हैं। और हर कीमत पर अपने जीवन को सत और निष्ठावान्, मधुर और गहरा बनाकर निखिल संसार में व्याप्त असत्य, कटुता और छिछलेपन को कम करते हैं।

सत्त्व हमारे अपने का साक्षात्कार तो है ही, साथ ही साथ वही साक्षात्कार हमसे बाहर जिये जानेवाले समस्त जीवन को अर्थ और अस्तित्व प्रदान करता है। इसीलिए सत्त्व जिसका आधार है, वह सारी कर्म-शृंखला पवित्र है। यही नहीं, बल्कि केवल वही जीवन पवित्र है जिसके मूल में 'सत्त्व' है, शेष सब विषमय है, कालमय है, जीवन का नाम धारण करता हुआ भी मृत्यु है। अपने सत्त्व के प्रति वंचना कर हम संसार के प्रति भी घोरतर अपराध करते हैं।

❑

इसीलिए न मैंने बार-बार तुझे बताया है कि इस तरह न उदास हुआ कर मेरी ताकत ! तू इतना क्यों नहीं समझती कि हम जिस चीज के लिए लड़ रहे हैं, जिसके लिए एक स्टैण्ड ले रहे हैं उसके अर्थ बहुत गहरे हैं, बहुत व्यापक। होता यह है पगली, कि जब हम पूरे परिवेश में अपने जीवन, अपने सत्त्व, अपनी निष्ठा, अपने स्टैण्ड को छोड़ देते हैं, केवल उसे नितान्त तात्कालिक या नितान्त सतही सन्दर्भो में देखते हैं, खण्डित रूप में, जो अजीब-अजीब भ्रान्तियाँ आकर हमें उदास बनाने लगती हैं। वे भ्रान्तियाँ, वे गलत नजरिये, वे निराधार आशंकाएँ हमारे चतुर्दिक् फैले हुए असत्य और अँधियारे से उपजती हैं और हमारे अन्दर की उभरने के लिए लड़खड़ाती, प्रयास करती हुई ज्योति को कुटिलता से दबा देना चाहती हैं। वे अँधेरे में ख़ुद कुलबुलाने की आदी—यह नहीं चाहतीं कि उजियाला हो और जीवन जिया जाए !

दोस्त, उदास होने से कैसे काम चलेगा ? कब तक काम चलेगा ? परिस्थितियाँ, परिवेश, लोग, किंवदन्तियाँ, परपम्पराएँ, अनुश्रुतियाँ, विरोध, परामर्श, मैत्री का मुखौटा लगाये दुश्मनियाँ और नैतिक अभियानों का मुखौटा लगाये कुण्ठाएँ, झूठे भय, नासमझ हित-चिन्ताएँ हमें हर बार बाध्य करेंगी कि हम चीजों को सतही, तात्कालिक सन्दर्भ में देखें, झूठे समझौतों और नकली चेहरों वाली जिन्दगी जिएँ। लेकिन हमारे एक-दूसरे के प्रति अर्पण का तकाजा है कि हम हर समय यह जानते रहें कि ये तमाम चीजें एक ही असत्य की अनेक प्रतिकृतियाँ

हैं और इन सबके जाल को काटने का एक ही तरीका है—अपने सत्य को जीना। और यह अपने सत्य को जीना केवल अपने लिए नहीं है। अप्रत्यक्षतः वह इनके लिए भी है क्योंकि सबकी मुक्ति का मार्ग यही है कि सत्य, मात्र सत्य बेलौस और निडर भाव से जिया जाए।

प्यार मेरे ! क्या तुम्हीं ने कितनी बार डूबकर यह नहीं कहा कि तुम्हारे माथे का सूर्य-बिन्दु अन्धकार मात्र के विरुद्ध एक ज्योतिपूर्ण शपथ है ? फिर थकान और उदासी कैसी ! हमारे तमाम समर्पण में थकान का हक है सिर्फ जागरण-थकी पलकों को, लाज-पगे शब्दों को। बोलो, अब तो उदासी नहीं है ? ख़ूब गहरे में मधुरा उठी हो न, विभोर, गहरी सलज्ज और उत्फुल्ल !

देखो, तड़के लिखना शुरू किया था, दिनभर बीच-बीच में आरम्भ कर लिखते रहे—शब्द-शब्द में तुम्हें महसूस करते हुए, और लो, आज टेम्परेचर भी नहीं है ! अब ख़ुश ! लेकिन अब इसी समय जाकर खत जी.पी.ओ. में छोड़ने का लालच रोककर चुपचाप आराम करूँगा। कल सुबह छोड़ूँगा खत ? सोमवार को दिनभर खत न मिले तो नाराज न होना। बोलो, इस समय क्या कर रही हो ? उदास तो नहीं हो न ! आज भवानीपुर की तरफ गयी थीं क्या ! रजनीगन्धा के फूल लायी हो क्या ? यहाँ बम्बई में तो रजनीगन्धा के उन फूलों को तरस गये। न वह खिलाव, न वह महक, जानती हो, ऊपर से यहाँ उन पवित्र श्वेत फूलों को पीले, नीले, गुलाबी, जोगिया रंगों में रँगकर बेचते हैं ! काश, किसी तरह हर तीसरे दिन वहाँ से तुम रजनीगन्धा के फूल भेज सकतीं ! रजनीगन्धा से कुछ याद आया—क्या ? मैं इस वाक्य को पढ़ने के बाद की तुम्हारी मुद्रा प्रत्यक्ष देख रहा हूँ। भृकुटि टेढ़ी, मन गद्‌गद—क्यों, है न !

❑

पश्यन्ती : इतिहास

रत्नाकर शान्ति का सान्ध्य-चिन्तन

कितना महत्त्वपूर्ण था भारतीय इतिहास का आठवीं से बारहवीं शताब्दी का काल जिसे तान्त्रिक युग भी कह सकते हैं, लेकिन कितना कम हम जान पाये हैं उसके बारे में। यह वह समय था जब तान्त्रिक पद्धतियाँ उदित हुईं और हर धर्म पर छा गयीं।

बौद्ध धर्म के लिए तो और भी अजीब समय था यह। यही समय था जब बौद्ध धर्म पहली बार सच्चे अर्थों में लोक-धर्म बना, खूब फैला देश-विदेश में—और यही समय था जिसमें वह जाने कहाँ, जाने कैसे लुप्त हो गया ! उसका प्रामाणिक इतिहास तो दूर, जनश्रुतियाँ और किंवदन्तियाँ तक भुला दी गयीं.. .केवल जनमानस में एक क्षीण याद बची रही—'नौ नाथ और चौरासी सिद्धों' की। लेकिन आसपास के देशों में वे जनश्रुतियाँ भी जीवित रहीं और शताब्दियों बाद तिब्बत के एक लामा तारानाथ ने मुगलकाल में सिद्धों की उन अद्भुत चमत्कार-गाथाओं को लिखकर सुरक्षित कर दिया।

बौद्ध धर्म के दिग्गजों का समय था वह—नागार्जुन से लेकर दीपंकर श्रीज्ञान तक। दीपंकर श्रीज्ञान न केवल महान् तत्त्वज्ञानी थे वरन् नेपाल, तिब्बत और चीन की समस्त राजनीति का सूत्र-संचालन करते थे। तिब्बत ने उन्हें आमन्त्रित किया था—सांस्कृतिक पुनर्गठन के लिए। उन्होंने तिब्बती भाषा को प्रथम बार वह लिपि प्रदान की जो आज तक व्यवहृत होती है।

दीपंकर श्रीज्ञान के गुरु थे रत्नाकर शान्ति, चौरासी सिद्धों में से एक। शान्तिपा नाम से कविता लिखते थे। चर्यापद में उनके पद मिलते हैं। उनके गुरु नारोपा थे, नारोपा के गुरु तिल्ली, तिल्ली के गुरु कुक्कुरीपा थे। नारोपा ने रत्नाकर शान्ति को सिंहल की यात्रा पर भेजा था और उन्होंने वहाँ महायान की प्रतिष्ठा

की। ये सभी सिद्ध वज्रयानी थे। नारोपा के समय में कालचक्रयान प्रचलित हुआ। उसी समय के ग्रन्थ सेकोद्देश टीका में तथा अन्य छोटे-छोटे गुह्य-साधना ग्रन्थों में उन अनुष्ठानों का आभास मिलता है जो उस समय प्रचलित हो रहे थे। व्याली और नागार्जुन की प्रतिद्वन्द्विता तथा ऐसी ही तमाम किंवदन्तियाँ लामा तारानाथ के ग्रन्थ में मिलती हैं।

पर यह सब तो हैं बाह्य प्रमाण और परिस्थितियाँ। अन्दर मर्म में कहाँ कौन-सी चीज खोखली हो रही थी, कहाँ कौन-सा कदम झूठा पड़ गया था, कहाँ कौन-सा प्रश्न-चिह्न उठ आया था, वह तो 'रत्नाकर शान्ति का सान्ध्य-चिन्तन' पढ़कर ही आप जान सकेंगे।

रत्नाकर शान्ति विक्रमशिला के आचार्य थे। विक्रमशिला वर्तमान भागलपुर के पास गंगा-तट पर था। गंगा-तट की एक शाम सिंहल से लौटकर आये हुए रत्नाकर शान्ति जिन्हें सिंहल में धर्म की विजय पर उल्लसित होना चाहिए लेकिन...

सर्वप्रथम नमस्कार है आचार्य गुरु श्री नारोपा को जो अग्रणी हैं समस्त बोधिसत्त्वों में, ज्ञाता हैं गुह्य विषयों के, स्वामी हैं पारमिताओं के, समर्थतम हैं सिद्धों में। फिर नमस्कार है मैत्रेय, वैरोचन अमिताभ को। नमस्कार है करुणा-शून्यता-रूप समस्त बुद्धों को और उनकी भार्याओं को। नमस्कार है मालव देश में मुझे दर्शन देने वाले आर्य मंजुघोष तथा भगवती आर्यतारा को। नमस्कार है समस्त क्लेशहारिणी वसुमती, रत्नस्था, पर्णशवरी, अनेकमुखी, जांगुली, चण्डा, मामकी, तारा, पाण्डुरा आदि अनेकानेक धरणी देवियों को...और...और नमस्कार है इस बिना शोधे पारे-से चंचल, आशंका से उद्वेलित अपने इस चित्त को जो शंकित है, जिज्ञासु है, उद्विग्न है—वज्रावेश में उन्मत्त साधक की भाँति तर्कों की, अनुशासनों की, यहाँ तक कि कभी-कभी तथागत और गुरुश्री के वचनों तक की सीमा को तोड़-फोड़कर जाने किस प्रलयंकारी तृष्णा से अधीरातुर, बार-बार ग्रहण किये हुए मार्गों को त्यागता है, फिर ग्रहण करता है, फिर त्यागता है; फिर ग्रहण करता है, और हर बार यह पाता है कि न अब यह पहले वाला चित्त है, न यह पहले वाला मार्ग है।

❑

विजय, यश, धर्म, सम्मान, अगणित उपहार लेकर लौट आया हूँ सिंहल द्वीप से। पीछे छूट गया वह द्रविड़ नाविकों, श्यामल तन्वंगियों, हरित कुंजों और ललित शिल्पों का मनोहारी द्वीप। महायान में सहस्रों भिक्षुओं को दीक्षित कर संघ स्थापित

करा गुरु की आज्ञा से लौट आया हूँ पुनः विक्रमशिला में अपनी गंगा के तट पर। शाम हो रही है। गौड़ देश की एक विशाल नौका पाल झुलाये मन्थर गति से जा रही है। पतवार उठते हैं, गिरते हैं। आचार्यों ने कहा, धर्म पतवार है; पारमिताएँ—पार ले जाने वाली।

मगर किसके पार ? चित्त-प्रवाह के, जिसे जगत् कहते हैं। पर जब चित्त प्रवाह न हो, तो ? केवल एक मरणवत् ठहराव हो, तो ?

मैं गंगा-तट के पीपल की जड़ों के बीच अपने चिर-परिचित स्थान पर बैठा हूँ। न सुख, न दुःख, न विजय, न पराजय, केवल शून्य के समक्ष एक शून्य। केवल शून्य में डूबा हुआ एक शून्य।

पर हाय ! केवल इतना हो तो मेरा रत्नाकर शान्ति नाम सच न हो जाए। मैं वह जो दूसरा हूँ उसका क्या करूँ ? शून्य से जूझता हुआ एक शून्य, शून्य पर शंका करता हुआ शून्य, शून्य को चीरकर कुछ खोजता हुआ शून्य—शून्य के परे देखने की कोशिश करता हुआ एक शून्य।

क्या करूँ अपने चित्त की इस चिर-विक्षुब्ध मुद्रा का ?

यही उद्विग्नता थी जब खोज प्रारम्भ की थी, यही उद्विग्नता थी जब ओदन्तपुरी में दीक्षा ली, यही उद्विग्नता थी जब मालव देश में भगवती आर्यतारा की साधना कर साक्षात्कार किया, यही उद्विग्नता थी जब सिंहल द्वीप गया, यही उद्विग्नता थी जब लौटा। यही उद्विग्नता थी, यही रही, यही है।

गुरु ने मुद्रा पहचान कर नाम दिया शान्तिभद्र। सिंहल जाते समय कहा : अब तुम आठों सिद्धियों में निष्णात हुए। अब तुम्हारा नाम हुआ आचार्य सिद्ध शान्ति पा। सिंहल में सद्धर्म की विजय कराकर, रत्नाकर पार कर, लौटा तो बोले : तुम हुए रत्नाकर शान्ति। लेकिन कौन जानता है कि शान्ति केवल मेरे नाम में रही। चित्त में केवल अशान्ति, उद्विग्नता, खोज, आकुलता, पीड़ा...

लेकिन क्यों ?

❑

शाम हो चली है। सन्नाटा और गहरा लग रहा है क्योंकि थोड़ी देर पहले पथ पर गहरी हलचल थी। संघ की सहस्र गायें गोशाला में लौट रही थीं। सींगों की टकराहट, गायों का रँभाना, बछड़ों की कुलेलें, गोरक्ष भिक्षुओं की वंशी, पीपल के शिखर से ऊँचे धूल के लाल-भूरे बादल, उनमें से गुजरने वाली सान्ध्य विहगों की पाँतें और कान के बिलकुल पास से गुजरते सैकड़ों पंखों की सरसराहट। अब सब शान्त हैं (सिवा मेरे मन के)।

सिर्फ ऊपर घोंसले में एक विहग शिशु अनखना रहा है और आ रही है दूर से दिवंगत तुषित-स्वर्गवासी आचार्य कुक्कुरीपा के बीसियों कुत्तों के भूँकने की

कर्कश आवाज, अशुभ, अमंगल। बचपन में मैंने भी पिल्ले पाले थे। कितने अच्छे थे वे दिन ! जो भी सुनता था सब पर विश्वास करता था पूरे निश्छल मन से। सुनता था आचार्य कुक्कुरी के पाले इन कुत्तों में दैवी शक्ति है। साक्षात् बोधि। सिंहल, चीन, जावा, स्याम, गान्धार और खोतान से आस्थावान् इन कुत्तों के पिल्लों को ले जाते थे, प्रसाद मानकर। इनका भी एक इतिहास है। मेरे गुरु भी नारोपा को गुह्य विद्याएँ मिली थीं तिल्ली से, तिल्ली को पद्मवज्र से, पद्मवज्र को कुक्कुरी से। कुक्कुरी चतुर थे। बाहर से शैव बनकर भैरव की उपासना करते थे, मन से बौद्ध थे। सेवा करते थे भैरव के वाहन कुक्कुरों की। उनकी साधना से प्रभावित होकर भगवती महामुद्रा नैरात्मा ने कुक्कुरी का मुख धारण कर उन्हें दर्शन दिये। वे स्वामी बने भैरव की शक्ति और वाहनों के। उन्होंने बौद्ध देवता श्री वज्रभैरव की उपासना का सूत्रपात किया। पवित्र हैं ये कुक्कुर। आचार्य तो सशरीर तुषित-स्वर्ग गये—पीछे छूट गये थे पवित्र कुक्कुर। दिन-रात भूँकते हैं। कभी-कभी चैत्र-वैशाख में उनमें से कई पागल हो जाते हैं। पर उन्हें मारने का नियम नहीं है। काट लें तो भिक्षुओं को पागल होना पड़ता है। इसे कुक्कुर महादशा कहते हैं। इसकी विशेष पूजा का विधान है।

आह, वह मिथ्या विश्वासों से रंगारंग भोला शैशव जब यह अभागा रत्नाकर शान्ति इन सबों पर सहज विश्वास करता था ! न शंकाएँ, न उद्विग्नता। सच थीं ये असाधारण अनुश्रुतियाँ। सच थीं ये दैवी सिद्धियाँ, ये गुह्य साधनाएँ, सच थे ये विचित्र अनुष्ठान ! पर हाय, इस मन ने इनके आवरण को चीरकर वास्तविकता को जाना ही क्यों ? क्यों जाना कि इनके पीछे है क्या ?

उस दिन भी बहुत भारी मन लेकर इन्हीं पीपल की जड़ों पर, गंगा के तट पर आकर बैठ गया था। विहार में जो कुछ देखकर आया था उसने मन की नींवें हिला दी थीं। वह जो सबसे मजबूत, बिलकुल सफेद रंग और लाल आँखों वाला कुत्ता कर्पूरभैरव था—उसमें सुबह से ही पागलपन के लक्षण प्रकट हो रहे थे। भाग रहा था, इधर से उधर, उधर से इधर। अकस्मात् पूजार्थ आयी एक वृद्धा का पाँव भँभोड़कर मांस निकाल लिया। गुरु अघोरवज्र उल्लास से उन्मत्त हो गये। बोले—"कर्पूरभैरव पर वज्रावेश अवतरित हुआ है, पूजा होगी।" प्रांगण में नगाड़े बजने लगे। मन्त्रोचार होने लगा। कर्पूरभैरव इस शोर से घबराकर एक क्षण को रुककर अचरज से चारों तरफ देखने लगा और फिर चारों तरफ बदहवास दौड़ने लगा। एक था नया, कम उम्र, दुबला-पतला, मंगोल साधक, जो अभी दीक्षित भी नहीं हुआ था, पर था बहुत मेधावी और अध्ययनशील। कहते थे, उसमें भगवती चीनतारा की विशेष प्रज्ञा थी। तैलंग भिक्षु उससे ईर्ष्या करता था। उसने कहा—"ऐसे समय में कर्पूरभैरव को लाल गुड़हल की माला पहनाने से तुरन्त खेचर सिद्धि मिलती है। आकाशमार्ग से जहाँ चाहो जा सकते हो।" मंगोले हाथ में माला लिये आगे बढ़ा। नगाड़े दुगने वेग से

बजने लगे। भोटान्त के भिक्षुओं ने नरसिंहे उठाये, कामरूप के भिक्षुओं ने मृदंग पीटा, वंगीय भिक्षु हर्ष से उलूक-ध्वनि करने लगे।

और फिर सब ठहर गये। कर्पूरभैरव और मंगोल भिक्षु में सिर्फ दस हाथ का अन्तर रह गया था। दोनों अचल। और अकस्मात् कर्पूरभैरव भयानक गुर्राहट से उछला। मंगोल का साहस छूट गया। मगर वह भागे इसके पहले कर्पूरभैरव उसकी गर्दन पर था। श्मशान के मांस का आदी कर्पूरभैरवी ! मंगोल गिरा, फिर उठकर भागा। कर्पूरभैरव के दाँत जहाँ गड़ गये थे वहीं गड़े रहे...नगाड़े, नरसिंहे, शंख, मृदंग दुगने वेग से बज रहे थे। भगवती वज्रभैरव की जय बोली जा रही थी। तैलंग भिक्षु का स्वर सबसे ऊँचा था। गर्दन का आधा मांस कर्पूरभैरव के जबड़ों में झूल रहा था। मंगोल गिरा और तड़प-तड़पकर शान्त हो गया।

अघोरवज्र ने घोषणा की–'मिल गयी ! उसे खेचर सिद्धि मिल गयी। वह शून्यविहारी हो गया। शून्य है आकाश। पंचस्कन्ध वाली देह तो भार थी। अब वह निर्बन्ध विहार करेगा..."

प्रांगण में जहाँ-तहाँ खून के गाढ़े चिपचिपे धब्बे कई दिन तक पड़े रहे।

मुझे उबकाई आ रही थी। इसी गंगातट पर आकर निराहार पड़ रहा। मार्ग क्या है तथागत ? मुझे मार्ग दिखाओ वैरोचन ! मेरा विश्वास हिल गया है। यह अमानुषिक हिंसा, सिद्धान्त की आड़ में वैयक्तिक ईर्ष्या का नरक, कर्पूरभैरव के जहरीले दाँत, नगाड़ों और नरसिंहों का अविवेकी प्रलाप...मार्ग क्या है ? सद्धर्म का मार्ग क्या है भगवती ?

मुझसे कुछ खाया नहीं जाता था। केवल एक-दो घूँट गंगाजल पीकर रेत पर सिर पटकता रहता था।

ऐसी ही शाम थी जब नालन्दा से आचार्य श्री गुरु नारोपा मेरी विरक्ति का समाचार सुनकर आये। विक्रमशिला में हलचल मच गयी। जितने मुँह उतनी बातें पर वे अकेले मुझे पुकारते हुए आये। बच्चों की तरह चाहते थे मुझे। आज गायों का रँभाना सुनकर उनकी याद आ गयी मुझे।

चरणों में से उठाकर, मस्तक सूँघकर बोले, "तैलंग भिक्षु को कठोर दण्ड मिलेगा। उठो। अन्न ग्रहण करो शान्ति !"

नत था गुरु-चरणों में, पर अपने व्रत पर अटल था। यह कुछ भी हो, सद्धर्म नहीं था। जो मनुष्यता को पागल कुत्तों का भक्ष्य माने और नगाड़े पीटकर इसका उद्घोष करे। नहीं, नहीं, नहीं, यह अजितनाथ असंग का योग-मार्ग नहीं, यह नागार्जुन का विवेक-मार्ग नहीं–नहीं ! कदापि नहीं !

गुरु की वाणी कठोर हो आयी..."तब तू चाहता क्या है ? सब महान् हो, सुन्दर-सुन्दर ? गुह्य साधना तो उसी को तोड़ती है न ? पाप, पंक, विष्ठा, रक्त, मज्जा सब सुन्दर हैं। विडाल, कुक्कुर, सब महान् हैं। किसी वस्तु का अपना कोई

धर्म नहीं। विष्ठा में दुर्गन्ध, पंक में ग्लानि तो हम आरोपित करते हैं। गम्य-अगम्य, पेय-अपेय, भक्ष्य-अभक्ष्य, इन सब वर्जनाओं से चित्त मुक्त नहीं होगा तो बोधि कैसे जाग्रत् होगी पगले !''

प्रणाम करता हूँ गुरु नारोपा के चरणों को जिन्होंने प्रकाश के द्वार खोल दिये। अभागा है रत्नाकर शान्ति जिसके मन का अन्धकार उस प्रकाश को भी पी गया। पूछा, ''बोधि जाग्रत् होने के अर्थ बर्बरता जाग्रत् होने के हैं क्या, आचार्य ?''

बोधि के अनादर से गुरु मर्माहत हुए, ''किसी जैनश्रावक का जादू चल गया ? किसी शैव ने आनन्द का सिद्धान्त समझाया है क्या ? किसी वैष्णव ने चक्र चलाया है ?'' फिर अपनी वाणी पर स्वयं पछताते हुए मेरा माथा सहलाकर बोले, ''तेरी व्यथा क्या है, कुछ बोल तो !''

मैं फूट पड़ा, ''आडम्बर का विरोध करने में हम स्वयं बड़े आडम्बर में उलझ गये हैं। देवताओं में से महानता बहिष्कृत की और पागल कुत्तों में प्रतिष्ठित कर दी। लघु को महान् के समकक्ष रखने को स्पृहा में लघुता की जगह क्षुद्रता की उपासना करने लग गये हम। लिप्सा हमारा बीजाक्षर बन गयी, पशुता हमारा धर्म। केवल पंक में थूथन गड़ाकर हमने जाना कि हमने त्रैलोक्य विजय कर लिया। मंगोल भिक्षु की मर्मान्तक चीत्कार के समय भिक्षुओं की आँखों में बर्बर उल्लास की चमक आप देखते तो ? तीर्थिकों ने, अवतारवादियों ने ईश्वर को मनुष्य बनाया था, हमने पागल कुत्तों को ईश्वर बनाया है। मांस भँभोड़ते हुए बर्बर !...गुरु श्री ! सद्धर्म ने आडम्बर का वमन कर पुनः उसी का भक्षण कर लिया है...!''

'शान्तम् पापम्'—गुरुश्री ने केवल यह कहा और अँगूठे से रेत कुरेदते रहे। फिर बैठ गये। मेरा कन्धा थपथपाते रहे, कुछ कहा नहीं।

अघोरवज्र ने मेरी बात सुनी तो ठठाकर हँसे। नाचने लगे, ''है ! है ! उस अविश्वासी में दृष्टि है—दर्शन नहीं है। सद्धर्म ने जो वमन किया उसी को खा लिया, यही तो अघोर साधना है। हम केवल पंक में थूथन गड़ाते घूमते हैं। हाँ, वाराह हैं हम। पृथ्वी का उद्धार हमीं करेंगे। जय भगवती वज्रवाराही ! कल्याण करो उस प्रज्ञाहीन जड़मति का। संघ से पृथक् सोचने का अहंकार जागा है उसमें ! दम्भी है।''

वर्षों बाद स्वयं अघोरवज्र की स्थिति बहुत डाँवाडोल हो गयी। जाने क्यों उनकी खोज दिनोंदिन अनियन्त्रित होने लगी। जो कुछ व्यवस्थित होता उसे चीर-फाड़ डालते। जो कुछ सुन्दर दीखता उसे विकलांग कर देते। रातोंरात जागकर जाने किसे गालियाँ देते। और अन्त में जाने किसका वध देखकर ठठाकर दानवीय अट्टहास करते। कुछ भी जो सामान्य है, सहज है, मानवीय है, उसे सह नहीं सकते थे। विहार के ग्रन्थागार में वायु-शुद्धि के लिए चन्दन सुलगता था, कीटों से रक्षा के लिए औषधि छिड़की जाती थी। उन्हें यह असह्य था। वे घूम-घूमकर दीमकें बीन लाते और ताड़पत्रों के बीच छोड़ दिया करते। उन्मुक्त विहार करते भोले-भाले

बछड़ों को मछली पकड़ने के जाल में उलझाकर वृक्ष की शाखाओं से लटका देते थे। गौशाला के विराट् दुग्ध भाण्डों में श्मशान से लाकर अस्थि-खण्ड छोड़ देते और आधी-आधी रात ठठाकर दावनी अट्टहास करते।

संघ से उन्हें जिस दिन निष्कासित किया गया, गुरु नारोपा की पलकें सजल थीं। इस अत्यन्त मेधावी की साधना में कहाँ कौन-सी कमी रह गयी कि फिर वह सन्तुलित हो ही नहीं पाया।

कहाँ हैं अघोरवज्र अब ? सबके प्रति घृणा के किस भयानक मानसिक रौरव में जीवित उबल रहे हैं ?

शान्ति दो अमिताभ ! सबको शान्ति दो। अघोरवज्र को भी शान्ति दो ! मेरे भाग की शान्ति भी उन्हें दो !

लेकिन यह विनिमय सम्भव है क्या ? क्या एक की साधना दूसरे को शान्ति दे सकती है ? या हर आदमी इस रास्ते में बिलकुल अकेला है, नितान्त अकेला—हरेक को अपना निजी निर्वाण बिलकुल अकेले, अपने-आप ढूँढ़ना पड़ता है, क्योंकि हरेक का बिलकुल अपना निजी भव है, अपना निजी संसार, जो उसके अपने चित्त में बना है। उसे उसी ने बनाया है, वही सुलझा सकता है।

गान्धार से आगे पारस्य देश है—उसके आगे ताजिक देश है—उसके भी पश्चिम से एक भिक्षु आया था। वह कथाएँ बताता था उस धर्म की जो उधर फैला है। वह भी करुणा को मानता है, मानता है लोक-कल्याण को (जय हो तथागत की ! उनकी करुणा को सब मानते हैं)। उस ख्रीस्त धर्म के आचार्य ने कहा, "मैं सबके पाप अपने कन्धों पर लेता हूँ, प्रभु ! सबकी अशान्ति अपने मन में लेता हूँ। लोक अज्ञानी है, उसे क्षमा करो !"

पर रत्नाकर शान्ति को कोई बताए कि उससे हुआ क्या। पाप अपने कन्धों लेने वाला तो ज्ञानी हुआ, प्रभु का प्यारा हुआ, लेकिन लोक तो अज्ञानी का अज्ञानी रहा। लोक में पाप फिर पनपे, तो ? नये रूप में पनपे, तो ?

लोक या आलोक ? वांछनीय क्या है तथागत ? क्या दोनों अनिवार्यतः विरोधी हैं ? क्या दोनों अन्ततोगत्वा पर्याय है ? मार्ग क्या है, कोई बताए ?

तुमने कहा था कि 'भिक्षुओं को मेरे वचनों की भी परीक्षा कर उन्हें ग्रहण करना चाहिए, केवल गौरव से अभिभूत होकर नहीं।' मैं गौरव से अभिभूत भी हूँ तथागत और तुम्हारे वचन को परखना भी चाहता हूँ। तुमने मध्यम-मार्ग की बात किसलिए कही थी ? लोक अपनी जगह बना रहे, आलोक अपनी जगह, मार्ग बीच से निकाल लिया जाए। पर यह तो दोनों से बच निकलना हुआ। अगर मैं आग्रह यही करूँ कि मुझे मार्ग वह बताओ जो वस्तुतः मार्ग है—तो ?

लोक उस पर चले या न चले, इससे क्या मार्ग की महत्ता घट जाती है ?

❑

पीपल की वह डाल टूट गयी जिसमें उलझकर शुक्र उगता था बरसों पहले ! अब लगता है शुक्र उतना देदीप्यमान नहीं रहा। न रहीं अब वे वृद्धा माँ जो रोज शुक्र उगते समय गंगा को अर्घ्य देने आती थीं। तीर्थिक थे उनके गुरु पर वे तथागत की भी उतनी ही भक्त थीं। सम्प्रदाय की कितनी कथाएँ याद थीं उन्हें ! मेरे मन की शंकाओं को कितनी ममता से सुनाती थीं और निवारणार्थ कितनी कथाएँ सुनाती थीं। अभी लोक-कल्याण की बात पर उनकी वह कथा याद आ गयी।

तब मुझे दीक्षा नहीं मिली थी। वे रोज शुक्र को अर्घ्य देने गंगा-तट पर आतीं, और मैं यहीं बैठा मिलता। अँधेरा होने लगता पर वे मुझे कुछ-न-कुछ खिलाये बिना न जातीं। उनको अचरज था कि मैं ब्राह्मण-पुत्र था पर मुझे मीठा प्रिय नहीं था। नमक अधिक खाता था।

एक दिन मैंने विनोद में कहा, "माँ, कल विदर्भ का एक भिक्षु बता रहा था कि महासिद्ध नागार्जुन ने दक्षिण की जटासंजय नगरी में पाँच सौ तीर्थिकों को अकेले परास्त किया था। तुम्हारे गुरु तीर्थिक हैं न ?"

वे हँसीं, "नमक दूँ ? क्या करूँ, मेरे बेटे को नमक पसन्द है और नमक के साथ उसके तीर्थिक-विजेता महासिद्ध नागार्जुन की पराजय की कथा जुड़ी है।"

"सो कैसे ?" मैंने बिलकुल बालसुलभ आग्रह से पूछा। ओह, बिलकुल कथा सरित्सागर थीं माँ–क्या-क्या सुन रखा था उन्होंने !

व्यंजनों में अतिरिक्त नमक डालते हुए मुझे देती गयीं और कथा सुनाती गयीं। नौकाओं पर लदकर पश्चिम से जो सेंधा नमक आता था, वह मुझे विशेष प्रिय था, और कहानी भी उसी की थी।

बताने लगीं कि वे पश्चिम में एक प्रख्यात शैव आचार्य थे व्याली ! पारद और गन्धक के योग से रसायन की सिद्धि में लगे थे। लेकिन उन्हें कभी सफलता हाथ नहीं लगी। अन्त में उन्होंने सारे गुह्य तन्त्र-शास्त्र गंगा में बहा दिये और देश-देश सिद्धि की खोज में भटकने लगे। ओडिविशा में एक छोटी-सी नदी में स्नान करते हुए उन्हें फिर वही पाण्डुलिपियाँ मिलीं। उनका अभिलेख पानी में धुला नहीं था। निश्चय ही ये सिद्धि ग्रन्थ हैं, यह उन्हें विश्वास हो गया और वे उन्हें उठा ले गये। इस बार पारे का ठीक-ठीक शोधन हुआ और घरवालों ने देखा कि घर-भर में फूलों की वर्षा हो रही है। वे कुछ भी रहस्य न समझ सके।

लेकिन हजारों कोस दूर बैठे नागार्जुन को स्वप्न हुआ कि योगी व्याली को सिद्धि मिल गयी है। उन्होंने वृक्ष से पत्ते तोड़कर दो पादुकाएँ बनायीं और डाकिनियों को धरणी से सिद्ध किया–डाकिनियाँ उन्हें उड़ाकर वहाँ ले गयीं। व्याली से उन्होंने रसायन-सिद्धि का पारा माँगा। व्याली ने बदले में वह मन्त्र-सिद्ध

पर्ण-पादुका माँगी। उसे पहनकर व्याली पुनः भारत में लौटे। लोक में बड़ा दुःख था, दरिद्रता थी। लोग पीड़ित थे। व्याली ने धिनकोट के पर्वत को समूचा चाँदी-सोने में बदल देना चाहा। लेकिन तब स्वयं भगवती आर्यतारा ने प्रकट होकर कहा कि "तुम नागार्जुन से बड़े सिद्ध साबित हुए। बौद्ध-तन्त्र हारे, शैव-तन्त्र जीते। लेकिन तुम इस पर्वत को चाँदी-सोने का मत बनाओ।"

"क्यों ?" व्याली ने पूछा।

भगवती आर्यतारा ने कहा कि "आगे चलकर इस रजत-स्वर्ण पर्वत के लिए युद्ध होंगे, रक्तपात होगा—धर्म अस्त हो जाएगा।"

लेकिन व्याली आधा-मन्त्र पढ़ चुके थे—वह झूठा नहीं हो सकता था। अतः उन्होंने उस सारी पर्वत-शृंखला को नमक का बना दिया। प्रातः सूर्योदय होता तो वह चाँदी की लगती और सूर्यास्त होता तो सोने की। सो यह "शैव नमक खा रहे हो वत्स !" मुसकराकर वह बोलीं, "और दूँ ?"

मेरे कई आचार्य थे। कालसमयवज्र तो प्रश्न पूछते ही क्रोधित हो उठते थे पर जेतारि बहुत धैर्यवान् थे। उनसे मैंने दूसरे दिन पूछा था, "आचार्यवर, जब सब वस्तुएँ धर्मशून्य हैं और उनकी शून्यता का सम्यक् परिज्ञान ही निर्वाण है, तब शून्यवाद के प्रवर्तक नागार्जुन को स्वर्ण-सिद्धि क्यों करनी पड़ी ?"

"संघ के कल्याण के लिए !" जेतारि ने कहा। आगे बोले, "शैव आचार्य से स्वर्ण-सिद्धि का रहस्य जानकर आये थे और नालन्दा में उस समय सद्धर्म संकट में था। उन्होंने आकर स्वर्ण बनाया और धर्म को बचाया।"

"धर्म अपने को बचाने के लिए स्वतः यथेष्ट नहीं होता आचार्य ! इतना दुर्बल होता है कि उसे बचाने के लिए स्वर्ण की आवश्यकता पड़े ?" जेतारि क्षणभर मेरे मुँह की ओर देखते रहे, फिर मुँह पर आयी बात दबाते हुए बोले, "यह रहस्य की बात है। आगे जानोगे।"

और सचमुच आगे चलकर जाना ! अच्छा होता कि न जानता ! लेकिन न मालूम इस रत्नाकर शान्ति के भाग्य में जानना ही जानना क्यों बदा है ?...

मैं जब सिंहल द्वीप से लौटा...लेकिन पहले अपने सिंहल जाने की बात बता दूँ। कभी-कभी मुझे लगा है कि ज्ञान का क्षेत्र पृथक् है, संघ का पृथक्। शुद्ध ज्ञान की खोज और संघ का अनुशासन कभी-कभी एक-दूसरे के विरोध में जा पड़ते हैं। लेकिन विचित्र है आचार्य श्री गुरु नारोपा की व्यवहारबुद्धि ! वे इस विरोध का भी संघ के पक्ष में उपयोग कर लेना जानते हैं।

मैं सुनता था कि मैं प्रतिभाशाली हूँ। मेरी प्रज्ञा विशेष रूप से जाग्रत् है। साधना की आरम्भावस्था में ही मालव के तन्त्रपीठों में मुझे आर्यतारा की विशेष कृपा मिली थी। अतः इस संकट के समय जब तीर्थिक, नाथयोगी, श्रावक—सभी सद्धर्म के विरोधी हो रहे हैं, मुझी को संघ-संचालन का भार सौंपा जाना है। मुझे

विक्रमशिला के पश्चिमी द्वार का अधिष्ठाता नियुक्त किया गया। लेकिन मेरी शंकाओं का अन्त कहीं दीखे तब न ! गुरु अघोरवज्र से भी कभी-कदा एक-आध गहरी झड़प हो जाती।

गुरुश्री ने कहा, "तुम सिंहल जाओ। वहाँ के राजा को स्वप्न हुआ है कि हीनयानियों के पंजे से सद्धर्म का उद्धार कर महायान के प्रसार के लिए भारत से रत्नाकर शान्ति को बुलाओ।" गुरु की महिमा ! अगले पखवारे सचमुच सिंहल से दूत आ पहुँचे, और मैं सिंहल गया।

समुद्र में आश्वासन देने की अद्भुत शक्ति है। शैवों ने हिमालय को चुना। हिमालय मन को उदात्त करता है, शान्ति भी देता है पर मन में यह भावना जगाकर कि नीचे जो छोड़ आये हैं वह सब हेय है—निरर्थक है ! समुद्र में आत्मीयता है। विशाल लहरों में बालू के तटों पर पछाड़ खाता हुआ विक्षुब्ध रत्नाकर मेरे मन से मिलता है। लगता है, केवल मैं ही नहीं, यह भी कितना विक्षुब्ध है—अनादिकाल से ! और ज्यों-ज्यों आलोक पूर्ण होता है, त्यों-त्यों इसे शान्ति नहीं, अशान्ति ही मिलती है। पूर्णिमा की रात का समुद्र देखिए ! और सोचिए कि वह आलोक, वह चन्द्र जो इसी की समस्त उद्विग्नता का आधार है—इसी के मन से उपजा है ! तभी न गुरु ने मुझे समुद्र-यात्रा को भेजा। अद्भुत है उनकी दृष्टि ! मुझे आत्मीयता मिली, सिंहल को धर्म मिला, संघ में विरोध बचा...।

हाँ, तो जब मैं सिंघल से लौटा, मगध में भयंकर दुर्भिक्ष था। न पेड़ों में पत्ते बचे, न घोंसलों में चिड़ियाँ, न नदी में मछलियाँ, रात-रात तक हू-हू करती हुई रेतीली आँधियाँ बहतीं, गंगा में शवों के झुण्ड बहते दीखते। मगधभर में यह प्रसिद्ध था कि बौद्ध विहारों में नागार्जुन के समय का अगाध स्वर्ण-कोष भरा पड़ा है। स्वयं भिक्षुओं ने यह बात बढ़ा-चढ़ाकर कही थी कि इससे लोक-मानस पर बौद्ध धर्म का प्रभाव बढ़े।

वही बात हमारे लिए हानिप्रद बन गयी थी। रातों में भयावने नर-कंकाल घातक अस्त्र लेकर विहार के परकोटे को तोड़ने की घात में घूमा करते थे। सुना था, शैवयोगियों ने उन्हें मन्त्राभिषिक्त त्रिशूल बाँटे हैं, वैष्णवों ने गदाएँ और चक्र बाँटे हैं, शाक्तों ने खाण्डे बाँटे हैं कि बौद्ध विहारों को लूट लो।

दीपंकर श्रीज्ञान ने बड़ी कुशलता से रक्षा का प्रबन्ध कर रखा था। वे मेरे सुयोग्यतम शिष्य और उत्तराधिकारी हैं। उनके मन में शंकाएँ नहीं उठतीं, वे समाधान नहीं खोजते। बस, उनके सामने एक समस्या आती है और वे उसका निराकरण खोज लेते हैं। संघ की रक्षा हो, उसी से धर्म की रक्षा होगी, यह उन्होंने निर्णय लिया !

मैं भारत लौटा तो सामन्त चणक ने अपने पचास सशस्त्र अश्वारोही मेरे साथ कर दिये थे। ग्राम उजड़े पड़े थे। झाड़ियों में क्षुधार्त्त लुटेरों के झुण्ड छिपे बैठे रहते। मुझसे खाया नहीं जाता। राह में अकसर घोड़े शवों को लाँघकर चलते और पालकी

ढोने वाले भारिक राह बदल देते।

विहार में पहुँचा तो बहुत उत्सव मनाया गया। सिंहल में सद्धर्म की विजय हुई थी। शैवों, शाक्तों, वैष्णवों के हृदय पर साँप लोट गये थे। रातभर मन्त्रोच्चार और शृंगीनाद हुआ। बरछे और धनुष लेकर परकोटे पर प्रहरी भिक्षु निरन्तर पहरा देते रहे। दीपंकर ने मारक धरणी का विशेष जाप करवाकर विहार के चारों ओर दस योजन तक रक्त-पिपासु अदृश्य डाकिनियों का जाल बिछा दिया था जो पाते ही शत्रु को चबा डालेंगी। दक्षिण तोरण के पास एक बहुत बड़ा तहखाना बनाया गया था। वहाँ कैवर्ती-चक्र का विशेष आयोजन हुआ।

यह एक नया आम्नाय था जो मेरी अनुपस्थिति में चला था। अभी तक साधक में आवेश जगाने के लिए बारह से बीस वर्ष पर्यन्त की कन्या मुद्रा रूप में स्वीकृत होती थी—या तो डोम्बी, चाण्डाली, रजकी, शबरी या ब्राह्मणी, क्षत्रिया, वैश्या। पर अब नया आम्नाय चला था जो यह मानता था कि कैवर्ती सर्वश्रेष्ठ है, शेष सभी उससे नीची। उसका एक दर्शन था। हर चीज का दर्शन तैयार करने में संघ की प्रज्ञा बहुत जाग्रत् थी।

पर इसका असली कारण क्या था मैं तो यह जानना चाहता था। कारण भी ज्ञात हो गया। ब्राह्मण और क्षत्रियों पर वैष्णव प्रभाव बढ़ रहा था। वैश्य श्रावकों के प्रभाव में थे। शूद्रों में से बहुत से शैव नाथ-योगियों के प्रभाव में आ रहे थे—केवल कैवर्त अभी बौद्ध प्रभाव में थे। केवल कैवर्ती युवतियाँ उपलब्ध थीं, अतः वे सर्वश्रेष्ठ मान ली गयीं !

उसके लिए तर्क थे। वे मछली पकड़ती हैं। मछली है चंचल चित्त। जो चंचल चित्त मारे, वह साधिका ! वे नाव चलाती हैं—गंगा-यमुना में। गंगा-यमुना हैं ललना और रसना नाड़ियाँ। वे उन्हें पाकर अवधूती में विहार करती हैं।

पर उस रात मैंने जो देखा, वह कर्पूरभैरव वाले दृश्य की ही भाँति हृदय-विदारक था। वह कैवर्ती बालिका बहुत छोटी थी। ग्यारह वर्ष की ! उसकी विशेष पूजा की गयी थी। अन्य सब मुद्राएँ थीं, वह थी स्वतः साक्षात् भगवती नैरात्मा ! अभिषेक प्रक्रिया प्रारम्भ हो रही थी—शंख और वाद्य बज रहे थे—और वह अकस्मात् भयभीत हो गयी और चीत्कार कर उठी। उसका चीत्कार बाहर न जाए अतः वाद्य दुगने वेग से बजने लगे।

मेरा मन विद्रोह कर उठा। मैंने बाहर जाना चाहा। द्वार भी खुलवाया, पर देखा, बाहर बड़ी भीड़ है—क्षुब्ध स्त्रियों की। शायद उस कन्या के लिए ! लेकिन ज्ञात हुआ कि कारण दूसरा है।

आजकल मण्डल-चक्रों के लिए ये कन्याएँ एक स्वर्ण-मुद्रा देकर लायी जाती हैं। दुर्भिक्ष के कारण कैवर्ती माताओं की भीड़ अपनी-अपनी कन्याओं को लिये खड़ी हैं। उन्हें क्षोभ है कि उनकी कन्याएँ तो और भी कम उम्र की हैं। उन्हें

मण्डल-चक्र के लिए क्यों नहीं लिया गया ?

ओह ! महासिद्ध नागार्जुन, तुमने प्राणिमात्र के कल्याण के लिए स्वर्ण बनाया था ! कल्याण किसे कहते हैं आचार्य ?

वह रात मेरी बहुत उद्विग्न बीती। मैं परकोटे पर इधर-उधर खड़े होकर चाँदनी में, सूखे खेतों में गिद्धों से खाये जाते हुए ढोर-डंगर के शवों को देखता रहा। दूर से तुम्हें भी देखता रहा माँ गंगा ! इतना जल तुम में, लेकिन लोक प्यासा का प्यासा !

प्रातःकाल ही मैंने दीपंकर को बुलाया। "बाँट दो जितना अन्न है भण्डार में ! बाँट दो जितना स्वर्ण है कोष में !" दीपंकर सहमत नहीं थे। न सहमत थे महाश्रमण। महाश्रमण का तो कहना था कि लोक को सद्धर्म से वैर करने का दण्ड मिल रहा है। अच्छा है—मरने दो भूखों !

पर दीपंकर ने गुरु की व्यथा समझी। सारा विरोध अपने माथे स्वीकार कर अन्नागार और स्वर्णागार का काफी बड़ा अंश बँटवा दिया।

सद्धर्म की जयजयकार हुई। शैवों, वैष्णवों, श्रावकों ने मुँह की खायी। और लो, चार दिन बाद वर्षा आ गयी ! दीपंकर ने श्रेय गुरु को दिया। जनता ने माना कि मैंने इन्द्र पर विशेष मन्त्र का प्रयोग कर वर्षा बुलायी। बौद्धों पर लोक की आस्था लौट आयी। डूबते-डूबते बचा संघ ! नमित हूँ नागार्जुन, तुम्हारे समक्ष ! तुम स्वर्ण-सिद्धि न करते तो ?...

लेकिन मैंने जाना तब, जब उस दिन मरणोन्मुख वृद्ध श्रेष्ठ को आशीर्वाद देने नगर की ओर गया। उस छोटे से नगर में दो सौ गणिकाएँ तो होंगी और कम-से-कम पचास आपानक गृह ! ज्ञात हुआ कि यह संघ की मुद्राओं का चमत्कार है। पहले कैवर्तियों को देने योग्य स्वर्ण-मुद्राएँ केवल बौद्ध संघ के पास थीं—बँट जाने के बाद अब सभी के पास हैं। सैकत धूसर केशोंवाली, मत्स्य की दुर्गन्ध से सनी वे मल्लाहिनें अब चन्दन-अगरु से केश वासित कर मल्लिका की मालाओं से सजकर बैठती हैं। और नगर में छोटे-छोटे कितने ही शैव, शाक्त, वैष्णव, श्रावक मण्डल-चक्र आयोजित होते हैं जिनमें वे बुलायी जाती हैं।

लोक ! लोक !! लोक !!! लोक का कल्याण किसमें है तथागत ! कहाँ जा रहा है यह महायान जिसमें हमने समस्त लोक को बैठाने की कामना की थी ?

❑

अरण्य-रोदन की एक सीमा होती है। कुक्कुरीपा के कुक्कुर भी भूँक-भूँककर चुप हो गये हैं। केवल हरहरा रही हैं ये पीपल की डालें, कल-कल कर रही है यह गंगा और दूर के उस शमी वृक्ष के पीछे से निकल रहा है पीला उदास चन्द्रमा।

एक उदासी-भरी थकान व्याप्त दीखती है सारे संघ पर। गुरु नारोपा तक थक

चुके हैं। मैंने उनसे पूछा कि नालन्दा में यह जो नयी पद्धति कालचक्रयान चली, यह क्या है ? तो ऊबते हुए बोले कि "यह तो समय है, कुछ पुराना पड़ेगा तो कुछ नया आएगा। मैं तो तटस्थ हूँ—कुछ आए, कुछ जाए। नया, पुराना यह तो सब शून्य में बँधी हुई ग्रन्थियाँ हैं। बँधें तो शून्य, खुलें तो शून्य !"

सचमुच लोग भ्रान्त हैं, ऊबे हुए हैं। कुछ भी नया हो, वे पागल की तरह पीछे दौड़ पड़ेंगे। एक-एक दिन में सौ-सौ नये आम्नाय बनते हैं और दो दिन बाद लुप्त हो जाते हैं। हर कोने में चार आचार्यत्व के इच्छुक अशैक्ष्य साधक मिलकर एक नया आम्नाय गढ़ लेते हैं और फिर सिर-फुटौवल होती है। मतभेद के आधार पर भी अद्भुत होते हैं। तीसरे चक्र पर चित्त स्थित होने पर घण्टे का रव सुनाई पड़ता है या मृदंग का ! आलिंगन में मातंगी अधिक सुख देती है या शबरी, ये सैद्धान्तिक मतभेद के आधार बन जाते हैं। और अष्ट-साहस्रिका, गुह्य समाज तन्त्र तथा अनेकानेक शास्त्रों से श्लोक उद्धृत किये जाते हैं और गाली-गलौज-भरा शास्त्रार्थ होता है। फिर कोई साधक अपने चार मित्रों सहित शैव हो जाता है—कोई वैष्णव अपने सखा-सखी सहित बौद्ध हो जाता है।

धार अवरुद्ध हो गयी है। दसों दिशाओं में हहराता हुआ दिशा भ्रष्ट जल-प्रलय। हर नयी चीज एक तिनका है, जिसे अपने से ऊबे हुए, अपने से हारे हुए लोग सहारा बनाकर भव-सागर के पार जाना चाहते हैं और हर ऐसे नाचीज तिनके पर एक बोझा-भर दर्शन और तर्क भी लाद लेते हैं। हाय री विडम्बना !

उत्साह केवल दीपंकर में दीखता है। उनकी प्रकृति कर्मठता की है, उनका विश्वास संगठन में है। जो कुछ तात्कालिक है उससे परे देखना नहीं चाहते। इसीलिए शंकित नहीं होते।

पर उन्हें मैं जानता हूँ—अतिशय सधे हुए हैं वे ! अपनी पीड़ा नहीं स्वीकारना चाहते, पर कभी नेपाल, कभी दक्षिण, कभी गान्धार, कभी तिब्बत जाने के स्वप्न बुनते रहते हैं।

"बराबर देश छोड़कर विदेश जाने की क्यों सोचते हो दीपंकर ?" मैंने एक दिन उनसे वात्सल्य से पूछा तो कुछ नहीं बोले, केवल झुककर मेरी चरण-धूलि ली और कहा, "उन देशों में गुरु की चरण-रज पहुँचाने।"

दीपंकर मेरे शिष्य हैं—मुझसे बहुत छोटे, पर कभी-कभी मेरी सँवार इस तरह करते हैं जैसे वे मेरे अभिभावक हों। और मन को यह अच्छा लगता है। पर उनकी यह सँवार पुकार-पुकारकर कहती है कि रत्नाकर शान्ति, अब तुम पर थकान आ रही है ! शायद, सचमुच जूझते-जूझते जैसे कहीं थकान आने लगी है।

पर हाय रे ! यह रत्नाकर शान्ति का मन। सागर की लहर-सा एक बार पीछे हटकर फिर दुगुने वेग से तट खोजने दौड़ता है, हहराता हुआ। संघ की बागडोर सौंप दी है दीपंकर को। बिलकुल अलग हूँ अब। गंगा-तट पर पीपल की इन जड़ों

के बीच आकर बैठता हूँ तो जैसे एक बार फिर अपनी बीती आयु को खोजता हूँ। आह ! यदि एक बार इस सबको जैसे देखा है, जाना है, भोगा है, पाया है, खोया है—उसे बालू पर लिखे अक्षरों की तरह मिटाकर फिर से बिलकुल नये बिन्दु से जीवन आरम्भ कर सकूँ तो ?...

पर हर बार तट से टकराकर यह ज्वार यही पाता है कि अब न यह वह ज्वार रहा, न वह तट रहा। माँ गंगा ! वह कौन-सा दर्शन पाया है तुमने विष्णु के चरणों में, शिव की जटाओं में, कि हर क्षण सागर में लीन भी होती रहती हो और हर क्षण हिमालय में जन्म भी लेती रहती हो।...

काश, कि आलोक की प्यास मिट जाती मन से ! काश, कि लोक की चिन्ता मिट जाती मन से ! काश, कि याद रह जाते केवल प्रतीत्य समुत्पाद, दश-भूमियाँ बीजाक्षर, धरणी-मन्त्र, अभिषेक और अनुष्ठान ! और भूल पाता मंगोल भिक्षु को भँभोड़ता हुआ कर्पूरभैरव, भूल पाता वृद्धा माँ का सहज ममता-भरा सौम्य मुख ! भूल पाता उस एकादश वर्षीया कैवर्ती बालिका का मर्मान्तक चीत्कार...

काश, कि मन शून्य होकर शून्य में लीन ही हो पाता ! पर क्या करूँ अपने इस चित्त का जो शून्य है पर शून्य से जूझता हुआ; जो शून्य है पर शून्य पर शंका करता हुआ; जो शून्य है पर शून्य के परे कुछ खोजता हुआ !

प्रणाम है तुम्हें वैरोचन, प्रणाम है तुम्हें आर्यतारा, प्रणाम है तुम्हें गुरु श्रीपाद ! लेकिन मैं क्या करूँ चित्त की इस विचित्र स्थिति का जो न भव की है, न निर्वाण की!

मार्ग क्या है वैरोचन ?

❑

सर्वेक्षण

भारतीय साहित्य-जगत् में हिन्दी लेखक

भारतीय साहित्य-जगत् में हिन्दी के रचनात्मक लेखक की एक बड़ी दिक्कत है। वह एक ऐसी भाषा का लेखक है जो इस समय खाली राजनीतिक बहस का विषय है, और यह स्थिति उसे अकसर ऐसी गलतफहमी का शिकार बना देती है जो उसके लिए फायदेमन्द साबित नहीं होती। मसलन मैंने अकसर लोगों में यह भावना पायी है कि चूँकि हिन्दी केन्द्र की भाषा मान ली गयी है अतः स्वभावतः तथा सरकारी संरक्षण का ज्यादा भाग हिन्दी लेखक को जाता है; उसकी पुस्तकों के लिए बहुत बड़ा बाजार है जो दिनोंदिन बढ़ता ही जा रहा है; सबसे बढ़कर उसकी उच्चतर स्थिति यह है कि वह उसी प्रदेश का है जिसकी भाषा राजकीय भाषा मान ली गयी है, अतः दूसरे प्रदेशों के लोग हिन्दी में लिखें भी तो उसके बराबर महत्त्व प्राप्त नहीं कर सकते। एक मेरे बुजुर्ग मित्र तो मीठी चुटकी लेते हुए कहते हैं कि 'तुम्हारा क्या ! तुम तो आर्यावर्त के लेखक हो।'

मगर मजा यह है कि इस आर्यावर्त में खुद बेचारे हिन्दी लेखक की स्थिति क्या है, अगर यह मैं बताऊँ तो तस्वीर का एक बिलकुल दूसरा पहलू आपके सामने आएगा। आर्यावर्त बजात खुद इस आर्यावर्त के लेखक के लिए कोई सुखद स्वर्ग नहीं है। जिन चीजों को यह समझा जाता है कि वे हिन्दी लेखक को किसी अतिरिक्त सुविधा की स्थिति में ले आयी हैं, वे तमाम चीजें हिन्दी भाषा के प्रसार के लिए सहायक रही हैं या नहीं, मैं नहीं कह सकता, लेकिन दुर्भाग्य से हिन्दी के रचनाकार के लिए तो वे असुविधा और अवरोध ही पैदा करती रही हैं।

किसी के लिए भी यह स्वाभाविक है कि वह अपनी भाषा को प्यार करे। रचनाकार के लिए तो न केवल यह स्वाभाविक है वरन् अनिवार्य है, क्योंकि बिना अपनी भाषा को दिलो-जान से प्यार किये वह एक भी जानदार पंक्ति नहीं लिख सकता। मगर यह भी अच्छी तरह समझ लेना चाहिए कि एक आन्दोलनकर्ता जिस स्तर से, जिस नजरिये से भाषा को प्यार करता है और जिस स्तर और नजरिये से रचनाकार भाषा को प्यार करता है—दोनों में अकसर फर्क पड़ जाता है।

जिन लोगों ने राष्ट्रीय पुनरुत्थान के जमाने में हिन्दी को राष्ट्रीय एकता का साधन मानकर उसका प्रचार किया, उनमें से सभी साहित्यिक मूल्यों के प्रति भी उतने ही जागरूक हों यह आवश्यक नहीं था। वह एक बिलकुल दूसरी ही चीज थी—रचनात्मक लेखक के मूल भावात्मक उत्स के बाहर की चीज। फिर भी अकसर हिन्दी की प्रचार-प्रगति को साहित्यिक प्रगति से कनफ्यूज किया जाता रहा। यहाँ तक कि हिन्दी के प्रचार की जो केन्द्रीय संस्था थी उसे हिन्दी साहित्य सम्मेलन कहा जाता था यद्यपि उसका समसामयिक रचनात्मक साहित्य से बहुत कम सम्बन्ध था। इस भ्रान्ति का परिणाम यह हुआ कि कतिपय हिन्दी प्रचारकों की निगाह में भाषा का प्रचार ज्यादा महत्त्वपूर्ण हो गया और रचनात्मक लेखन गौण चीज ! कुछ लोग तो ऐसे भी थे जो हिन्दी के कर्णधार थे मगर हिन्दी के समकालीन लेखक के बारे में उनका ज्ञान (?) दयनीय था और हिन्दी की समकालीन कविता का एकमात्र उपयोग उनकी निगाह में यह था कि कवि-सम्मेलन कराये जाएँ—वे भी इसलिए कि उनसे हिन्दी के प्रचार में मदद मिले वरना तो अब के कवियों से फायदा क्या ? सूर-तुलसी तो लिख ही गये जो लिखना था।

हिन्दी के प्रचार-कार्य का महत्त्वपूर्ण अंग था उपाधियाँ और परीक्षाएँ। उस नाते हिन्दी अध्यापक दूसरा महत्त्वपूर्ण तत्त्व था। रचनाकार के सन्दर्भ में उसकी स्थिति और भी अजब थी। गुलामी के दिनों में उसमें एक डिफेंस मैकेनिज़्म विकसित हो गयी थी और वह हिन्दी के अतीत को ढाल बनाकर बैठ गया था। कबीर, जायसी, सूर, तुलसी, मीरा, विद्यापति। अतीत उस पर इस कदर हावी हो गया था कि समकालीन लेखन के बारे में उसका सही दृष्टिकोण विकसित ही नहीं हो पाया। इसमें अपवाद भी थे, कुछ अध्यापक बड़े ऊँचे पैराये के आलोचक भी हुए और नयी पीढ़ी के साथ ऐसों की संख्या बढ़ती गयी, लेकिन अधिकांश का वही हाल रहा है। कभी-कभी तो ट्रैजेडी यह होती थी कि अध्यापक, साहित्यिक प्रतिष्ठा के क्षेत्र में अपने को रचनाकार का प्रतिद्वन्द्वी मानने लगता था और यह कुण्ठा उसके दृष्टिकोण को और भी धूमिल कर देती थी। हिन्दी का समसामयिक लेखक इनके पूर्वग्रहों का बुरी तरह शिकार रहा है।

हिन्दी-प्रेमी और हिन्दी अध्यापक के बाद आयी हमारी भारतीय सरकार ! मैं यह पूर्णतः विश्वास करता हूँ कि उसने राष्ट्रीय सरकार होने के नाते पूरी सदाशयता से लेखक की सहायता करनी चाही। सरकारी पुरस्कार, कमेटियों या राज्यसभाओं की सदस्यताएँ, नौकरियाँ और पदवियाँ, इनको देने में कहीं भी उसका भाव मात्र फुसलाने का ही रहा हो, ऐसा मैं नहीं मान पाता ! लेकिन इनका नतीजा अच्छा नहीं निकला, यह भी बिलकुल सच है। सरकारी संरक्षण सिद्धान्ततया सही है या गलत, इस बहस में हम न भी पड़ें तो भी हम इतना तो निस्संकोच कह सकते हैं कि सरकार ने बुनियादी तौर पर एक गलत कदम उठाया। उसने व्यक्तिगत

सम्पर्क के लेखकों को संरक्षण दिया, रचनात्मक लेखन को नहीं। अगर वह ज्यादा साक्षरता फैलाती, पाठक वर्ग तैयार करती, सुरुचिपूर्ण गम्भीर साहित्य के प्रकाशन को प्रोत्साहन देती, कुल मिलाकर उच्चतर रचनात्मक लेखन के उपयुक्त वातावरण तैयार करती और उसके लिए पाठक वर्ग तैयार करती तो शायद धीरे-धीरे ही सही, पर कुछ फायदे अवश्य होते। मगर जिस नासमझ तरीके से यह सब हुआ उसमें साहित्यिक मूल्यों की तो पूरी उपेक्षा थी। और गैर-साहित्यिक मूल्य या व्यक्तिगत कसौटियाँ प्रमुखता पाती गयीं। धीरे-धीरे यह संरक्षण उस स्तर पर आ गया जिस स्तर पर पुराने 'पॉलिटिकल सफरर' को परमिट या जमीन बाँटी जाती है। नतीजा यह हुआ कि लेखकों को संरक्षण मिला और रचनात्मक लेखन उपेक्षित होता चला गया। एक मजेदार उदाहरण आकाशवाणी का है। उसमें ऊँचे पैराये के लेखक तो गये मगर रचनात्मक लेखन उसमें से गायब होता गया। इसका दूसरा उदाहरण सरकारी पत्र-पत्रिकाएँ भी हैं। वे लेखकों के हाथ में गयीं पर अपने-अपने क्षेत्र का समसामयिक जीवन्त लेखन उनसे विमुख रहा।

इन स्थितियों का निरूपण करना सिर्फ इसलिए जरूरी है कि इसमें हिन्दी के रचनात्मक लेखन की स्थिति उसकी रचनात्मक प्यास के सन्दर्भ में स्पष्ट हो सके। हिन्दी का प्रचार हो, हिन्दी का अध्यापन हो, या उसे सरकारी संरक्षण मिले—इनमें से कोई चीज उसके रचनात्मक अभिमान में कोई अतिरिक्त सुविधा बनकर नहीं आयी, बाधा ही बनती रहीं। प्रचारकों द्वारा उपेक्षित, अध्यापकों द्वारा भ्रान्तिपूर्ण प्रचार और समीक्षा से आहत और सरकारी संरक्षण के द्वारा अव्यवस्थित और कभी विचलित अपने रचनात्मक अभियान में हिन्दी के रचनाकार को उतना ही एकाकी और आत्मनिर्भर रहना पड़ा है जितना किसी भी समय किसी भी भाषा के ईमानदार रचनाकार को रहना पड़ता है। हिन्दी राजकीय भाषा हुई या नहीं, यह सवाल उसके लिए, रचनाकार के रूप में निरर्थक है, क्योंकि मैं पहले कह चुका हूँ कि रचनाकार का अपनी भाषा से दूसरे प्रकार का लगाव है। उसके लिए भाषा की चरम सार्थकता यह है कि वह उसकी गहनतम अनुभूति के सूक्ष्मतम रंगों को अनुगुंजित कर सके। बस ! अगर हिन्दी तमाम देश की ही नहीं, तमाम सौरमण्डल की भाषा भी हो जाए तो उससे हिन्दी कविता की एक भी झूठे भावोंवाली पंक्ति जैनुइन नहीं बन सकती और अगर हिन्दी कल सिर्फ एक जिले की ही भाषा रह जाए तो उससे हिन्दी में लिखा हुआ खरा काव्य साहित्यिक मूल्य से कम नहीं हो सकता।

हिन्दी लेखक के लिए भाषा की समस्या : उसकी राजनीतिक मान्यता की नहीं, रचनात्मक सम्पन्नता के विकास की अधिक रही है। उस स्तर पर भी हमें एक ऐसी समस्या का सामना करना पड़ा है, जो दूसरी भारतीय भाषाओं के हमारे अधिकांश लेखकों को नहीं करना पड़ा। हमारी भाषा, काव्य के क्षेत्र में संसार की सम्पन्नतम भाषाओं में गिनी जा सकती है। लेकिन एक हजार वर्ष का विकास

जिस दिशा में हुआ था, अकस्मात् उसे छोड़कर आधुनिक युग में गद्य की आवश्यकताओं की पूर्ति के लिए बिलकुल एक नयी उपभाषा अपनायी गयी। वही काव्य-भाषा भी बन गयी। रचना के क्षेत्र में एक-एक शब्द शताब्दियों के प्रयोग के बाद एक विशिष्ट अर्थ-गरिमा पाता है। नयी उपभाषा में ऐसी अर्थ-गरिमा ले आना कि वह सूर-तुलसी के उत्तराधिकार का वहन कर सके और दूसरी ओर समस्त संसार के आधुनिक लेखक से समकक्षता से बात कर सके—यह एक खासा बड़ा काम था और उन्नीसवीं शताब्दी के अन्तिम चरण से अभी तक वर्ष ही कितने बीते हैं ? सत्तर-अस्सी साल में वह रास्ता तय करना था जो अकसर साहित्य के इतिहास में हजार वर्ष में तय किया जाता है। पर हिन्दी का लेखक यह कर सका, यह उसमें वास्तविक रचनात्मक प्यास का प्रमाण है।

भाषा को लेकर हिन्दी के रचनाकार से दो बातें अकसर कही जाती हैं। उर्दू की ओर से कुछ लोग कहते हैं कि दरबार की भाषा होने के कारण जो मँजाव उसमें है, वह हिन्दी में आना चाहिए। वह अनुशासनबद्ध तराशी हुई होनी चाहिए वरना वह कभी सफल राजकीय भाषा नहीं बन सकेगी। साथ ही दूसरे लोग यह कहते सुन पड़ते हैं कि हिन्दी को किसी एक आर्यावर्तीय अनुशासन में क्यों बाँधते हैं आप ? बहुत रोचक स्थिति है यह ! भाषा तराशी हुई अनुशासित न हो तो कुछ लोग असन्तुष्ट और अनुशासित कीजिए तो कुछ अन्य लोग असन्तुष्ट और लोगों की नहीं जानता, पर हिन्दी के रचनाकार के रूप में मैं बहुत हैरत में पड़ जाता हूँ यह बहस सुनकर। ऐसी बहस रचना के क्षेत्र में मुझे बिलकुल बेकार लगी है। रचनाकार, जो भाषा लिखता है, वह उसकी आन्तरिक रचना-प्रक्रिया से अनुशासित होती है। अनुभूति उसकी भाषा गढ़ती है, कोई भी राजनीतिक विचार अगर उसकी रचना-प्रक्रिया पर थोपा जाए तो तुरन्त एक झूठा-स्वर रचना में आ जाता है। इसलिए अन्त में मुझे सहारा अपनी आन्तरिक ईमानदारी का लेना पड़ता है और मैं उससे सन्तुष्ट हो जाता हूँ। यदि मैंने अपनी पीड़ा ईमानदारी से भोगी है तो मुझे सृजन का जो सुख या आत्म-सन्तोष मिलता है, वही मेरा पुरस्कार है। हिन्दी को राजकीय मान्यता आज मिले या कल; मिले या न मिले—इससे मेरी कृति का आन्तरिक मूल्य न घटता है, न बढ़ता है।

इसीलिए हिन्दी लेखक के सामने रचनात्मक क्षेत्र में हिन्दी भाषा की समस्या केवल वही है जो मराठी लेखक के सामने मराठी भाषा की, तमिल लेखक के सामने तमिल भाषा की, उड़िया लेखक के सामने उड़िया भाषा की। सभी रचनाकार एक बिरादरी के होते हैं जिसमें भाषाएँ दीवार बनकर नहीं आतीं। सृजन की पीड़ा एक-सी होती है, सृजन का उल्लास एक-सा होता है। भाषा सम्बन्धी भेद अकसर सतही, राजनीतिक और अस्थायी होते हैं। उनसे सृजनात्मक लेखन का क्या सम्बन्ध ?

यह एक बहुत शुभ लक्षण है कि पिछले कुछ वर्षों से कई भाषाओं के रचनात्मक लेखक कई प्लेटफार्मों पर आपस में मिलते और विचारों का आदान-प्रदान करते हैं। इस प्रकार की फ्रैटर्निटि जितनी ज्यादा विकसित होगी, उतना ही समग्र भारत का रचनात्मक लेखन ठोस और सच्चे अर्थों में भारतीय होगा। इस प्रकार का संगम, चाहे वह प्लेटफार्मों पर हो या पत्रिकाओं में अँगरेजी उसके लिए बहुत अच्छा सेतु है, मगर हर ऐसे सम्मेलन में कुछ बातें मैं अकसर सोचता रहा हूँ–कितना अच्छा होता कि मैं तमिल लेखक के विचार तमिल में ही सुन पाता। तमिल की कविता का पूरा आन्तरिक संगीत, शब्द, अर्थ और लय सहित ग्रहण कर पाता। इस प्रकार का प्रत्यक्ष रसास्वादन मैं कर सकूँ, इसके लिए किसी न किसी स्टेज पर मुझे तमिल सीखनी होगी। एक सीमा के आगे अँगरेजी मदद नहीं कर सकती। ऐसे सम्मेलनों में बराबर मुझे महसूस हुआ है कि भारत के हर रचनात्मक लेखक को अपनी भाषा के अतिरिक्त कम-से-कम एक उत्तर की और एक दक्षिण की भाषा थोड़ी-बहुत जरूर जाननी चाहिए। यूरोप के कई लेखक अपनी भाषा के अलावा एक-दो आसपास के देशों की भाषाएँ भी जानते हैं। भारतीय लेखक ऐसा क्यों नहीं कर सकता ?

कुछ लोगों का विचार है कि बचपन से जितना वक्त अँगरेजी सीखने में लगता है उतने में बच्चे आसानी से दो-तीन भारतीय भाषाएँ सीख सकते हैं। पाठ्य-प्रणाली शुरू से बदलनी चाहिए। मैं नहीं कह सकता कि यह कहाँ तक व्यावहारिक है, लेकिन यह जरूर है कि अगर एक से अधिक भारतीय भाषाएँ बोलने या पढ़ने का रिवाज बढ़े तो उच्च स्तर के पाठक वर्ग का विस्तार जरूर होगा, क्योंकि सामान्य उच्च स्तर की रुचि का नागरिक यदि औसतन वर्ष में बारह पुस्तकें भी खरीदता है तो वह एक ही भाषा की मध्यम रुचि की पुस्तकें न लेकर दो-तीन भाषाओं की चुनी-चुनी उच्चतम स्तर की पुस्तकें खरीदेगा। भारतीय लेखक को तो बाजार मिलेगा ही, हर भाषा के उच्चतम साहित्य को भी अपेक्षाकृत बड़ा बाजार मिलने लगेगा।

एक स्वर अकसर सुनने में आता है और वह काफी निराशा-भरा स्वर है कि भारतीय लेखक अपने ही समाज में उतना प्रतिष्ठित नहीं है जितना उसे होना चाहिए। छोटे कस्बों में पिछड़ापन है, अनुदारता है और बड़े नगरों में जनसंख्या की वृद्धि के साथ-साथ सांस्कृतिक मूल्यों का ह्रास होता जा रहा है। चारों तरफ सस्ते और सनसनीखेज मनोरंजन की खोज है और सच्ची कला को उचित प्रोत्साहन नहीं मिल पाता।

यह बात बहुत अंशों में सही है मगर मुझे यह लगता है कि जिस सीमा तक हम सुरुचिपूर्ण पाठक के अभाव की कल्पना कर लेते हैं उसमें थोड़ी अतिरंजना है। काफी बड़ा पाठक वर्ग ऐसा है जो सुरुचिपूर्ण रचनात्मक लेखन का स्वागत करेगा

यदि उस तक उस लेखन को पहुँचाने के सुविधापूर्ण माध्यम खोज लिये जाएँ। पिछले दिनों हिन्दी में कम मूल्यों की पॉकेट बुक्स के द्वारा अच्छा साहित्य प्रस्तुत किया गया और जिस मात्रा में सामान्य पाठक ने उसका स्वागत किया वह काफी उत्साहवर्द्धक है। कतिपय लोकप्रिय पत्र-पत्रिकाओं का भी यही अनुभव है कि पाठक समुदाय तक पहुँचने के सही रास्ते खोज निकाले जाएँ तो हम पायेंगे कि एक औसत भारतीय पाठक में काफी मात्रा में बौद्धिक प्यास है और अपनी सीमाओं में वह स्थितियों के प्रति जागरूक रहने की कोशिश भी करता है। रचनात्मक लेखक के लिए अव्यावसायिक छोटी-छोटी नवलेखन की पत्रिकाओं का भी बहुत महत्त्व है। उनका सर्कुलेशन यद्यपि बहुत सीमित होता है पर हिन्दी में पिछले दस-पन्द्रह वर्षों में नवलेखन का जो वास्तविक विकास हुआ है वह इन्हीं पत्रिकाओं के माध्यम से। इनकी अपनी सीमाएँ और अभाव हो सकते हैं, पर इनका समग्र परिणाम काफी अच्छा रहा है। अगर ये नवलेखन की छोटी पत्रिकाएँ दो-तीन भाषाओं के लेखकों के सम्मिलित प्रयास से निकलें तो और भी लाभदायक साबित हों।

अकसर ऐसा होता है कि कोई रचनात्मक लेखक या लेखक वर्ग यह पाता है कि अपनी भाषा के ही लेखकों के किसी वर्ग के मुकाबले उसकी निकटता दूसरी भारतीय भाषा के किसी लेखक वर्ग से अधिक है, उनका पारस्परिक सांस्कृतिक विनिमय दोनों को ही उत्साह और प्रेरणादायी बना सकता है। किसी जमाने में ऐसे सेतु का काम अखिल भारतीय स्तर पर प्रगतिशील लेखक संघ ने किया था। मगर बाद में रचनात्मक मूल्यों के मुकाबले में राजनीतिक और भाषागत स्वार्थों को तरजीह देने के कारण वह प्रयास विफल हो गया। भाषा की दीवारें तोड़कर राजनीतिक नहीं, वरन् रचनात्मक क्षेत्र के आदान-प्रदान के लिए भारतीय लेखकों का मिलना-जुलना जितना अधिक बढ़ेगा उतना ही भारतीय लेखक के अकेलेपन की भावना घटेगी।

मगर यह अकेलेपन की भावना शायद उतनी सामाजिक स्तर की नहीं है जितनी कि मूल्यों के स्तर की है। भारत के जटिल सांस्कृतिक matrix में लेखक की स्थिति बड़ी नाजुक है। रूढ़िग्रस्त मध्यकालीन मनोवृत्ति का प्रभाव हमारे सामान्य नागरिक पर काफी गहरा है। लेखक उसके मुकाबले में अधिक जागरूक और संवेदनशील है। लेखक की प्रतिक्रियाएँ जीवन की विविध गतिविधियों के प्रति अकसर सामान्य नागरिक की प्रतिक्रियाओं से मेल नहीं खातीं। व्यावहारिक स्तर पर जीने वाले छिछले 'कैरियरबाज' की भाँति वह जानबूझकर समस्याओं के प्रति खिन्न भी नहीं हो पाता। राजनीतिक नेता या सुधारवादी जिन तात्कालिक समाधानों की खोज कर लेते हैं, वह भी उनके मन को नहीं छू पाते। इस प्रकार वह अपने मन को एक साथ कई वर्गों से असहमत और कई स्तरों पर विद्रोही पाता है। झूठे मूल्यों और बेशर्म समझौतों वाली दुनिया में वह निरन्तर एक सत्य

पर आधारित जीवन की खोज में रहता है, जहाँ उसे जीने का परम अर्थ मिल सके। इसलिए वह कई दिशाओं में गलतफहमी का शिकार बनता है जिसका उदाहरण अमृता प्रीतम ने दिया है।

लेकिन यह नियति तो हर देश में लगभग हर युग में ईमानदार रचनात्मक लेखक की रही है।

भारतीय लेखक के पक्ष में एक ऐसा महान् उत्तराधिकार है जो कम भाषाओं के लेखक को मिलता है। पंजाबी हो या मराठी, तमिल हो या बांग्ला, भारतीय लेखक को मध्यकालीन सन्त कवियों से एक ऐसी दृष्टि विरासत में मिली है जो एक स्तर पर मनुष्य के प्रति उदार है और दूसरे स्तर पर मिथ्या के प्रति विद्रोही है। वे सन्त और भक्त ईश्वर के माध्यम से मनुष्य की महानता प्रतिपादित कर गये हैं, इसलिए हमारी आधुनिकता परम्परा का निषेध करके ही फलीभूत हो सके, यह जरूरी नहीं। हमारी परम्परा के श्रेष्ठतम मानवीय मूल्यों का आधुनिक स्थिति में साहसपूर्ण साक्षात्कार अभीष्ट है। यह सम्पन्न विरासत लगभग सभी भारतीय भाषाओं की है। मध्यकालीन ह्रासोन्मुख दृष्टिकोण का अन्ध-अनुसरण करके नहीं, वरन् अपनी संस्कृति में मनुष्य की पूर्णता और समग्रता के विकास का जो महान् आग्रह था उसे पुनः नयी परिस्थितियों में प्रतिष्ठित करके ही हम संसार के आधुनिक साहित्य में अपना गौरवशाली स्थान बना सकते हैं। पश्चिम का अन्धानुकरण करने की कोई जरूरत नहीं है। पर पश्चिम के विरोध के नाम पर मध्यकाल के तिरस्कृत मूल्यों को भी अपनाने की जरूरत नहीं।

पश्चिम के पतन के बाद अफ्रो-एशियायी लेखकों के सामने समग्र मानव जाति के लिए बहुत बड़ा दायित्व है। उसमें भारतीय लेखक को बहुत बड़ा रोल अदा करना है। भारत की पुरानी सांस्कृतिक विरासत वर्तमान ऐतिहासिक स्थिति, दोनों ही इस बात की प्रेरणा देती हैं। हो सकता है, मेरी इस भावना में कुछ-कुछ आशावादी स्वप्न देखने जैसी बात का आभास मिले, पर इससे क्या ? किसी भी रचनाकार से उसके स्वप्न छीन लीजिए तो फिर रहता ही क्या है ? स्वप्न ही तो उसे सृष्टि के आदि से विकास की प्रेरणा देते आये हैं।

❑

रवीन्द्र जयन्ती का वर्ष : एक दृष्टि

अखिल भारतीय बंगीय साहित्य परिषद् के मंच से उद्घाटन भाषण देते हुए हमारे देश के नियन्ता और संसार के एक श्रेष्ठ बुद्धिजीवी पण्डित जवाहरलाल नेहरू ने रवीन्द्र जयन्ती के प्रसंग में रवीन्द्र को स्मरण किया। जिस व्यक्ति ने समस्त संसार के अन्याय और मिथ्या के प्रति युद्ध करते हुए अपना सारा जीवन कारागार में बिता दिया और कारागार में भी जिसकी आत्मा निष्क्रिय नहीं बैठी, बल्कि इतिहास की हजारों वर्ष पुरानी पगडण्डियों पर पीछे लौटकर जिसने भारत की आत्मा की खोज करनी चाही, उस श्रेष्ठ बुद्धिजीवी पण्डित नेहरू ने जब रवीन्द्रनाथ टैगोर को श्रद्धांजलि दी तो कानों पर विश्वास ही नहीं हुआ और समझ में नहीं आया कि यह रवीन्द्र के काव्य का रसिक बोल रहा है या अरसिक। पण्डित नेहरू ने अपने उस भाषण में जिस बात को बहुत जोर-शोर से कहा था वह यह थी कि 'टैगोर महान् कवि थे, क्योंकि वे अत्यन्त जन-सुलभ वाणी में लिखते थे और आज हिन्दी वाले जो राष्ट्रभाषा पद के लिए इतना शोर मचा रहे हैं, वे उस सरल-सहज जनभाषा में लिखना नहीं सीख पाये जिसमें टैगोर लिखे गये हैं।' उस दिन मुझे यह लगा कि कवि की प्रशंसा या अप्रशंसा का मानदण्ड इस आधुनिक युग में आकर बदल चुका है। कोई आवश्यक नहीं कि कवि की प्रशंसा आप कवि को समझकर करें। यदि कवि को अपनी नीतियों के समर्थन के लिए आप अस्त्र के रूप में इस्तेमाल कर सकते हैं तो वही आपको रसिकत्व का अधिकारी बना देता है। यदि आगे चलकर उक्त प्रशंसा कवि की व्याज-निन्दा ही साबित हो तो इस नये मानदण्ड वाले बुद्धिजीवी प्रशंसक को रत्तीभर असमंजस नहीं होता।

रवीन्द्र के परवर्ती या रवीन्द्र के यश से विक्षुब्ध उनके कतिपय समकालीन कवियों ने अकसर इस बात की घोषणा बार-बार की है कि रवीन्द्र अतिशय भाग्यशाली थे, उनको विदेशों में सम्मान मिला, नोबुल पुरस्कार मिला और उनकी महानता का बहुत-कुछ श्रेय इन चीजों को है। मैं नहीं मानता कि इसे दूसरे सन्दर्भ

से देखा जाए तो नोबुल पुरस्कार मिलना, विश्व में प्रतिष्ठा का संवर्धन होना सचमुच रवीन्द्र के लिए इतने बड़े सौभाग्य की बात थी। अगर यह सब कुछ न मिलता तो भी रवीन्द्र का काव्य जिस स्तर पर, जिन कारणों से और जिन सन्दर्भों में महान् है उनमें कोई कमी न आती। संसार के कितने ही श्रेष्ठ लेखक हैं जिन्हें नोबुल पुरस्कार नहीं मिला, लेकिन इससे उनकी महानता में कोई कमी नहीं आयी और कितने ही ऐसे कवि हैं जिनको नोबुल पुरस्कार मिला लेकिन आठ-दस वर्षों के अन्दर संसार उनको भूल भी गया। इस सम्बन्ध में नोबुल पुरस्कार का मिलना रवीन्द्र के लिए कोई अप्रत्याशित सौभाग्य की बात नहीं कही जा सकती। सच तो यह है कि नोबुल पुरस्कार के मिलने ने उनके व्यक्तित्व को, एक ऐसी परिधि में खींच लिया जिसमें उनके इर्द-गिर्द ऐसे तत्त्व ज्यादा बढ़ते गये जिनमें काव्य रसिकत्व कम था, जो यदि जय-जयकार करते हैं, तो उस जय-जयकार के पीछे अभिप्राय दूसरा हुआ करता है। देश की बात बाद में उठायी जाए। पहले विदेश की ही स्थिति लें।

जिस समय टैगोर को नोबुल पुरस्कार मिला उस समय तक नोबुल पुरस्कार स्वतः एक व्यापक विवाद का विषय बन चुका था। यदि नोबुल पुरस्कार के इतिहास को ध्यान से देखें तो कई मनोरंजक तथ्य ज्ञात होते हैं। सबसे पहला नोबुल पुरस्कार 1901 में दिया गया एक फ्रेंच कवि को जिसका आज कोई नाम भी नहीं जानता। क्या कभी आपने सलि प्रदों का नाम सुना है ? स्वयं फ्रांस में यह पुरस्कार मिलने के पाँच वर्ष बाद 1906 में जब एक फ्रेंच साहित्यिक पत्रिका ने देशभर के कवियों से पूछा कि उनका सबसे प्रिय कवि कौन है तो लगभग दो सौ कवियों ने अपने अनेक प्रिय कवियों का नाम लिया पर विचित्र यह था कि उनमें से उक्त नोबुल पुरस्कार विजेता किसी का भी आदर्श या प्रिय कवि नहीं था। यह पुरस्कार जिस समय दिया गया था उस समय टॉल्सटॉय जीवित था और समस्त संसार के लेखक और पाठक एक स्वर से टॉल्सटॉय को संसार का महानतम लेखक मानते थे। उसके बाद से आज तक कितने ही ऐसे लेखकों को नोबुल पुरस्कार मिला जिनकी स्थिति प्रथम पुरस्कार विजेता से ज्यादा अच्छी नहीं थी। 1913 में जब टैगोर को नोबुल पुरस्कार मिला उस समय समस्त संसार में उसकी व्यापक चर्चा हुई। लेकिन दुर्भाग्य यह था कि समस्त पश्चिमी देशों में चर्चा टैगोर के कथ्य की नहीं हुई, टैगोर जो सन्देश देना चाहते थे उसकी नहीं हुई। चर्चा इस बात की हुई कि यह पुरस्कार काले लोगों के लिए वर्जित नहीं है–"देखो, एक गुलाम एशियाई देश के बहुत कम लोगों द्वारा बोली जानेवाली भाषा के कवि ने इतना बड़ा पुरस्कार जीता है !"

जो चर्चा करते थे उनमें कुतूहल अधिक था, कवि की रचना के लिए जिज्ञासा कम। वह भावना आज इतने दिनों बाद भी बहुत अधिक नहीं बदली है। अभी

कुछ दिन हुए जब नोबुल पुरस्कारों पर सिंहावलोकन करते हुए 'न्यू वर्ल्डराइटिंग' में वैलेस ब्रॉकवे ने लिखा था : "जब सन् 1913 में पुरस्कार के लिए टैगोर का चुनाव हुआ तो बहुतों के मन में पहली बात यह जगी कि गैर-यूरोपीय साहित्यिक को भी पुरस्कार मिल सकता है। टैगोर पहले एशियाई पुरस्कार विजेता थे। टैगोर बंगाली में लिखते थे और जो लोग इस भाषा को जानते हैं उनका कहना है कि वे महान् कवि थे। हो सकता है कि वे रहे हों। यीट्स जो बंगाली बिलकुल नहीं जानता था, उन्हें महान् कवि मानता था।" जरा इस अन्तिम वाक्य में छिपे हुए व्यंग्य पर ध्यान दीजिए। सन् 1913 में टैगोर को नोबुल पुरस्कार मिला था। यह लेख सन् 1957 में निकला—नोबुल पुरस्कार मिलने के 44 वर्ष बाद। लेकिन इन 44 वर्षों से भी पश्चिम को इतना अवसर नहीं मिल सका कि वह एक एशियाई भाषा को जानता या टैगोर की रचनाओं के आन्तरिक महत्त्व को ग्रहण कर उनकी महानता पर विश्वास करता। वह पहले कहता है कि केवल बंगाली जानने वाले टैगोर की महानता के साक्षी हो सकते हैं। फिर संकेत करता है कि यीट्स, जो टैगोर की महानता का सबसे बड़ा साक्षी रहा, वह बंगाली जानता ही नहीं था। इस तरह खुद तो वह टैगोर के काव्य को प्रत्यक्ष रूप से जानता ही नहीं। जो साक्षी है, यीट्स, उसकी साक्षी को भी अप्रामाणिक चेष्टा बताने का सूक्ष्म संकेत करता है।

ऐसा नहीं कि पश्चिम या पूर्व में ऐसे काव्य-रसिक नहीं रहे जिन्होंने टैगोर के काव्य के मर्म को और उसके सन्देश को सचमुच समझने की कोशिश की, लेकिन ऐसे लोगों की संख्या बहुत कम है। पश्चिम की अधिकांश चर्चा एक-दूसरे स्तर पर हुई कि टैगोर एशियाई थे और फिर भी उन्होंने पुरस्कार जीता।

पूछा जा सकता है कि यदि ऐसा भी था तो उसमें हानि क्या ? ऊपर से देखने पर इसमें कोई विशेष हानि भी नहीं लगती। लेकिन अगर ध्यान से देखें तो बिना समुचित मानदण्ड का आधार लिये यह समस्त चर्चा गलत दिशाओं में जा सकती है या टैगोर की स्थिति का गलत उपयोग कर सकती है। यह बात केवल इस देश के अन्दर ही नहीं, इस देश के बाहर भी सच है। सन्देह होता है कि टैगोर के बारे में विदेशों में स्थान-स्थान पर जो आयोजन हुए, उत्सवों की धूमधाम हुई, उसमें से कितना उन मानदण्डों के लिए है। जिनको कवि ने देश और काल की सीमा भूलकर मनुष्य मात्र के लिए प्रतिष्ठित किया है और कितना उन गैर-साहित्यिक अभिप्रायों के लिए है जिनका कवि से कोई सम्बन्ध नहीं रहा है या जो अभिप्राय अकसर कवि के द्वारा स्थापित मानदण्डों से सर्वथा विपरीत भी पड़ते हैं। यह सन्देह आज काफी लोगों के मन में जागता प्रतीत होता है।

पिछले दिनों समस्त संसार में होनेवाली रवीन्द्र जयन्ती की तैयारियों का विवरण देते हुए 'लिंक' के संवाददाता ने लिखा था कि ऐसे विचित्र-से वातावरण में दोनों शिविर रवीन्द्र जयन्ती मनाने की तैयारी कर रहे हैं कि मालूम होता है

इसे भी दोनों ने मुकाबले और जोर-आजमाइश का अखाड़ा बना लिया है। लगता है कि शीत-युद्ध के लिए रवीन्द्र जयन्ती भी एक अस्त्र बन गयी है।

यह आश्चर्य की बात नहीं है। जब लोग कवि की महानता का सही मानदण्ड न अपना कर गलत मानदण्डों पर जय-जयकार करते हैं और गैर-साहित्यिक अभिप्राय से करते हैं तो यह विडम्बनाजनक स्थिति देश के अन्दर भी कवि के यशगान को एक अस्त्र मात्र बनाकर रख देती है। कवि के सामाजिक क्षेत्र में पिछड़ जाने, उसको महत्त्व न मिलने और यान्त्रिक युग में उसके अपदस्थ हो जाने की विडम्बना बहुत बार कही गयी है लेकिन रवीन्द्र जयन्ती के प्रसंग में हम आधुनिक युग की एक बिलकुल दूसरी विडम्बना को अपने समक्ष पाते हैं जिसमें कवि को महत्त्व देकर, उसे प्रतिष्ठित पद पर आसीन करके भी उसके काव्य की वास्तविक महानता के मानदण्ड नितान्त उपेक्षित किये जा रहे हैं।

स्थिति की जटिलता और भी अधिक बढ़ जाती है जब हम यह पाते हैं कि इस सारी धूमधाम में रवीन्द्र के पाठक का उनके प्रति सहज उमगाव है, उनको श्रद्धा देने का वास्तविक उत्साह है। उस पवित्र धारा में रवीन्द्र के यश को अस्त्र बनाने की सत्तालोलुप विषैली धारा इस तरह घुल-मिल गयी है कि दोनों को अलग कर पाना कठिन प्रतीत होता है। डर यह लगता है कि यह जो कवि-यश को अस्त्र बनाने का विष हमारे सांस्कृतिक जीवन में आया है वह कहीं बहुत-सी ऐसी चीजों को भी विषैला करके न छोड़ जाए जो अभी तक सहज और बुनियादी रूप से पवित्र हैं।

शायद इसी विडम्बना का तकाजा है कि जो वर्ग किसी दलगत, वर्गगत या राजनीतिगत अभिप्राय से नहीं, बल्कि अपने सहज काव्य-प्रेम के कारण गुरुदेव का भक्त है, जिसने उनके उदात्त मानववाद से प्रेरणा पायी है, जिनके विक्षुब्ध मनों को टैगोर की गहन अनुभूतियों से आश्वासन और दिशाएँ मिली हैं, उनका यह गहनतम दायित्व हो जाता है कि वे इस बात की कोशिश करें कि इन अगणित आवाजों में कहीं से रवीन्द्र की आवाज भी उठे। अपने-अपने चढ़ावे और मानता-मनौतियों के लिए जोर-जोर से घंटा-घड़ियाल और शंख बजानेवाले भक्तों के कोलाहल में बेचारे देवता की आवाज भी सुनाई पड़े। नहीं कह सकता कि रवीन्द्र जीवित होते तो जिस विधान के अनुसार उन्होंने यह कहा था कि जिस देवता को तुम मन्दिर में खोज रहे हो वह तुम्हारे खेतों में और धूल-मिट्टी में मिलेगा, उसी विधान के अनुसार वे इन भक्तों से कहते या नहीं कि बिना देवता का संकेत समझे देवता की जय-जयकार करने के बजाय धूल-मिट्टी में मिले हुए, सत्ता के पैरों से रौंदे हुए उन अगणित ठीकरों और प्रस्तर-खण्डों को फिर से प्राण देने की चेष्टा करो जिनमें सजीव बन सकने की सामर्थ्य है।

जयन्ती की सबसे महान् उपलब्धि यह होती कि हम देश में ऐसा वातावरण

उत्पन्न कर सकते, ऐसी व्यवस्था ला सकते जहाँ बुद्धि कुण्ठित न होती, चित्त भयभीत न होता, मनुष्य का मस्तक स्वाभिमान से ऊँचा होता, ऐसी भूमिका बन सकती कि देश के प्रत्येक बुद्धिजीवी के अन्दर जो महान् कलाकार अन्तर्निहित है वह पूर्ण रूप से बिना किसी कुण्ठा के विकसित हो सकता और उसकी समुचित प्रतिष्ठा हो सकती। शायद वही रवीन्द्र जयन्ती मनाने की सच्ची सार्थकता होती।

❑

चीनी आक्रमण के तुरन्त पूर्व का भारत : बौद्धिक चेतना का एक सर्वेक्षण

अभिवादन
हे नेहरू युग के नये संचरण
शत अभिवादन !
गाँधी युग के सूक्ष्म कुहासों से कढ़
प्रौढ़ यन्त्र युग के
मारुत-गति
चक्रों पर चढ़
उतर रहा लो मूर्त रूप धर
नेहरू युग निर्धूम अग्नि-सा उज्ज्वल
पावन शीतल !

(अतिमा पन्त)

जार्ज टाउन की सबसे खूबसूरत सड़कों में हैमिल्टन रोड की गिनती है। ऊँचे-ऊँचे छायादार दरख्तों, खूबसूरत बगीचों और पुराने शानदार बँगलों वाली यह सड़क जहाँ खत्म होती है वहीं से बायें मुड़कर थोड़ी ही दूर ऊँचाई पर दायीं ओर आनन्द भवन बना हुआ है। उस दिन सुबह मेरी नींद अचानक कुछ जल्दी खुल गयी थी और मैं बाहर यों ही टहलने निकल आया। अभी अँधेरा था मगर देखा कि सड़क के दोनों ओर लालटेनें जलाये कुछ मजदूर फावड़ों से जमीन हमवार कर रहे हैं और अजब बात यह है कि पुलिस की जीपें इधर से उधर दौड़ रही हैं। एक-आध दरोगा उतरकर जमीन की जाँच कर रहा है। पूछने पर मालूम हुआ कि प्रधानमन्त्री कुछ दिनों के लिए घर आने वाले हैं। इस बात की जाँच हो रही है कि सड़क के दोनों ओर न तो गड्ढे रह जाएँ और न छोटी-मोटी झाड़ियाँ, क्योंकि उनकी (प्रधानमन्त्री की) हिफाजत बहुत जरूरी हो गयी है। खुफिया पुलिस के लोग मीलों तक तैनात कर दिये गये थे। हर ऐसे-वैसे आदमी को राह से हटा दिया जाता था। चारों ओर

एक तनाव का, आतंक का और सन्देह का वातावरण था।

सुनसान, खुफिया पुलिस से सुरक्षित, खूबसूरती से हमवार की हुई जन-विहीन सड़क पर आनन्द-भवन का एक बच्चा, सारी दुनिया में नाम रौशन कर देश को एक नये युग के संचरण की ओर प्रेरित कर, अपने घर लौट रहा था—अपने लोगों के बीच, उन लोगों के बीच जिन्होंने उसे दिल से प्यार किया था, उसके संकेत पर लाठियाँ और गोलियाँ खायी थीं, उसके पसीने की एक बूँद के लिए अपनी जान दे देने का कौल निबाहा था। वह लौट रहा था जिसके लिए वर्षों पहले निराला ने लिखा था—'काले-काले बादल छाये, न आये वीर जवाहरलाल।' 'वीर जवाहरलाल' आज घर लौट रहे थे। पुलिस इधर से उधर दौड़ रही थी—'प्रौढ़ यन्त्र युग के मारुतगति चक्रों पर चढ़।'

सड़क के इस ओर आनन्द भवन है और उस ओर भारद्वाज आश्रम ! बीच में एक नाला बहता है। उस दिन यूनिवर्सिटी जाते हुए देखा कि नाले के किनारे-किनारे लकड़ियों की एक खूबसूरत जाली खड़ी कर दी गयी है। उसके पास क्यारी खोदकर नीले फूल वाली लतरें लगा दी गयी हैं ताकि उधर से आते समय, आनन्द भवन में प्रवेश करते समय, उस कुरूपता का बुरा प्रभाव किसी के मन पर न छूट जाए। अन्दर नाला बहता रहे तो बहता रहे, लेकिन बाहर सबकुछ 'निर्धूम अग्नि-सा उज्ज्वल पावन शीतल' दीखे।

यह याद यूँ ही मन पर नहीं बैठ गयी थी। यह सच है कि देश में बहुत-कुछ बदला था। बहुत-कुछ ऐसा घटित हुआ था जिसने सुख भी दिया था और दुःख भी। लेकिन उस दिन तक वह सब बदलाव अपने देश के समग्र घटनाचक्र के रूप में सामने आता रहा। किसी एक व्यक्ति की रुचि या जीवन-दर्शन या व्यक्तित्व मेरे मन में उस समस्त संक्रमण से नहीं जुड़ पाया था। पन्त जी की यह कविता भी—'कहीं पढ़ी थी और ध्यान से उतर गयी थी।' उस दिन जब नेहरू के गृहागमन के लिए यह नयी तरह की तैयारियाँ देखीं तो जाने क्यों बार-बार इस कविता की पंक्तियाँ याद आने लगीं। इलाहाबाद हमारे राष्ट्रीय संग्राम का एक विचित्र संगम-स्थल रहा है। यहाँ गाँधी भी आये और सुभाष भी और राजाजी भी। विरोध के दिनों में भी आये और समर्थन के दिनों में भी। लेकिन सब जनता के हृदयहार बनकर आये थे—उसकी नियति और उसके अस्तित्व से एकसूत्रता में बँधकर। जो कुछ कुरूप था उसे उन्होंने ढँका नहीं था, चुनौती मानकर उसका सामना किया था। वैसे दोनों में बहुत अन्तर था लेकिन एक बात में गाँधी और सुभाष एक थे—जिस ओर से खतरा आए उसी ओर दोनों बाँहें फैलाकर, निर्भय बढ़कर, उन्होंने एक नयी पद्धति का सूत्रपात किया था।

लेकिन उस दिन की टीमटाम देखकर पहली बार ऐसा लगा कि सचमुच हमारे अनजाने में ही एक युग खत्म हो गया है। एक दूसरा युग शुरू हो गया।

उस युग को क्या नाम दिया जाए ? और तभी पन्त जी की यह कविता याद आयी। लगा कि इन पंक्तियों में दी गयी व्याख्या और विशेषणों से हम सहमत हों या न हों पर यह सच है कि नेहरू युग का संचरण प्रारम्भ हो गया है। अब घटना-चक्र को समस्त राष्ट्र की दृष्टि से, समूचे इतिहास के सन्दर्भ में न देखकर बार-बार हम उसे नेहरू के सन्दर्भ में जाँचेंगे। वे 'अनिवार्य' होंगे और उनके 'पर्याप्त' होने का दावा भी शुरू हो जाएगा। वे हैं–इतिहास की व्याख्या हमारे लिए कर देते हैं, काफी है। हमें उस दिशा में वक्त बरबाद करने की जरूरत नहीं। हम गरीब मध्यवित्त के–पुराने संस्कारों में जकड़े हुए लोग क्या जानें कि तवारीख कैसे बदल रही है। दुनिया में कितनी बड़ी-बड़ी बातें हो रही हैं। चुनांचे जरूरी है कि हम उनकी बात सुनें और उस पर यकीन लाते रहें।

❑

यह बात दूसरी है कि पूरे तौर से बौद्धिक निष्क्रियता और धर्म-जैसे अन्धविश्वास का यह युग एकदम पूरी तरह न अवतरित हो पाया हो लेकिन इसमें कोई सन्देह नहीं है कि धीरे-धीरे एक ऐसी स्थिति हावी होने लगी कि जो कुछ जैसा स्थापित है उसे उसकी सारी असंगतियों, विषमताओं और खोखले समझौतों के साथ ज्यों का त्यों आप स्वीकार कर लें तो ठीक है, लेकिन अगर आपने जरा भी बौद्धिक सक्रियता दिखायी, चिन्तन की दिशा में कोई साहसपूर्ण प्रश्न पूछा तो समझ लीजिए कि कहर बरपा हो गया। स्वतन्त्रता के कुछ ही दिनों बाद हमारे देश में बौद्धिक वातावरण में जो विचित्र प्रकार की निष्क्रियता, बँधाव, गतानुगतिकता, पिटी हुई लीक पर चलने की भावना आ गयी थी वह उस वातावरण से बिलकुल भिन्न थी जो स्वतन्त्रता-संग्राम के दिनों में हमारे देश के चिन्तनात्मक और बौद्धिक क्षेत्र में था। उस वक्त इतिहास की एक बहुत बड़ी चुनौती हमारे सामने थी और हर आदमी समूचे देश का प्रतीक था। गाँधी जी ने हमें बार-बार यह बताया था कि देश सिर्फ जमीन या नक्शे को नहीं कहते, देश का हर जीवित प्राणी मुजस्सम देश है। हर व्यक्ति सजीव था इतिहास की प्रक्रिया में पूर्ण रूप से अपना दायित्व निभाने की कोशिश करता हुआ।

मगर यह जो नया युग संचरण कर रहा था, यह कुछ भिन्न प्रकार का था। लगने लगा कि देश में सिर्फ एक व्यक्ति है जो देश का प्रतीक है। वह इतिहास को जैसे समझता है, जैसे समझाता है, जैसे सुलझाता है और जैसे उलझाता है केवल वही मूलयवान् है। पहले भावना थी कि भारत यानी मैं, यानी आप, यानी वह, यानी हम सब भारतवासी। धीरे-धीरे धारणा उभारी गयी–भारत यानी नेहरू ! राजनीति की बात अलग, लेकिन किसी देश की बौद्धिक सक्रियता, जागरूकता

और मौलिक चिन्तना शक्ति के लिए इतिहास का इससे अधिक दुर्भाग्यपूर्ण क्षण और कोई नहीं हो सकता कि देश एक व्यक्ति के समक्ष छोटा या मूल्यहीन साबित किया जाने लगे; समूचे जनमानस की संकल्पशक्ति और जीवन-दृष्टि को अक्षम और निःसार बनाने के लिए इससे ज्यादा कारगर और कोई तरीका इतिहास में नहीं रहा है कि एक व्यक्ति की छाया से सारे आकाश को ढँक दिया जाए।

❑

लेकिन इन दोनों युगों का यह फर्क व्यक्तियों का शायद उतना न हो जितना दो विभिन्न जीवन-दृष्टियों का था। अच्छा भी यही होगा कि हम इस सारे विश्लेषण को किसी के व्यक्तित्व पर कोई फैसला न बनायें बल्कि यह देखने की कोशिश करते रहें कि किसके युग में किस जीवन-दृष्टि की प्रधानता रही और उसका क्या फल सामने आया। गाँधी की जीवन-दृष्टि में एक विशेष बात यह थी कि वैष्णवता का एक उत्तराधिकार उन्हें मिला था जिसे उन्होंने जैन, बौद्ध और ईसाई धर्म-चिन्तनों के श्रेष्ठतम जीवन-मूल्यों के संस्कार से समन्वित किया था। उस दृष्टि को जब उन्होंने राजनीति में प्रतिष्ठित किया तो उन्होंने राजनीति को ही एक नयी सार्थकता दे दी। उनके पहले राजनीति सत्ता हस्तगत करने और उसे सुरक्षित रखने का कौशल मात्र थी—उसका जीवन के शाश्वत नैतिक मूल्यों से कोई सम्बन्ध नहीं था (यानी तत्कालीन पश्चिमी राजनीति में)। लेकिन महानतम आधुनिक अस्तित्ववादी चिन्तक कार्ल यास्पर्स के शब्दों में—गाँधी ने राजनीति को नैतिक मूल्यों से विच्छिन्न नहीं किया वरन् उसे बिना शर्त उनके अधीन रखा। मरण स्वीकार है, सारा देश मिट जाए लेकिन हमारी निष्ठा की आन न जाने पावे—राजनीति बिना इस मूल्य-बोध के आत्मा का हनन कर डालती है। वह माया-जाल बनकर मनुष्य को उलझा लेती है। (फ्यूचर ऑफ मैनकाइण्ड—कार्ल यास्पर्स)

राजनीति के बारे में एक क्रान्तिकारी धारणा थी जो कम-से-कम पश्चिम के लिए बिलकुल नयी थी यद्यपि हमारे लिए यह हमारी बहुत पुरानी प्रवहमान संस्कृति-धारा की अधुनातन परिणति थी। इसीलिए महाभारत के पहले अर्जुन को दिये गये उपदेशों में अन्तर्निहित सिद्धान्तों को गाँधी जी ने नये सन्दर्भ में नये अर्थ देने की कोशिश की। उस जीवन-दृष्टि में राजनीति न तो देश के यथार्थ से कटे हुए बुद्धिजीवियों का चिन्तन-विलास थी, न सत्ता हस्तगत कर उसे सुरक्षित रखने के प्रयास में संलग्न कूटनीतिज्ञों की कुटिलता थी। उनकी जीवन-दृष्टि में राजनीति एक मूल्यपरक साधना थी—इतिहास के सन्दर्भ में अपना दायित्व निभाते हुए कर्म के माध्यम से आत्म-साक्षात्कार और 'स्व' तथा 'सर्व' के एकात्म की प्रक्रिया थी।

इसीलिए राजनीति की उस धारणा में ईमानदारी, सचाई और मूल्य-बोध का बहुत बड़ा स्थान था। आप बड़े से बड़ा त्याग करते हैं तो किसी पर एहसान नहीं करते। वह आपकी आत्मा की पुकार है। आप उसे न सुनते तो नुकसान आपका था। आप बड़ी से बड़ी गलती भी कर जाएँ तो उसे निहायत ईमानदारी से स्वीकार कर लेने में आपका कुछ नहीं जाता। मिथ्या पथ पर गलती से आपके कदम बढ़ गये, आपने गलती महसूस की, सही रास्ते पर आ गये। गलती करना और उसे मुक्त कण्ठ से स्वीकार कर लेना आत्मपथ के एक पथिक को आन्तरिक दृष्टि से और भी सम्पन्न बना जाता है। वह अनुभव समृद्ध हो जाता है।

लेकिन जहाँ राजनीति सत्ता को हस्तगत करने और फिर उसे किसी भी साधन से किसी भी मूल्य पर सहेजकर समेटे रखने की प्रक्रिया बन जाती है वहाँ यह स्थिति रहनी सम्भव नहीं। गलती तो होती ही है। आखिर बड़े से बड़ा नेता भी साधारण हाड़-मांस का मनुष्य है। लेकिन इस सत्तान्वेषी और सत्ताग्राही राजनीति में अपनी गलती स्वीकार करने में भय लगने लगता है। जनता को प्रभावित करने के लिए राजपुरुष के चारों ओर प्रभामण्डल बुना गया है वह कहीं धुँधला न पड़ जाए ! प्रतिपक्षी कहीं आलोचना का कोई मौका न पा लें ! नतीजा यह होता है कि एक दूसरी पद्धति विकसित होने लगती है—गलतियाँ स्वीकारो नहीं। अगर कुरूप नाले बह रहे हैं तो बहने दो, बगल में लकड़ियों की जाली खड़ी कर खूबसूरत लतरें चढ़ा दो।

सत्य पर आग्रह रखने वाले चिन्तन और जीवन-दृष्टि जिस बेलौस ईमानदारी की माँग करते हैं, उससे सत्ताग्राही राजनीति का यह आडम्बरपूर्ण तरीका नितान्त अलग है। बाहर से खूबसूरत चेहरे, मुखौटे और ज्योतिमण्डल जितने बढ़ते जाते हैं अन्दर से कहीं कुछ उतना ही खोखला, सामर्थ्यहीन, संकल्पविहीन, निष्फल और शून्य होता जाता है। हम सोचते कुछ हैं, कहते कुछ हैं, करते कुछ हैं। उसका औचित्य किसी और ढंग से प्रतिपादित करते हैं। और कभी-कभी तो ऐसी स्थिति आने लगती है कि आन्तरिक असंगतियों की उलझन में अन्दर से मूल्यान्वेषण, आत्मविश्लेषण और सच्चाई को जानने और खोजने की आकुलता लगभग समाप्त-सी हो जाती है। अन्दर अन्तरात्मा की उस बन्द हुई आवाज को भुलाने के लिए हम बाहर बोलना शुरू करते हैं और फिर इस कदर बोलने लगते हैं कि बोलते ही जाते हैं। यहाँ तक कि हमें यह भी खबर नहीं रहती कि हम क्या बोल रहे हैं और पन्द्रहवें दिन हमें पहले बोले हुए वक्तव्यों का खण्डन और निराकरण करना पड़ता है।

यह एक बड़ी दुःखद और चिन्ताजनक स्थिति होती है। यही वह समय होता है जब चिन्तन गौण हो जाता है, चन्द नारे दर्शन और विचारों का स्थान लेने लगते हैं। यही वह समय होता है जब चन्द खूबसूरत शब्दों से अन्दर का खोखलापन

ढाँकने की कोशिश होने लगती है। यही वह समय होता है जब शब्दों के पीछे आचरण, निष्ठा, चिन्तन, गम्भीर अर्थ नहीं रह जाते। तब उन्हें एक बाहरी चमक-दमक प्रदान की जाती है। उन्हें प्रचार-पत्रों में छापकर, प्रसार यन्त्रों से प्रसारित कर गुँजाने की कोशिश की जाती है, लेकिन अक्षम और आधारहीन होने के कारण वे बार-बार लड़खड़ाकर गिरते नजर आते हैं।

उदाहरण के लिए दो शब्द ले लें। एक गाँधी-युग में प्रचलित हुआ और एक नेहरू-युग में प्रतिष्ठित किया गया। एक था 'सत्याग्रह', दूसरा है 'पंचशील'। एक ने देश के एक-एक व्यक्ति में एक निष्ठा जगायी, उसे इतिहास की एक जागरूक, दायित्व-युक्त इकाई के रूप में सार्थकता प्रदान की। उस शब्द के पीछे एक अर्थ की गरिमा थी जो संकल्पयुक्त आचरण से समर्थित थी—ऐसा आचरण जो गलत और सिद्धान्तहीन समझौते करने के लिए तैयार नहीं था। साधन और साध्य के मामले में, सत्य के मामले में और अन्य कितनी ही दिशाओं में उस जीवन-दृष्टि के प्रवर्त्तक ने जो सही समझा उससे तिलभर हटा नहीं और जब जिसे गलत समझा उसे तृण की भाँति त्याग देने में रत्तीभर संकोच नहीं किया।

दूसरा शब्द प्राचीन शास्त्रों में से चुना गया और एक राजनीतिक समझौते के बाद प्रचलित होने लगा। निःसन्देह उसके पीछे समग्र मानव-जाति के लिए एक सदिच्छा, उदार सहिष्णुता और एक प्राचीन तपःपूत परम्परा की पृष्ठभूमि थी, सदाकांक्षा थी। लेकिन कहीं पर कोई कमी थी, कहीं पर सत्य के प्रति कोई आग्रह जरूर अनुपस्थित था और नतीजा यह हुआ कि पंचशील एक अजब-सा अर्थ लेता गया। तिब्बत में बर्बर चीनी आक्रमण होता रहा, हंगरी में हंगरीवासियों की स्वाधीनता का अपहरण होता रहा और पंचशील के बड़े-बड़े वक्तव्य खूबसूरत नीले फूलों वाली लतरें बनते गये जो एक कुरूपता की बहती हुई पंक-धारा को ढँकते जाएँ।

यह नहीं कि उस सिद्धान्त में कोई खराबी थी या आज भी है, यह नहीं कि यह शब्द किसी भी दूसरे शब्द से कम मूल्यवान् या पावन था या है, किन्तु कठिनाई यह थी कि सत्ताग्राही राजनीति इसे नैतिक साहस और आचरण का वह सम्बल नहीं प्रदान कर पायी जो 'सत्याग्रह' शब्द को गाँधी की जीवन-दृष्टि, आचरण-पद्धति और मूल्य समन्वित राजनीति ने प्रदान किया था। वहाँ सब कुछ मिट जाए मगर जो सिद्धान्त है वह है। उस मामले में समझौता नहीं होगा। सिद्धान्तों को नष्ट कर कोई भी समझौता कर अपनी आत्मा को नष्ट करना है। लेकिन उसके विपरीत यहाँ एक बिलकुल दूसरी स्थिति पैदा होती गयी। आत्मा की माँग है कि हम समझौता नहीं करेंगे, सत्ता-धारण की माँग है कि समझौता करेंगे। परिस्थिति की माँग है कि समझौता करने को ही समझौता न करने के रूप में प्रचारित किया जाएगा और इस अजीब से घाल-मेल में एक बेचारा शब्द भँवर में फँसी कागज

की नाव की तरह चकफरे भरने लगता है—दिशाहीन, लक्ष्यभ्रष्ट।

इसीलिए मैंने कहा कि यह प्रश्न किसी एक व्यक्ति का नहीं है, जीवन-दृष्टि का है जो समग्र देश के मानस को प्रभावित करने लगती है। शब्द अपने अर्थ खोने लगते हैं या बिलकुल उलटे अर्थों के वाहक बनने लगते हैं। एक ऐसी स्थिति पैदा हो जाती है कि जहाँ एक ही शब्द की परिधि में दो बिलकुल उलटे अर्थ एक साथ प्रतिष्ठित होने की कोशिश करने लगते हैं। मसलन शान्ति शब्द को ही लीजिए। एक ओर उसका अर्थ है संघर्ष की अनुपस्थिति, वैषम्य और विरोध का अभाव, लेकिन दूसरी ओर उसका अर्थ है दक्षिण कोरिया के विरुद्ध उत्तरी कोरिया का समर्थन, तिब्बती शान्तिपूर्ण नागरिकों के विरुद्ध चीनी आक्रमणकारियों का समर्थन, हंगरी की सड़कों पर स्टालिन का पुतला गिरानेवाले आजादी के सैनिकों के विरुद्ध विदेशी लाल टैंकों का समर्थन। किसी भी दूसरी स्थिति में जहाँ इस अन्तर्विरोध पर लोग चौंकते वहाँ ऐसे युग में यह सब परिचित-परिचित-सा लगने लगता है। चारों ओर हम पाते हैं कि एक असंगतिपूर्ण स्थिति है—खासतौर से मूल्यों और सिद्धान्तों की दुनिया में, जहाँ दो नितान्त विरोधी बातें एक ही सैद्धान्तिक उद्‌घोष में साथ-साथ प्रतिष्ठित नजर आती हैं। इसके उदाहरण एक नहीं, कई हैं। एक ओर हम धर्मान्धता के सबसे दुःखद नाटक के पात्र बनना स्वीकार करते हैं, देश को धर्मों के आधार पर बाँटकर। लेकिन दूसरी ओर मन और वचन से मानते हैं कि श्रेयस्कर स्थिति तो धर्म-निरपेक्षता की है। हम गला फाड़कर चिल्लाते हैं कि भाषा वह होनी चाहिए जिसमें जनता बोलती हो, जिसे जनता समझती हो, लेकिन लादते हैं जनता पर वह भाषा जिसका जनता से दूर-दूर का सम्बन्ध नहीं है, जो उन लोगों की भाषा रही है जिन्होंने सात समुद्र पार से आकर जनता को कुचला, लूटा, हर तरह से नष्ट करने की कोशिश की। हम नाम लेते हैं प्रजातन्त्र का, जम्हूरियत का, साधारण जन का, और करते वह सब हैं जो व्यक्ति-पूजा को बढ़ावा दे और प्रजातन्त्र की उन्मुक्त चेतना को धीरे-धीरे संचित और कुण्ठित बनाता जाए। यह सब एक अजीब-सी अन्तर्विरोध और वैषम्य वाली जीवनदृष्टि के अवश्यम्भावी परिणाम हैं। यह परिणाम केवल राजनीति में ही नहीं दृष्टिगोचर होते, उन राजनीति केन्द्रों के इर्द-गिर्द पनपने वाली समस्त साहित्य-चिन्तना और संस्कृति में ये सारे अन्तर्विरोध पनपने लगते हैं।

कठिनाई यह है कि वह विघटन यहीं पर रुकता नहीं। यह प्रक्रिया आगे चलती रहती है। धीरे-धीरे संस्कृति की मूल जाग्रत् चिन्तन-प्रक्रिया समाप्त होने लगती है। मानस में एक संवेदनहीन जड़ता धीरे-धीरे पैठने लगती है। जो भी हो सब ठीक है। बस, जितना जो बना हुआ है उतना बना रहे। अगर अन्दर से टूटता भी जाए तो कम-से-कम हमें ऊपर से यह आभास रहे कि हमने कुछ खोया नहीं। ऐसी जड़ स्थिति में अगर अस्वस्थ असंगत विचार हम पर आक्रमण करें तो हममें

प्रतिरोध करने की आत्मिक शक्ति नहीं रह जाती। अगर हमारा बहुत-कुछ मूल्यवान् छिन गया है जो हमारी समृद्ध विचार-परम्परा का एक महत्त्वपूर्ण अंश था, तो हम यह कहकर सन्तोष दे लेते हैं कि वह कुछ खास नहीं था। चला गया तो जाने दो। (कितना विचित्र साम्य है इस मनःस्थिति में और उस वक्तव्य में जो शासन की ओर से कुछ वर्षों पहले दिया गया था। यह पूछे जाने पर कि 'क्या चीनियों ने हिमालय के कुछ सुदूरवर्ती भारतीय क्षेत्रों पर अपना दावा किया है और चौकियाँ स्थापित कर ली हैं ?' जवाब दिया गया था कि 'वह निहायत पथरीली बंजर जमीन है जिस पर घास तक नहीं उगती, आदमियों के तो रहने का सवाल ही नहीं।' इस उत्तर से बहुत-से लोग चौंके थे, आहत हुए थे और उन्होंने पूछा था कि 'क्या अब हममें देशभक्ति का लेशमात्र भी नहीं रह गया ?') राजनीतिक दृष्टि से उस उत्तर के पीछे क्या मनोवृत्ति थी यह एक अलग प्रश्न है। लेकिन इतना जरूर है कि जब जीवन-दृष्टि इतनी उलझी हुई हो और मूल्यबोध इतना धुँधला हो तब हमारी मनोभूमि जरूर बंजर, पथरीली, अमानवीय और बियावान होने लगती है। बाहर के क्रियाकलाप, कथन और आचरण तो उसे प्रतिबिम्बित मात्र करते हैं।

❑

लेकिन यह सब हमारे देश के विस्तृत कैनवस का समूचा चित्र नहीं है। बहुधा यह होता है कि विशाल चित्रों में कुछ-एक स्थल ऐसे होते हैं जो अकस्मात् ध्यान आकर्षित कर लेते हैं। उन पर हमारी निगाह टिकी रहती है, वही चित्र के विशिष्ट केन्द्रस्थल प्रतीत होते हैं। लेकिन जब हमारी वह टकटकी टूटती है तब हम पाते हैं कि कहीं नीचे आधार-रेखा के पास या अगल-बगल के हाशिये में कोई दूसरी रेखाकृति है या रंग-सम्पुजन है जो चित्र की मूल शक्ति है—उसे गहरी सार्थकता देनेवाली। हमारे देश के इतिहास में बहुधा ऐसा हुआ है कि जब हमारी टकटकी टूटी है और विशिष्ट से हटकर सामान्य की ओर गयी है तो हमने पाया है कि चित्र को वास्तविक सार्थकता तो यहाँ से मिल रही थी—मूल शक्ति तो यहाँ थी। ऐसा एक बार बहुत पहले सन् 1942 में हुआ था जब देश नेतृत्वविहीन छूट गया था और कारागार में जाते हुए गाँधी जी कह गये थे कि हर व्यक्ति स्वयं अपना नेता है। हमारे देश की जनतान्त्रिक परम्पराओं और सामान्यजन के स्वस्थ मूल्यबोध, अदम्य नैतिक साहस और अपराजेय स्वातन्त्र्य आकांक्षा की जो झलक उस समय मिली थी, उससे सभी स्तब्ध रह गये थे। उस दिन मालूम हुआ था कि विशिष्ट जन को भी गरिमा और सार्थकता प्रदान करनेवाला यह सामान्यजन है। यही नहीं बल्कि कई विशिष्ट जन, जो पहले तवारीख की अपनी व्याख्या सन्देश रूप में जनता को दे रहे थे उन्होंने पाया कि वे इतिहास की मूल गति

से कटे हुए और विच्छिन्न थे। जनता उस इतिहास-प्रक्रिया की एक-एक गति से अधिक अन्तरंग थी—उसे अधिक संवेदनशीलता से ग्रहण कर रही थी।

मुझे याद आता है एक बहुत विशाल जुलूस इलाहाबाद की सड़कों पर। इलाहाबाद राष्ट्रीय संग्राम का प्रमुख केन्द्र रहा, वहाँ कई महत्त्वपूर्ण घटनाएँ हुईं, लेकिन उस जुलूस का कोई मुकाबला नहीं। उसके पीछे जो उमंग थी, जो सहज उत्साह और अन्तरंगता थी, हर तबके और हर उम्र के नागरिक जिस सौहार्द से उसमें सम्मिलित हुए थे वैसा मैंने फिर कभी आज तक नहीं देखा। वह जुलूस था कांग्रेस से विद्रोही, गाँधी से उपेक्षित, नेहरू से सैद्धान्तिक मतभेद रखनेवाले सुभाषचन्द्र बोस का ! बाद में विदेश चले गये, आजाद हिन्द सेना बनी। लेकिन सुभाष बोस विदेशों में अकेले दम पर जो भारतीय स्वातन्त्र्य के लिए महान् प्रयास कर रहे थे उसके बारे में हमारे कुछ नेताओं ने बड़े जोर से ऐलान किया था कि यह सब फासिज्म है और अगर सुभाष की फासिस्ट सेनाएँ हिन्दुस्तान आयीं तो वे हथियार लेकर उनका मुकाबला करेंगे। सुभाष ने अपने जीवन में सिद्धान्त कम बघारे, इतिहास की व्याख्या और इतिहास की प्रक्रिया में अपने दायित्व का निर्वाह खुद करके दिखाया—बड़े-से-बड़े कष्ट सहकर भी बिना समझौता किये हुए। जब दोनों दृष्टिकोण भारतीय जनता के सामने आये, तो 1942 में एक नया आत्मविश्वास प्राप्त कर लेने वाली हमारी जागरूक जनता ने बढ़-बढ़कर बड़े-बड़े बोलों में तवारीख की व्याख्या का दावा करनेवालों के तमाम वक्तव्यों को उठाकर एक कोने में रख दिया। चुना वह, प्रामाणिकता उसकी दी, जो सुभाष ने किया था, बाकी नेता जो चाहें कहते रहें।

और जनता का यह निर्णय सामने आते ही एक चमत्कार देखने में आया। दूसरे ही दिन वे लोग जो हथियार लेकर फासिस्ट सुभाष से लड़ने के लिए जाने वाले थे, जयहिन्द बोलते और काला गाउन पहनकर आजाद हिन्द सेना की वकालत करते नजर आये। जाहिर था कि जनता जीती। जनता ज्यादा सचेत निकली, इतिहास की रग को उसने उन तथाकथित जन-नायकों और इतिहास-द्रष्टाओं से ज्यादा अच्छी तरह पहचाना था।

लेकिन यहीं पर कुछ और घटनाएँ भी याद आती हैं। जनता से कभी-कभी गाँधी जी की भी ठनी। गाँधी जी ने जब कभी अपने को पृथक् महसूस किया, उन्होंने स्पष्ट कहा कि वे सत्य की ओर रहेंगे। अगर वे नहीं समझ पा रहे हैं तो उन्होंने स्पष्ट कहा कि उन्हें सत्य नहीं दीख रहा है, वे चिन्तन करेंगे, आत्मशुद्धि करेंगे। लेकिन जब तक वे उसे सत्य नहीं मान लेते तब तक वे कोई भी पथ नहीं अपनाएँगे, चाहे इससे लोकप्रियता घटे या बढ़े। इसीलिए जनता से गाँधी जी की पृथक्ता और अन्तरंग एकसूत्रता दोनों ही सत्य के परिप्रेक्ष्य में, सत्य के आग्रह के लिए थीं। इसीलिए वे अपनी बड़ी-से-बड़ी भूलों को स्वीकार करने में पलभर

हिचकिचाते नहीं थे। उनकी भूल स्वीकृति भी उनके आन्तरिक विकास की एक नयी, आगे ले जाने वाली, कड़ी बन जाती थी।

लेकिन क्या यह दूसरा रास्ता, जो दूसरी जीवन-दृष्टि ने अपनाया, भी वही है ? क्या यहाँ जब जोर-जोर से उद्घोषित पहले वाली नीतियाँ, इतिहास की पिछली व्याख्याएँ, बदली गयीं तब वे सत्य के आग्रह के लिए थीं या इसलिए कि जनता ने इस समय अपना रास्ता निर्धारित कर लिया—रहबरे कारवाँ दौड़कर कारवाँ के आगे हो जाएँ, नहीं तो वे पीछे के रेगिस्तान में अकेले छूट जाएँगे। पहले एक रास्ते के लिए जिद ठानना और फिर दौड़कर दूसरे रास्ते की रहबरी स्वीकार कर लेना—इन दोनों के बीच क्या वही आत्मिक विकास और मानसिक प्रौढ़ता की प्रक्रिया है जो गाँधी जी की जीवन-दृष्टि में थी ? या एक भय है कि कहीं हमसे यह बागडोर छूट न जाए ? क्या यह आत्मविश्वास की कमी है, लाचारी है कि महात्मा गाँधी की तरह इस बिन्दु पर यह नहीं कहा जा सकता कि जब तक मैं न जान लूँ कि यह सच है, मैं इस रास्ते को स्वीकार नहीं करूँगा चाहे मुझे कोई कीमत क्यों न चुकानी पड़े।

अन्दर से ठोस बौद्धिक आधार का, संकल्प का और इतिहास-दृष्टि का यह अभाव एक विचित्र-सी आदत पैदा कर देता है। पहले हम जिसे इतिहास की अपनी व्याख्या मानते हैं उसे न केवल एकमात्र प्रामाणिक मानने का दम्भ हममें जागने लगता है बल्कि दूसरा अगर कोई भी उसमें संशोधन पेश करे तो हम इस कदर खीझ उठते हैं, इस कदर झुँझला उठते हैं कि आपे से बाहर हो जाते हैं।

हमें लगता है कि इस अधकचरे, अर्धशिक्षित, बैलगाड़ियों के युग में रहने वाले देश के लिए हमने जेट विमानों पर चक्कर लगाकर देश-विदेश से जो ज्ञान बटोरा है, उसकी अवहेलना ये कर रहे हैं। लेकिन जब इतिहास हमें गलत साबित कर देता है, हमारे अनुमानित किये हुए घोषित पथ से बिलकुल पृथक् एक दूसरी दिशा अपनाता है, और हम पाते हैं कि बैलगाड़ियों के युग में रहनेवाला सामान्य जन हमसे ज्यादा साफ दृष्टि से इतिहास को देख रहा था और हम पाते हैं कि वह उठकर खड़ा हो गया है, अपनी नियति के सूत्र अपने हाथ में लेने के लिए सन्नद्ध, तब जन-नायक और तथाकथित इतिहास-द्रष्टा की बड़ी अजीब हालत हो जाती है। एक आकस्मिक विपर्यय उनके लिए अनिवार्यता बन जाता है।

जैसा मैंने पहले कहा कि संकट मूल्यों का है, जीवन-दृष्टि का है। राजनीतिक नेता उसे राजनीति की दृष्टि से सँभालेंगे, अर्थशास्त्री उसके आर्थिक पक्षों को देखेंगे, सेना उसके सामरिक पक्ष को सँभालेगी, साहित्यकार सामान्य जन के साथ जीवन-दृष्टि का सम्यक् आकलन करेगा क्योंकि मूलवस्तु वही है। यदि वह नहीं सधती, तो शेष सभी का सधना अपूर्ण रहेगा। चीनी आक्रमण के अवसर पर सामान्य जन की जाग्रत चेतना हमारे लिए एक नये उत्साह, गहन निष्ठा, निर्भीक साहस और स्पष्ट विवेचन की भूमिका बन सकती है। यह निःसन्देह हमारे देश के बौद्धिक विकास का एक अत्यन्त महत्त्वपूर्ण मोड़ है। सामान्य जन की जिस आत्मशक्ति ने अपने को इस जागरण के द्वारा व्यक्त किया है, वह कुण्ठित न हो, यह भारतीय लेखक का आज के परिप्रेक्ष्य में अत्यन्त महत्त्वपूर्ण दायित्व है।

❑

एशियायी आधुनिकता और हूलाहूप

"ये लोग ! ये लोग अपने को भारतवासी कहने में शरमाते हैं। इनका तन देशी है पर मन विदेशी। इनका सोचना-समझना, लिखना-पढ़ना, रीति-रिवाज, बातचीत सब विदेशी है। ये रहते कलकत्ते में हैं पर साँस लन्दन और पेरिस में लेते हैं। तुम इन्हें जानते नहीं भारती।"

अपने स्वभाव के अनुसार तारा बाबू उत्तेजना में बोल रहे थे। हमेशा उत्तेजित होने पर उनकी आवाज में एक चोट खाया हुआ सात्त्विक गुस्सा होता है। वह गुस्सा इस समय भी था और वह चोट इस समय भी कसक रही थी। आप उनसे सहमत हों या असहमत पर आप इससे कभी इनकार नहीं कर सकते कि ये उन थोड़े से खरे लेखकों में हैं जिन्होंने अब भी अपने 'हृदय' पर, अपने मर्म पर कोई बड़ा आवरण नहीं चढ़ने दिया है। चाहे समकालीन घटनाएँ हों या मूल्यों का संघर्ष, किसी की भी चोट लगने पर उनका हृदय पूरी तीव्रता से झंकार उठता है।

उनके कमरे का वातावरण मुझे सदा बहुत पवित्र और बहुत अपना-सा लगा है। नीचे बिछे फर्श पर उनके पास बैठकर उनसे बातें सुनना मेरे लिए पिछले बारह वर्षों से एक बहुत गहरा और मीठा अनुभव रहा है। इस बार मद्रास कॉन्फेरेन्स के बाद उनसे पहली बार भेंट हुई थी। चर्चा उनके अध्यक्षीय भाषण को लेकर चली और आधुनिकता के प्रश्न पर टिक गयी थी। अपनी पीढ़ी के अधिकांश लेखकों की भाँति अपने साहित्य में आधुनिकता लाने के लिए बहुत हद तक वे जिम्मेदार थे और अपनी पीढ़ी के अधिकांश लेखकों की भाँति वे समकालीन नयी पीढ़ी की 'आधुनिकता' से असन्तुष्ट थे।

उनके लिए मेरे मन में एक अजब-सा श्रद्धा भाव है। भारत के सर्वश्रेष्ठ जीवित कथाकार के रूप में तो है ही, उससे बढ़कर उनके उस अत्यन्त भावतरल, निष्कपट, द्रवणशील व्यक्तित्व के लिए है जिसे कितने घात-प्रतिघातों के बीच मैंने ज्यों का त्यों देखा है। लेकिन कई बार ऐसा भी हुआ है कि उनकी बातों से मैं अपने को सहमत होने की स्थिति में नहीं पा सका हूँ। इस समय भी वे कह रहे थे पर मेरा ध्यान बायीं ओर की दीवार पर टँगी पेण्टिंग पर था जिसमें छोटे लाल

फूलों वाला काँटेदार पौधा बना था। कभी कहीं मैंने आधुनिकता का प्रतीक काँटेदार कैक्टस का पौधा परिकल्पित किया है और वही बात मुझे याद आ रही थी। घर लौटते समय टैक्सी में बैठा उस भाषण की प्रतिलिपि उलटने-पलटने लगा तो उसका एक वाक्य मजेदार लगा : "Every fad and fashion in England and rest of the western world induced sympathetic symptoms in the 'progressive section' of our country after anything between a decade and a century of its vogue in its country of origin. The hula hoop has its intellectual, literary, political and philosophical counterpart."

शाम हो चुकी थी और श्याम बाजार का वह हिस्सा जगमग, रौनक अफरोज लग रहा था और मैं थका हुआ टैक्सी की खिड़की से बाहर देखते हुए मन में सिर्फ एक 'इमेज' बना रहा था : नयी कविता एक 'हूलाहूप' है। हम सब तमाम नये कवि अपने-अपने छोटे-छोटे 'हूलाहूप' लिये खड़े हैं : गिरजा कुमार जी, शमशेर भाई, रघुवीर सहाय, नरेश, सर्वेश्वर और बेचारा मैं भी। पर इनके साथ तीन बड़े-बड़े हूलाहूप हैं, 'तार सप्तक', 'नयी कविता' (पत्रिका) और 'नकेन' के सम्पादकों के पास जिसमें हम सबके हूलाहूप समा जाते हैं। एक, दो, तीन... संक्रान्ति काल में से आधुनिकता उदित होती है और सब बदन मोड़-मोड़कर हूलाहूप नाचने लगते हैं।

थोड़ी हँसी आयी और फिर तुरन्त डर लगा। राम ! राम ! कैसी बुरी कल्पना कर रहा हूँ। तारा बाबू का क्या बिगड़ेगा, पर मेरी तो जान चली जाएगी। पर इमेज दिमाग में बैठी सो बैठी। रास्ते-भर सोचता रहा कि आधुनिकता क्या सचमुच हमारी पुरानी कमर में पड़ा नया 'हूलाहूप' है ?

❑

घर आया तो मरीज की तीमारदारी तथा सुशील और श्याम की लच्छेदार बातों में सब भूल गया। शायद अगले दिन दोपहर की बात है जब 'नीरा' के सामने लंच के लिए सेंगर जी का इन्तजार करते-करते बगल में अपनी प्रिय बुकस्टाल पर किताबें उलट रहा था कि दूकानदार मोशाय ने बुद्धदेव बसु द्वारा सम्पादित 'कविता'[1] का शतांक दिया जो अँगरेजी में निकाला गया है। उसे लेते ही तुरत

---

1. 'कविता' बांग्ला की आधुनिक नयी कविता की प्रतिनिधि पत्रिका है जिसका सौवाँ अंक विशेषांक के रूप में प्रस्तुत किया गया है। अधिकांश बांग्ला तथा कुछ अन्य भाषाओं की कविताओं का अँगरेजी रूपान्तरण इस अभिप्राय से किया गया कि विदेशों को इस आन्दोलन का परिचय मिल सके।

निगाह पड़ी ज्योतिर्मय दत्त के लम्बे लेख पर जो शायद उस अंक की सबसे महत्त्वपूर्ण कृति है। तारा बाबू का वाक्य सुना था जो उससे सहमत नहीं हो पाया था, लेकिन तरुण लेखक, कवि, समीक्षक ज्योतिर्मय दत्त का लेख ज्यों-ज्यों पढ़ता गया त्यों-त्यों लगा कि तारा बाबू का कथन नितान्त निराधार हो, ऐसी बात तो नहीं है।

लेख मूलतः बांग्ला नयी कविता पर है। स्वयं नयी बांग्ला कविता पर तो लेखक के विचार चौंकानेवाले हैं ही मगर उसने उसके आधार पर नयी कविता-मात्र पर जो कुछ कहा है वह कम चौंकानेवाला नहीं है। दत्त मोशाय की स्थापना यह है कि समस्त भारतीय इतिहास में बंगाली जाति सबसे असफल जाति रही है : 'संस्कृत के महाकाव्यकारों तथा दिल्ली के मुगल सम्राटों द्वारा समान रूप से उपेक्षित हुई, फिरंगियों द्वारा सन्देह की दृष्टि से देखी गयी, जिन्होंने स्वाधीनता का सौदा किया, उनके द्वारा बंगाली जाति से दुर्व्यवहार हुआ : अन्ततोगत्वा आधुनिक युग में बंगाली ने कविता को संसार के विरुद्ध प्रतिकार के रूप में अपनाया। लेकिन यह भी प्रतिकार का ऐसा माध्यम है जहाँ बाहरी व्यक्ति उस सफलता का ठीक-ठीक आकलन नहीं कर पाता। अतः यह प्रतिकार भी ले-देकर उसी को अन्दर-अन्दर आहत करता रहा।'

पढ़कर चौंका और बहुत कुछ अटपटा-सा भी लगा। कौन-सा ऐसा प्रान्त या जाति है जिसकी अपनी सीमाएँ नहीं हैं ? बंगाली जाति की भी अपनी सीमाएँ हो सकती हैं, लेकिन बंगाली जाति ने जो कुछ काव्य या साहित्य-सृजन किया है वह हीनता-ग्रन्थि का साहित्य है और चतुर्दिक् असफलता की ही प्रतिक्रिया है, यह बात सहज रूप से मेरे गले नहीं उतर पायी। एक तो बंगाली जाति की उपलब्धि केवल काव्य के क्षेत्र में रही है—यह नितान्त इतिहास-विरोधी बात है। राजा राममोहन राय और केशवचन्द्र सेन, चितरंजन दास और सुभाषचन्द्र बोस, जगदीशचन्द्र बसु और प्रफुल्लचन्द्र राय, अवनीन्द्रनाथ ठाकुर और जामिनी राय, मोहन बागान के खिलाड़ी और आरती साहा, सत्यजीत राय और बिमल राय—ये तमाम नाम साहित्य के नहीं हैं; राजनीति, समाज-सुधार, विज्ञान, कला से लेकर फिल्म, खेल-कूद और तैराकी तक से सम्बद्ध नाम हैं। मगर, पिछले सौ वर्षों में न केवल बंगाल वरन् समूचे भारत के आधुनिक सांस्कृतिक बोध के विकास से इन नामों का घनिष्ठ सम्बन्ध है। कविता के अलावा गद्य-साहित्य-नाटक, उपन्यास, कहानियों में बंगाल की जो देन है उस पर अगर हम एक बार न भी नजर डालें तो भी साहित्येतर क्षेत्रों में आधुनिक युग में यह उपलब्धि इतनी महत्त्वपूर्ण है कि दत्त मोशाय की इस स्थापना का आधार समझ में नहीं आता।

यद्यपि इस स्थापना का तथ्यात्मक आधार तो नहीं मिलता, लेकिन जरा बारीकी से पढ़ने पर अन्तर्निहित अभिप्राय जरूर समझ में आ जाता है। लेखक

की मुख्य चिन्ता है कि किस प्रकार वह अपने देश और एशिया के शेष इतिहास से अपने आधुनिक काव्य को पृथक् कर उसका सीधा सम्बन्ध पश्चिम से जोड़ सके। वह लिख चुका है कि कविता एक ऐसा कला माध्यम है जो बाहर वालों का ध्यान नहीं आकर्षित कर पाता और दुर्भाग्य से बंगालियों ने कविता को ही प्रतिकार का माध्यम चुना। अनुवाद हुए, पर वह बताता है कि भाषा की दीवार ऐसी है कि उसे पार कर कविता का वास्तविक मर्म विदेशियों तक नहीं पहुँच सका और, "all our attempts to attract the outsiders ended in failure and our poetry remains our private possession." अब लेखक की कामना यह है कि विदेशी इस काव्य को समझें और अपनाएँ, अपनी आधुनिक उपलब्धि का अंश उसे मानें। इसके लिए वह एड़ी-चोटी का पसीना एक कर एक के बाद एक मनोरंजक तर्क देता है। वह तर्क इतिहास-सम्मत न होने के कारण पहले वकालत और अन्त में अनुनय जैसे लगने लगते हैं : उसने शुरुआत ही की है यह कहकर कि 'हमें हमारे देशवासियों ने उपेक्षित किया। ओ बाहर वालो, तुम हमारे काव्य-स्वर सुनो।' फिर उसने भाषा की दीवार पर दुखी होकर पुकारा है : 'सुनो विदेशी, सुनो, क्या मेरा अनुवाद तुम तक पहुँचता है ?'[1] और अन्त में एक चतुर सेल्समैन की तरह उसने कहा है कि चीनी और फारसी कविता के पीछे तुम पागल हुए पर हमारा माल ट्राई करके देखो। हमारा माल तो उन अर्थों में पूर्वीय नहीं है।[2] वह पश्चिमी मानस के लिए अधिक ग्राह्य है।

और ज्यों-ज्यों मैं लेख पढ़ता गया मुझे लगा कि कम-से-कम कुछ लोगों पर तारा बाबू की वह आलोचना जरूर लागू होती है। इन्होंने अपनी पुरानी और इन्हीं शब्दों में 'आहत' कमर पर आधुनिकता को हूलाहूप की तरह ग्रहण किया है और उसे नचा-नचाकर यह कह रहे हैं कि हमें देखो, हम आधुनिक हैं। न सिर्फ यह कि हम आधुनिक हैं, वरन् ओ विदेशी बिरादर ! एशिया की अन्य जातियों के मुकाबले में कविता में हमारी आधुनिकता तुम्हारे स्वाद के ज्यादा माफिक है और यही नहीं, वरन् हमें सहारा दो क्योंकि भारत में भी दूसरों के पास तो और बहुत-कुछ है, हमारे पास तो दिखाने के लिए कुछ नहीं है, सिवा अपनी काव्याधुनिकता के।

हाँ, सच बात है कि ऐसे लोग हैं जो रहते कहीं हों, साँस पेरिस और लन्दन में लेते हैं। पर इतना जरूर है कि ऐसे लोग किसी भी समय किसी भी जीवन्त संस्कृति के लिए खतरे का कारण नहीं होते। वे केवल रोचक अध्ययन और कुछ

1. 'अज्ञेय' जी से इस पंक्ति के दुरुपयोग के लिए क्षमा माँग लेता हूँ।
2. 'Our poetry is not oriental in the sense that Chinese or Persian poetry is. It is recognisable poetry to a Westerner.'

अंशों में दया के पात्र भी होते हैं। यदि हमारी संस्कृति की गति अवरुद्ध है या वह अन्दर से रुग्ण है तो मैं यह नहीं मान पाता कि अवरोध के मूल कारण ऐसे लोग या ऐसी प्रवृत्तियाँ हैं। मुझे बराबर यह लगा कि रोग का मूल कारण कुछ और है। ऐसे लोग तथा ऐसी प्रवृत्तियाँ केवल उस रोग के बाहरी अभिव्यक्त लक्षण (outer symptoms) हैं। रोग के मूल कारण क्या हैं यह मैं यहाँ नहीं दोहराऊँगा ('मानव-मूल्य और साहित्य' के कई अध्यायों में विस्तार से इस पर बात कर चुका हूँ, दे. 'एक भव्य अतीत का अनिश्चित भविष्य', 'निर्माणपरक दायित्व और राष्ट्र', 'हाथी-दाँत की भारतीय मीनारें') लेकिन देखना यह है कि इन लक्षणों की परिणति आखिर कहाँ होती है ?

मुझे एक समानान्तर प्रवृत्ति याद आती है बंगाल से भी और सुदूरपूर्व जापान की। जापान एशिया का शायद सबसे अधिक पाश्चात्याच्छन्न देश है। जहाँ तक कला और काव्य का प्रश्न है, जापान का नाम लेते ही हमारे सामने हलके रंगों के सुकुमार चित्र, कागज की खूबसूरत कन्दीलें, गीशा कन्याओं की लम्बी मृणाल, बाँहों में झूलते फूलदार किमोनों का चित्र उभरता है, और याद आती हैं हाइकू कविताओं की अत्यन्त सूक्ष्म सुकुमार भावनाएँ, लेकिन यह सब बीता हुआ जापान है। आधुनिक जापान में भी एक अजब प्रकार का कुण्ठाग्रस्त संकट आया थां, खासतौर से वहाँ के बुद्धिजीवियों में जिसके स्वर बहुत-कुछ दत्त मोशाय के स्वर से मिलते-जुलते थे। उनकी इस प्रवृत्ति के बारे में स्वयं एक पाश्चात्य समीक्षक ने बहुत स्पष्ट ढंग से लिखा है :

'जापानी विश्वविद्यालयों में जापानी साहित्य का विभाग आज सबसे नगण्य और छोटा विभाग रह गया है। प्रतिभाशाली तरुण अधिकतर पश्चिमी परम्पराओं और साहित्य के अध्ययन में लगे हैं और उनकी साहित्यक पत्रिकाओं में ले कान्ते दे' लिजले के प्रतीकों पर या जेम्स नॉक्स पॉल के पत्र-व्यवहार पर सूक्ष्म अध्ययन वाले लेख भरे रहते हैं। साथ ही यह भी जाहिर है कि ये अत्यन्त विद्वत्तापूर्ण लेख कभी बाहर वाले नहीं पढ़ेंगे, स्वयं लिजले या पॉल पर काम करनेवाले विशेषज्ञ भी उन्हें उठाकर नहीं देखेंगे। यह स्थिति इन जापानी बुद्धिजीवियों के मन में एक शेष संसार से कटे हुए नितान्त अकेले होने की भावना उत्पन्न कर देती है। कुछ जापानी तो इधर अपने को एशिया के अनाथ कहने लगे हैं और इसे शिकायत के स्वरों में कहते हैं कि जापान शेष एशिया से सांस्कृतिक स्तर पर कट गया है मगर जिनके लिए कटा वे पाश्चात्य राष्ट्र उसके साहित्य और अध्ययन को अपनी संस्कृति का अंग मानने को तैयार नहीं हैं।'[1]

इसी प्रसंग में कीन ने एक दुखद घटना का उल्लेख किया है कि एक अन्तर्राष्ट्रीय लेखक-सम्मेलन में एक जापानी कथाकार का नाम इकारी, बर्मी, लेबनानी लेखकों के साथ था। वह बजाय प्रसन्न होने के उदास हो गया क्योंकि

उसे लगा कि उसका नाम विलियम फॉकनर, बल्बर्टो मोराविया के साथ न रखकर उसे ख्यातिहीन अज्ञात अजनबियों के बीच डाल दिया गया।

और जब यह कुण्ठा अपनी सीमा का अतिक्रमण करने लगती है तब अकसर बड़े ही करुण परिणाम सम्मुख आते हैं। जापान के श्रेष्ठ आधुनिक उपन्यासकार ओसामु दाजाइ के लिए तो यह कुण्ठा प्राण-घातक सिद्ध हुई। वह निरन्तर इसी प्रकार उन्मूलित, विच्छिन्न और नितान्त अकेला अनुभव करता रहा। एक बार सन् '35 में उसने आत्महत्या का असफल प्रयास किया लेकिन उससे बच गया लेकिन तेरह बरस बाद अन्त में फिर वह बहका और उसकी लाश टोक्यो की एक बाह्य झील में तैरती हुई मिली। दाजाइ अपने समकालीनों में सर्वाधिक संवेदनशील था अतः इस कुण्ठा की तीव्रतम प्रतिक्रिया उस पर होनी स्वाभाविक थी।

कलकत्ते से टोक्यो तक साहित्य-केन्द्रों में यह जो आधुनिकता का एक गलत मूल्यबोध उभरता दीखता है वह केवल उधर ही सीमित हो, यह बात नहीं। उसकी छाया उसकी इधर बम्बई, दिल्ली, बगदाद और बेरुत में भी मिल जाएगी। वस्तुतः साम्राज्यवाद के शिकार उपनिवेशों में यह मानसिक ग़ुलामी का अवशिष्ट प्रभाव छूट जाना कुछ अस्वाभाविक नहीं। और हर नयी चीज को पश्चिम का समझकर उससे भड़कने वाला आचार्य टाइप कट्टरपन्थी और एशिया में ही अपने को अनाथ समझनेवाला और पश्चिम की करुण मान-मनुहार करनेवाला यह असन्तुष्ट 'आधुनिक'—दोनों ही मानसिक ग़ुलामी से उत्पन्न एक गलत मूल्यबोध के शिकार हैं। ये दोनों ही दृष्टिकोण अपने चरम रूप में मात्र आत्मघाती हैं।

अचरज मुझे बिलकुल नहीं हुआ जब ज्योतिर्मय दत्त के लेख के अन्त तक पहुँचते-पहुँचते मैंने पाया कि आत्मघात या आत्महत्या की बात उसकी विचारधारा को काफी आच्छन्न किये हुए है। वे लिखते हैं कि : 'आधुनिक कवि से सबसे बड़ा उपहार जो हमारी कविता को मिला है वह है मृत्यु का बोध !' उनकी स्थापना है कि पश्चिम तो ग्रीक संस्कृति के उत्तराधिकार और ईसाई धर्म के कारण त्रासदी, मृत्यु और वेदना से पूर्वपरिचित था मगर हम मृत्यु को सदा 'वासांसि जीर्णानि' का परित्याग मानते रहे। संस्कृत या बांग्ला कवि में जीवनानन्द दास के पहले कभी आत्मघात का उल्लेख नहीं मिला। जीवनानन्द के पहले शानदार मृत्यु की परम्परा मिलती है पर अकारण अर्थहीन मृत्यु की चेतना उन्होंने दी।

जीवनानन्द दास रवीन्द्रोत्तर काव्यधारा के महानतम व्यक्तित्व हैं लेकिन बांग्ला काव्य को मूल्यबोध के स्तर पर उनकी देन प्रमुखतया यह है ऐसा शायद अधिकांश बांग्ला-लेखक भी मानने को प्रस्तुत न होंगे। लेकिन ज्योतिर्मय दत्त के तर्कों से इतना अवश्य स्पष्ट होता है कि सांस्कृतिक अनाथत्व की भावना, अपनी भूमि से

---

1. डोनाल्ड कीन, 'नो लांगर ह्यूमन' की भूमिका से।

विच्छिन्न होने की भावना अन्ततोगत्वा आत्मघात या मृत्यु की चेतना को प्रश्रय देती है।

कुण्ठा साहित्य के क्षेत्र में कोई वर्जित वस्तु है ऐसी तो बात वही कह सकेगा जो सृजन-प्रक्रिया और सृजन की मनोभूमि से बिलकुल अपरिचित हो, लेकिन यह भी बिलकुल सच है कि किसी भी कुण्ठा का गहन से गहन अनुभव करने के बाद जब कलाकार उसका अतिक्रमण करने में समर्थ हो जाता है तभी जीवन्त साहित्य की रचना हो पाती है। अगर इन कुण्ठाओं से कोई भी कृतिकार या साहित्यालोचन मुक्त नहीं हो सका तो उसमें चाहे जितनी सक्रियता हो पर वह निरर्थक होती है, ठीक हूलाहूप में बल खाते तन की तरह जिसमें बल है, घुमाव है, लोच है, तड़प है, उत्तेजना है, पर सच पूछो तो कुछ भी नहीं है।

इस प्रकार की कुण्ठा, एशिया या अपने देश से विच्छिन्नता की भावना का एक कारण मुझे यह लगता है कि ऐसे लेखक पता नहीं किस मनोग्रन्थि के कारण पश्चिम से तो सम्बन्ध जोड़ने को आतुर दीखते हैं, पर इतिहास में समभागिनी, आधुनिकता के बोध के समकक्ष अपने पास-पड़ोस की भाषाओं से सम्बन्ध जोड़ने की वह आतुरता उनमें नहीं दीखती। भारत ही नहीं, सम्पूर्ण एशिया की ऐतिहासिक प्रक्रिया लगभग एक-सी रही है, अतः उनसे जो साहित्य-बोध स्वभावतः उपजा है या उपज रहा है वह लगभग एक-सा है। इसके पहले कि हम चीनी और फारसी काव्य से अपनी पृथक्ता साबित कर अँगरेजी या फ्रेंच से अपनी समानता साबित करें, बेहतर यह होगा कि बांग्ला, मराठी, गुजराती, उड़िया, हिन्दी, तमिल, तेलुगु अपनी पारस्परिक एकसूत्रता पर विचार कर लें क्योंकि इन सबों ने एक ही इतिहास जिया है। शायद ऐसा हो तो वह 'सांस्कृतिक अनाथत्व' की भावना न जागे जो ऐसे लेखक-वर्ग में जाग जाती है।

अपने भाषागत पास-पड़ोस से विच्छिन्नता तो ऐसी भावनाएँ जगाती ही हैं जैसी दत्त मोशाय के लेख में हैं, पर एक भ्रान्ति और है ऐसी भावनाओं के मूल में जो जरा ज्यादा गहरी पैठी हुई है।

असल में आधुनिकता पर विचार करते हुए हम वक्त को टुकड़ों में बाँट देने के आदी हो गये हैं।[1] उसके कारण अतीत का प्रतीक बन जाता है पूर्व और वर्तमान का प्रतीक बन जाता है पश्चिम। आधुनिक होने के लिए हम समझते हैं कि अतीत से मुक्त होना जरूरी है यानी पूर्व से मुक्त होना। वस्तुतः आधुनिकता की यह समझ ही गलत समझ है। नयेपन की यह खोज ही गलत दिशा में है। यह खण्डित दृष्टि है, सम्पूर्णता से पृथक्।

❑

1. द्रष्टव्य : 'साहित्य की नयी मर्यादा' : मानव मूल्य और साहित्य।

नयेपन की खोज के सिलसिले में फिर मुझे याद आती है उसी 'नीरा' के बगल वाली बुकस्टाल की एक घटना लगभग डेढ़ बरस पहले की। मुझे इलाहाबाद लौटना था और पैसे केवल किराये-भर के जेब में थे। बुकस्टाल पर रिल्के की कविताओं का एक नया बहुत प्यारा संकलन आया था। वात्स्यायन जी दैवयोग से उस समय साथ थे। उन्होंने असमंजस समझा। मुसकराते हुए बोले : 'आप छोटे हैं, अच्छे कामों के लिए, अच्छी किताबें खरीदने का पैसा आपको मिल सकता है।' उनका पर्स निकला और किताब मेरे हाथ में थी।

टैक्सी में सबसे पहला पृष्ठ जो खुला उस पर एक सॉनेट थी :

"Newness, O my friends, has not begun
With the hand's being ousted by machinery.
Don't let's be confused by change of scenery :
Those who praised the 'New' will soon have done.

For the whole is infinitely newer
Than a cable or tall facade.
Look, the ancient stellar fires endure
While the newer fires begin to fade.
Don't suppose our longest power transmissions
Are generating for us what's to be
Aeons have determined our conditions.

Much has happened that we could not see.
And the future will be nothing less
Than the flowering of our inwardness.

—और आज भी पाता हूँ कि आधुनिकता के मामले में इस सॉनेट की बहुत-सी पंक्तियों से सहमत न होते हुए भी इस बात से पूर्णतया सहमत हूँ कि आधुनिकता वर्तमान सन्दर्भों में 'पूर्णता' की खोज है और उसकी अनिवार्य परिणति है—आन्तरिकता का पूर्ण प्रस्फुटन। उस स्तर पर पूर्व और पश्चिम का अन्तर भी उतना महत्त्वपूर्ण नहीं रह ज़ाता है क्योंकि अन्ततोगत्वा आधुनिक साहित्य की चिन्ता और आधुनिक मानव की नियति विभाजित नहीं है।

❑

हिन्दी नाट्य-लेखन : कुछ समस्याएँ

आज जब नाट्य-लेखन की समस्याओं पर विचार करने हम इकट्ठे हुए हैं, मुझे एक वयोवृद्ध नाटककार का आत्मीयता-भरा चेहरा याद आ रहा है—मामा वरेरकर का। जब कभी हिन्दी नाटक और रंगमंच की बात चलती, मामा बड़े दृढ़ स्वरों में कहते, "भाई, जब तक हिन्दी नाटक खेले नहीं जाते तब तक अच्छे नाटक लिखे कैसे जाएँगे। और खेलने के लिए कॉलेज-यूनिवर्सिटी के छोकरों का अधकचरा रंगमंच या बड़े-बड़े शहरों के चन्द पढ़े-लिखों का शौकिया रंगमंच कब तक काम देगा ? हिन्दी का एक बड़ा, सुव्यवस्थित, आर्थिक दृष्टि से पुख्ता रंगमंच होना चाहिए जो शहर-शहर, गाँव-गाँव, मेले-ठेलों में जा सके और उस रंगमंच से नाट्य-लेखक का सीधा सम्बन्ध जुड़े, तभी ठीक नाटक रचना सम्भव है।" मामा अपने इस मत पर इतने दृढ़ थे कि वे स्पष्ट कहते थे कि एकांकी-वेकांकी लिखना अपनी क्षमताओं का दुरुपयोग है। नाटककारों को बड़े, पूरे तीन अंकों के नाटक लिखने चाहिए और लिखते वक्त सामने रहना चाहिए दर्शक, अदने से अदना दर्शक। और कविता और फल्सफा लिखना हो तो कविता और फल्सफा लिखो, नाटक लिखकर अपना और दूसरों का वक्त क्यों बरबाद करते हो ?

आप इससे सहमत हों या न हों, पर बात उनकी दो टूक थी। और जाहिरा तौर पर प्रसाद जी की उस स्थापना से कि नाटक रंगमंच के अनुरूप नहीं वरन् रंगमंच नाटक के अनुरूप होना चाहिए, मामा वरेरकर की बात ज्यादा व्यावहारिक लगती है। नाटक तो लेखन की ऐसी विधा है जो दृश्य होकर ही सार्थक बन पाती है अन्यथा उसकी क्या सार्थकता ?

लेकिन अब इसी सवाल को जरा दूसरे पहलू से सोचिए। अगर रंगमंच हो, आर्थिक दृष्टि से सुव्यवस्थित भी हो, उसका प्रचार भी हो और आम दर्शक में लोकप्रिय भी हो, तो क्या उसको ध्यान में रखकर लिखने से नाट्य-लेखन की सारी समस्याओं का हल हो जाता है ? क्या उसके बाद एक पर एक श्रेष्ठ नाटकों का

ताँता साहित्य में लग जाता है ? दूर क्यों जाइए, अभी कुछ ही वर्षों पहले एक ऐसा ही अनुभव हिन्दी को हुआ। जरा उसकी जाँच करके देखा जाए। मेरा मतलब पृथ्वी थियेटर्स से है। उसमें क्या नहीं था ? व्यवसाय-व्यवस्था भी, अभिनय-कौशल भी। प्रसाद जी के संस्कृतगर्भित कवितामय संवादों के बजाय चलती, बल्कि दौड़ती हुई, जबान के पुरजोश 'डायलाग' जो एक मशहूर व मारूफ सितारे की अदायगी के साथ दर्शकों के सामने पेश होते थे। विषयवस्तु में कवि-कल्पना नहीं थी, बल्कि राष्ट्र के अहम मसले थे—फिरकापरस्ती, सरमायदारी, ऊँच-नीच, आदि-आदि। मुझे याद है जब पृथ्वीराज अपना थियेटर लेकर सफलता और यश के ज्योतिमण्डल से आवृत प्रयाग पधारे थे तो हम लोगों ने उन्हें आमन्त्रित किया था। तब उनकी शिकायत थी कि हिन्दी-लेखकों को नाटक लिखना तो आता ही नहीं, वे क्या करें। मजबूरन उन्हें खुद लिखवाना पड़ता है। वे तो जनता के सेवक हैं—जनता की बोली में जनता के दुःख-दर्द की बात स्टेज पर पेश करते हैं, जनता उनके नाटकों को सिर-माथे लेती है।

हिन्दी के चन्द प्रतिष्ठित नाटककारों को उन्होंने सादर अपने प्रदर्शन में आमन्त्रित किया था। उस आमन्त्रण में दोनों ध्वनियाँ थीं। एक ओर यह कि आप बड़े लेखक हैं, रंगमंच के एक विनम्र सेवक को अपनी उपस्थिति से धन्य करें। दूसरी ओर ज्यादा सूक्ष्म ध्वनि यह कि हुजूरेवाला, मुफ्त में नाटककार बने बैठे हैं; जरा आइए, जनता की तालियों की गड़गड़ाहट सुनिए और देखिए कि नाटक इसे कहते हैं जो आपके इस नाचीज सेवक पृथ्वीराज ने लिखा है ! जाहिर है कि एक आतंक और एक सम्भ्रमपूर्ण आदर से लोग आभूषित हो गये थे।

खुशी की बात है कि वह आदर आज भी है। पृथ्वीराज ने जो किया उसके पीछे की लगन, मेहनत, अध्यवसाय और 'मिशन' के लिए आज पन्द्रह साल बाद भी हमारे मन में आदर कम नहीं हुआ है, बढ़ता ही गया है। लेकिन इससे भी ज्यादा खुशी की बात है कि वह आतंक खत्म हो गया। आज हम पीछे मुड़कर देखते हैं तो अचरज होता है कि रंगमंच के लिए लिखी गयी वे महान् कृतियाँ—पैसा, पठान, दीवार, कहाँ गयीं ? कहते हैं कि पृथ्वीराज के रंगमंच को सिनेमा खा गया। लेकिन यूँ तो समय शेक्सपियर और कालिदास के रंगमंच को भी खा गया, लेकिन वे कृतियाँ तो आज भी हैं और उनमें निहित कला-बीज नये-नये रंगमंचों को जन्म देते रहते हैं। फिर पृथ्वी रंगमंच की वे कृतियाँ कहाँ गयीं ? उनमें किस तत्त्व की कमी थी जो हमने उन्हें भुला दिया और इतनी जल्दी ? लगता है, पृथ्वी थियेटर्स में सब कुछ था—सिर्फ एक चीज नहीं थी, यानी नाटक।

यह बात शुरू में ही उठानी इसलिए जरूरी है क्योंकि स्तरीय नाट्य-लेखन के समक्ष यह एक बड़ी समस्या रहती है कि कुछ अहंमन्यता-भरे गलत मूल्य उसके समक्ष रख दिये जाते हैं, विशेष रूप से ऐसे प्रदर्शकों की ओर से जिन्होंने जनता

की तात्कालिक वाहवाही लूट ली है और उसके लिए अपनाये गये साधनों को वे श्रेष्ठ साहित्यिक नाट्य-लेखन के उपकरण मानकर नाटक-लेखकों को उपदेश देने के मोह में पड़ गये हैं। यह समस्या व्यावसायिक रंगमंच की ही ओर से आए यह जरूरी नहीं, राजनीतिक दलों के प्रचारात्मक रंगमंच की ओर से भी आ सकती है।

स्तरीय नाट्य-लेखन के समक्ष ये खेल-तमाशे और लोकरुचि वाले प्रदर्शन केवल हिन्दी में ही समस्या नहीं बनते रहे हैं, और केवल इसी जमाने में भी नहीं। पिराण्डेलो का एक वक्तव्य है : साहित्य और रंगमंच, आज से लगभग पचास वर्ष पूर्व लिखा गया। उसे पढ़िए तो ऐसा लगता है जैसे हम बिलकुल यहाँ की, आज की समस्या का विश्लेषण पढ़ रहे हों। उस जमाने में पिराण्डेलो को एक सुगठित व्यावसायिक रंगमंच का सामना करना पड़ा था। उस रंगमंच के अपने मुंशी थे जो तात्कालिक समस्याओं पर ड्रामे तैयार करते थे और साहित्यिक नाटकों को खासतौर से इसलिए हेय समझते थे कि उनकी भाषा बोझिल होती थी और विचार गम्भीर। वे आसान जबान के हामी थे। पिराण्डेलो ने इस बात पर बहुत क्षुब्ध होकर लिखा था कि ये तमाशे दूसरी चीज हैं, नाटक दूसरी चीज। जो अच्छा नाटककार है उसके नाटक में पात्र न आसान जबान बोलता है न कठिन। वह केवल वही शब्द बोलता है जो उसे उस स्थिति में उस भाव को व्यक्त करने के लिए बोलना चाहिए। वह शब्द और—केवल वही शब्द उस स्थिति का वाहक बन सकता है। यदि किसी साहित्यिक नाटक में अनावश्यक काव्याडम्बर है तो जरूर वह किसी कच्चे नाटककार की कृति होगी जो अभिव्यक्ति की विपन्नता को ढँकने के लिए शब्दकोश का रौब जमाना चाहता है। श्रेष्ठ नाट्य-कृति में शब्द स्थिति का पर्याय बन जाता है, उस समय दर्शक उस शब्द या संवाद को केवल सुनता नहीं, साकार वह स्थिति उसके समक्ष मूर्तिमान हो उठती है। खेल-तमाशों की 'स्क्रिप्ट' में ड्रामामुंशी जो संवाद लिखते हैं उनमें जबान आसान और लच्छेदार बनायी जाती है, मुहावरे और श्लेष जोड़े जाते हैं, ताकि जनता 'डायलाग' में उलझकर झूम उठे। उस संवाद में कोई गहरी स्थिति साकार हो उठे, इसकी कोई सम्भावना ही नहीं, क्योंकि कोई गहरा अनुभव या सूक्ष्म स्थिति उस संवाद-लेखक के दिमाग में है ही नहीं। सच पूछिए तो लच्छेदार शब्दाडम्बर इन खेल-तमाशों के 'डायलाग' लेखक खड़ा करते हैं अपना खोखलापन छिपाने के लिए।

और ऐसा शब्दाडम्बर फिर वैसे ही मंचीकरण को जन्म देता है। फिर वही पृथ्वी थियेटर्स के नाटक याद आते हैं जिनमें हर मोरचे पर पृथ्वीराज हैं। संवाद बोल रहे हैं तो, कोई दिल तोड़नेवाला मंजर पेश कर रहे हैं तो, यहाँ तक कि झोली लेकर चन्दा माँग रहे हैं तो ! लगता था जैसे शब्दों, संवादों, स्थितियों और घटनाक्रमों का एक बड़ा पिरामिड तैयार किया जा रहा है ताकि एक अभिनेता ऊँचा, और ऊँचा, और ऊँचा चढ़ता चला जाए। नाटक चाहे नीचे, और नीचे और नीचे धँसता जाए !

नाटक देखकर लौटते थे तो सब भूल जाता था, पृथ्वीराज याद रहते थे।

लेकिन इसी सन्दर्भ में एक दूसरा अभिनय याद आता है, सैम्युएल बैके का मशहूर नाटक 'वेटिंग फ़ार गोदो'। रस्सियों से बँधा हुआ, कोड़े खाता हुआ, सिर झुकाये घिसटता हुआ ग़ुलाम अकस्मात् तनकर खड़ा हो जाता है। युगों से संचित दर्शन और चिन्तन के भग्न बिम्ब उसकी वाणी से धारा-प्रवाह झरने लगते हैं। खुले आकाश तले संवादों को सुनते हुए न सिर्फ हम रोमांचित हो उठते हैं बल्कि चन्द क्षणों में हम जैसे हम नहीं रह जाते, वे संवाद संवाद नहीं रह जाते, रह जाता है केवल इतिहास का एक हहराता हुआ प्रवाह, उन शब्दों में मूर्तिमान्। नाटककार ने इतिहास की उस विक्षुब्ध विराट गति को अपने मानस-चक्षुओं से जैसे देखा होगा—केवल वह 'विज़न' रह जाता है, बाकी सब विलीन हो जाता है। इस अभिनेता की सफलता इस बात में न थी कि वह, केवल वह, दिखाई पड़े बल्कि इस बात में थी कि वह न केवल अपने निजी व्यक्तित्व को विलीन कर दे, बल्कि दर्शकों के भी; और मूर्तिमान कर दे उस नाट्य-स्थिति को जो नाटककार की कल्पना में साक्षात्कृत हुई होगी। ये अभिनेता थे प्रख्यात निर्देशक इब्राहिम अल्काज़ी।

अच्छे नाट्य-लेखन के लिए यह दूसरे प्रकार का प्रस्तुतीकरण जितना बड़ा सहारा साबित होता है, पहले प्रकार का आत्म-प्रदर्शनपूर्ण अभिनय उतनी ही बड़ी समस्या और सिरदर्द ! हिन्दी के अच्छे नाट्य-लेखन को यह समस्या काफी झेलनी पड़ी है।

कभी-कभी आधुनिक सन्दर्भ में पुराने प्रचलित शब्दों को रखकर परखिए तो बड़े विचित्र अर्थों का उद्घाटन होता है। नाटक के लिए एक ऐसा ही शब्द हमारे यहाँ प्रचलित रहा है, 'लीला'। आज भी कई लोक-नाट्यों के लिए प्रचलित है। 'लीला' की दार्शनिक व्याख्या दी गयी है कि प्रारम्भ में ब्रह्म एक था, उसे अपने को दो करके देखने की इच्छा हुई। उसने स्वयं को दो में विभाजित कर दिया और लीला प्रारम्भ हुई। ब्रह्म अपनी लीला का सर्वप्रथम दर्शक था।

यदि मैं कहूँ कि लीला के अर्थ में नाटककार अपने नाटक का सर्वप्रथम दर्शक होता है तो शायद अत्युक्ति न होगी। अनेक विश्वविख्यात नाटककारों ने अपनी रचना-प्रक्रिया का विवरण देते हुए स्वीकारा है कि उत्कृष्ट काव्य की भाँति नाटक का मूल भाव और संघर्ष बहुधा उनकी आँखों के आगे साक्षात् दृश्यमान हो आया है। बाद में उस 'विज़न', उस दर्शन को उन्होंने शब्द-काया देने की चेष्टा की है। बहुधा जो नाटककार जितना सूक्ष्म, सजग, सचेत दर्शक रहा है उस भाव-लीला का, वह उतने ही जीवन्त रूप में उसे नाटक के रूप में बाँध पाया है। ऐसी प्रेरणापूर्ण नाट्य-कृति स्वतः अपने में रंगमंच का विधान निहित रखती है। आवश्यकता होती है एक व्याख्याकार निर्देशक की जो उस शब्द-काया को अभिनय में सजीव कर दे, स्वयं माध्यम बनकर सामान्य दर्शक तक को उस मूल साक्षात्कृत नाटक का सहभागी बना दे। जो नाट्यकृति इस स्तर की है, उसके लिए रंगमंच की पुरानी

विधाएँ टूट-फूटकर नयी विधाएँ बनती हैं और जो नाट्यकृति इस स्तर की नहीं है उसके लिए प्रस्तुतीकरण की विधाएँ मिलें, या न मिलें, उससे क्या फर्क पड़ता है !

इस उच्च स्तर के श्रेष्ठ नाटककार की दृष्टि उसकी अपनी होती है, उसका मानस उसके अपने युग का होता है, इसीलिए वह अपने पूर्ववर्तियों को दोहराता नहीं। उनकी विरासत वह भले स्वीकारे (या अस्वीकारे), उसकी नाट्य-दृष्टि का मौलिक तथा नवीन होना एक अनिवार्यता है। इसीलिए बहुधा पाया गया है कि जब किसी देश या जाति की चेतना-संक्रान्ति काल से गुजरती होती है, विचार-धाराओं, मूल्यों या परम्पराओं की टकराहटें तीखी होती हैं, तब नाट्य-चेतना का एक नवोन्मेष होता है—चाहे वह हूणों से आक्रान्त कालिदास का भारत हो, चाहे पूर्व से प्रथम बार भरपूर टकराता हुआ शेक्सपियर का इंग्लैण्ड हो, चाहे युद्धोत्तर विघटन से ग्रस्त सार्त्र का फ्रांस हो। जब अपेक्षाकृत स्थिरता होती है, या सांस्कृतिक विकास मन्थर होते-होते अवरुद्ध हो जाता है, तब सामाजिक सुखान्तकों का प्राधान्य हो जाता है।

पिछले पचास-सौ वर्षों के भारतीय पुनर्जागरण में कई सामाजिक स्थितियाँ समानान्तर चलती रही हैं। अपने आठ-नौ शताब्दियों के अवरुद्ध विकास को हमने एक शताब्दी से भी कम समय में पूरा करने का प्रयास किया है—कुछ सफल, बहुत-कुछ असफल। किस प्रकार इस उन्मेष ने, मूल्यों की इस टकराहट ने, प्राचीनता और जड़ता के साथ-साथ अधुनातन नवीनता के सह-अस्तित्व ने, हमारे आधुनिक नाटककार के युग-बोध या नाट्य-विधा को प्रभावित किया है, इसका कभी अध्ययन किया जाए तो बड़े दिलचस्प तथ्य मिलेंगे। दुर्भाग्य से हिन्दी नाटक को या तो समीक्षक मिले नहीं, या मिले तो ऐसे जिनमें इस उन्मेष को समझने की दृष्टि और इसे संस्कार देने की सामर्थ्य और धैर्य का नितान्त अभाव रहा है। एक सही सन्दर्भ में समुचित आकलन का अभाव हिन्दी नाट्य-लेखन का बहुत बड़ा दुर्भाग्य रहा है, क्योंकि चाहे हमारे नाट्य-लेखन की उपलब्धि सीमित रही हो, पर उसकी सम्भावनाएँ बहुत महत्त्वपूर्ण रही हैं।

भारतेन्दु ने नाटक को युग-सत्य से जोड़ने का सूत्रपात किया था, उसको एक विशिष्ट धरातल प्रसाद और उनके समवर्ती नाटककारों ने दिया। इतिहास की शक्तियों के घात-प्रतिघात, विश्व-चिन्तनाओं की टकराहट, राजनीति के अमानवीय साँचों में मानवीय मृदुता की छटपटाहट, व्यक्ति के अन्तरमन की परत-दर-परत गहराई—इन सबकी ओर हिन्दी नाट्य-लेखन को प्रसाद ने ही प्रवृत्त किया। उसी चेतना को विलोम में अति-नाटकीय और बहुधा अ-नाटकीय बनाकर लक्ष्मी नारायण मिश्र और उसे छायावादी गीति-तत्त्व से अतिशय भावुक बनाकर रामकुमार वर्मा ने नाटक लिखे। अश्क और भुवनेश्वर ने सामाजिक और पारिवारिक जीवन में मूल्यों की विसंगतियों को नये नाट्य-विधान में गुम्फित किया। ये दोनों बीच

की महत्त्वपूर्ण कड़ी हैं।

यहाँ तक आते-आते विकास का एक चरण पूरा हो चुका है, लेकिन कुछ है जो शेष है, जिसके बिना कुछ कमी महसूस होती है। किसी नये तत्त्व की प्रतीक्षा है जो इस निर्माण को पूरा करे, इसे अर्थ दे। और इसी समय आती है जगदीशचन्द्र माथुर की महत्त्वपूर्ण कृति, 'कोणार्क'। ध्यान से देखें तो अचरज होता है कि उसकी विषयवस्तु पर इस अपूर्ण स्थिति की प्रतीकात्मक छाप कितनी गहरी है। मन्दिर का निर्माण लगभग पूरा हो गया है। केवल शिखर की प्रतिष्ठा नहीं हो पा रही है। समस्या है पुराने शिल्पी और उसके अप्रतिष्ठित नये उत्तराधिकारी की। यह अत्युक्ति न होगी यदि हम कहें कि यहाँ से आधुनिक हिन्दी नाट्य-लेखन में समकालीनता का नया बोध अज्ञात रूप से प्रस्फुटित होने लगता है। इसके बाद लगभग दो पीढ़ियों का नाट्य-सृजन है जिसमें कई धरातलों पर कई प्रकार के प्रयोग हैं। केवल वैविध्य के उदाहरण के लिए चार नाम लीजिए : सत्येन्द्र शरत, विष्णु प्रभाकर, नरेश मेहता, लक्ष्मीनारायण लाल; और पद्य नाटकों में गिरिजा कुमार माथुर और दुष्यन्त कुमार। संकेतात्मक समकालीनता के प्रारम्भिक बिन्दु का एक उदाहरण 'कोर्णाक' था। इस छोर का उदाहरण लें—'आषाढ़ का एक दिन'। यहाँ न केवल नया शिल्पी, नया कालिदास मिल गया है, वरन् उसकी चर्चा भी होने लगी है। गाँव के बूढ़े मातुल भले उसकी कविताई की निन्दा करें, आलोचक जो ठहरे, लेकिन उज्जयिनी से राजपुरुष उसे बुलाने आते हैं। किन्तु जीवन के अन्त में पता चलता है कि राजनीति का वात्याचक्र ही इतिहास की वास्तविक गति नहीं। कला-सृजन की सार्थकता एक नये मानवीय यथार्थ को पहचानने में है।

ये दो उदाहरण शायद इस बात का कुछ आभास दे सकें कि सारी समस्याओं और अभावों के बावजूद हिन्दी का जो गम्भीर नाट्य-लेखन है, वह गहनता के आयाम की ओर बढ़ता रहा है। आवश्यकता थी कुछ ऐसे कल्पना-प्रवण निर्देशकों की जो इन कृतियों में निहित सम्भावनाओं को देख पाते और उसे साहसपूर्वक मंचीकृत करते। यदि यह सहयोग पूरा हो पाता तो पिछले बीस वर्षों में काफी मँजाव आता, कई त्रुटियाँ दूर होतीं। लेकिन दुर्भाग्य से एक ओर थी व्यवसायी रंगमंच की मनोवृत्ति, दूसरी ओर थी दलगत नाट्य-संघों की राजनीतिक ललकार, तीसरी ओर थीं अन्धा बाँटे रेवड़ी वाली अकादमियाँ आदि, या फिर थे विश्वविद्यालयों के उत्साही, लेकिन अनुभवहीन, साधनहीन रंगमंच।

इस घुटन को तोड़ते हुए खुली हवा का झकोरा विचित्र ढंग से आया इब्राहिम अल्काज़ी, श्यामानन्द जालान और सत्यदेव दुबे जैसे परिचालकों की ओर से, जो न केवल हिन्दी के तथाकथित केन्द्रों से दूर थे, वरन् हिन्दी की शास्त्रीय-समीक्षा परम्परा की जड़ता को अस्वीकारते थे। ये प्रयास चाहे जितने छोटे या सीमित रहे हों, लेकिन इन्होंने रंगमंच की बँधी-बँधायी मान्यताओं को ढहा दिया। इन्होंने हिन्दी

के गम्भीर नाट्य-लेखन पर अन-अभिनेयता के व्यापक आरोप को खण्डित किया और जैसा अल्काज़ी के 'अन्धा युग' के प्रदर्शन पर उत्साहित होकर हमारे लगभग एकमात्र जागरूक आधुनिक नाट्य-समीक्षक सुरेश अवस्थी ने लिखा था, "यह आशा लगने लगी कि एक दिन प्रसाद के नाटकों को भी उचित संशोधन के साथ रंगमंच पर लाने का सफल प्रयास कोई कर सकेगा।"

लेकिन यहाँ से स्थिति का एक दूसरा पक्ष भी स्पष्ट हुआ। अल्काज़ी, दुबे, जालान ने एक शुभ आरम्भ तो किया, लेकिन उसके बाद, अब...? स्तरीय नाट्य-लेखन में रंगमंच की सम्भावना निहित होती है, यह तो ठीक। लेकिन हिन्दी में स्तरीय नाट्य-लेखन है कितना कम ! और तब हमें पहली बार यह महसूस हुआ कि जैसे पिछले बीस वर्षों में स्तरीय नाट्य-लेखन की क्षीण, किन्तु साहसपूर्ण परम्परा किसी-न-किसी रूप में बनी रही, वैसे ही अगर उसके समानान्तर एक सचेत आधुनिक नाट्य-समीक्षा भी विकसित होती चलती तो नाटककारों और परिचालकों, दोनों को कितना लाभ होता ! क्योंकि परिचालकों या निर्देशक जब व्यावसायिक जनरुचि या राजनीतिक प्रचार वाले नाटकों को छोड़कर, साहित्यिक नाटकों की ओर आता है, तो वह जिस ढेर से टकराता है वह वस्तुतः ऐसी पाठ्य-पुस्तकों का ढेर है जो नाटक विधा के अन्तर्गत पाठ्यक्रमों में निर्धारित तो है, पर उस ढेर में से स्तरीय नाटक कितने हैं, यह विचारणीय है। पिछले पचीस वर्षों में हमारी समीक्षा क्या ऐसे मानदण्ड खोज पायी जिनके आधार पर न केवल साहित्यिक नाटक को व्यवसायी 'स्क्रिप्टों' से अलग किया जा सकता (?) बल्कि उससे भी अधिक आवश्यक यह था कि साहित्य के नाम पर आने वाले ढेरों नाट्य-साहित्य में से नाटक और अ-नाटक का चुनाव हो सकता। सही प्रयासों और प्रयोगों को समुचित प्रोत्साहन दिया जा सकता, साथ ही उनकी सीमाओं की ओर भी संकेत होता ताकि अगले कृतित्व में वे प्रौढ़तर होते चलते। और वे लोग जो नाटक के नाम पर साहित्यिक गुणों से सर्वथाहीन, पाठ्य-पुस्तकीय नाट्य-कृतियों का ढेर लगाते चल रहे हैं, उनको भी अपनी सही जगह मालूम हो सकती। लेकिन मुझे यह कहने में जरा भी संकोच नहीं है कि हमारे समीक्षक ने इस दिशा में आधुनिक नाट्य-लेखन के साहित्यिक और रंगमंचीय दोनों पक्षों के प्रति नितान्त अज्ञान का परिचय दिया है। आप उस समीक्षा-पद्धति को क्या कहेंगे जिसके अन्तर्गत सेठ गोविन्ददास का लेखन उत्कृष्ट नाट्य-लेखन करार दिया जाए और न केवल आलोचना और अध्यापन बल्कि अभिनन्दन का हकदार बन जाए, जबकि उसी पद्धति के अन्तर्गत, सत्येन्द्र शरत, नरेश मेहता, लक्ष्मीनारायण लाल और मोहन राकेश से लेकर जगदीशचन्द्र माथुर, अश्क और भुवनेश्वर तक उपेक्षित छूट जाएँ। मैं यह नहीं कहता कि इसमें समीक्षकों का कोई निहित स्वार्थ है। मैं केवल यही कह रहा हूँ कि उचित मानदण्डों का अभाव है। हम आदर किसी बात के लिए देना चाहते

हैं, हो कुछ जाता है। सेठ जी ने हिन्दी की सेवा के लिए जितना किया वह वस्तुतः अभिनन्दनीय है। लेकिन हिन्दी-सेवा के लिए यदि उनका अभिनन्दन हम नाटककार के रूप में करने लगेंगे तो डर है कि लोग कहीं उनकी हिन्दी-सेवा को नाटक न समझने लग जाएँ ! इस प्रकार के उत्साही समीक्षक बहुधा आदर को गलत सन्दर्भ में रखकर उसे अनादर बनाने की हास्यास्पद भूल कर जाते हैं। लेकिन इन चीजों से नाट्य-लेखन के क्षेत्र में और भी भ्रम पैदा होते हैं। मसलन, गोविन्ददास जी के ही जन्म-दिवस को नाट्य-दिवस मान लेने का भी आग्रह कतिपय समीक्षकों ने किया। पता नहीं, किन मानदण्डों के आधार पर भारतेन्दु या प्रसाद का लेखन इतना हीन साबित हुआ कि उन दोनों में से किसी का जन्मदिन नाट्य-दिवस के गौरव के अनुरूप नहीं माना गया। मुझ-जैसे लेखक, जो अभी लिखना सीख रहे हैं और समीक्षकों की वाणी का आदर करते हैं, यह सोचने लगेंगे कि मैं नाट्य-लेखन किससे सीखूँ–भारतेन्दु, प्रसाद, माथुर और भुवनेश्वर से या सेठ गोविन्ददास से ! वास्तव में जरा बारीकी से देखें तो आप पाएँगे कि यह समीक्षा, ऊपर से भले ही शास्त्रीयता का मुखौटा लगाये हो, उसका वास्तविक स्वरूप दिनोंदिन कुछ और ही होता जा रहा है। उसका सबसे अनिष्टकारी प्रभाव पड़ता है पाठ्यक्रम-निर्धारण और हिन्दी की उच्च कक्षाओं में नाट्य-साहित्य-शिक्षण के क्षेत्र में। साहित्यिक कसौटी पर मतभेद हो तो बात समझ में आ सकती है। लेकिन बहुधा पाठ्यक्रम-निर्धारण में नाटक की साहित्यिक उपलब्धि की बात गौण होने लगती है और गैर-साहित्यिक अशास्त्रीय सम्बन्ध-सूत्रों को प्रधानता मिलने लगती है। साहित्यिक नाट्य-लेखन के नाम पर ऐसी पुस्तकों का अम्बार लगने लगता है, जो वस्तुतः सिफारिश-युक्त लगी हुई या गैर लगी हुई, नाट्य-विधा में लिखी हुई पाठ्य-पुस्तकें मात्र होती हैं–नाटक नहीं। इस प्रकार की पुस्तकों से नाटक की जो धारणा हमारे छात्र वर्ग में जागती है वह तो दोषपूर्ण होती ही है, लेकिन उससे भी बड़ा दुष्परिणाम यह होता है कि कभी-कभी प्रथम श्रेणी के जागरूक भी ऐसी चीजें लिखने में प्रवृत्त होने लगते हैं जो कला के उच्च स्तर से मेल नहीं खातीं। लेकिन उन्हें लगता है कि पाठ्य-क्रम के लिए यह सब चल जाएगा। इस खतरे की बात केवल कल्पना-प्रसूत नहीं है।

अभी उस दिन मैं पाठ्यक्रम के लिए प्रस्तुत एक एकांकी संकलन देख रहा था। एक एकांकी की भाषा कुछ परिचित लगी। पढ़ने लगा। दृश्य यों प्रारम्भ होता था कि–आँगन है। आँगन में माँजने के लिए बरतन पड़े हुए हैं, नल के पास। बासन माँजने वाली प्रवेश करती है गाते हुए। गाना कोई फिल्मी नहीं, कोई बिरहा, चैती, कजली नहीं, शुद्ध साहित्यिक काव्य ! पढ़कर अभिभूत हो गया। कुतूहलवश नाटककार का नाम देखा। आँखों को विश्वास न हुआ। ऐसा नाम जो आधुनिक बोध और नये कृतित्व के शीर्षस्थ नामों में से एक है। बड़ी देर तक परेशान रहा

कि पाठ्यक्रम-लालसा हमारे नाट्य-लेखन को कहाँ ले जाएगी ? फिर अपने मन को समझाया, कि भाई, आखिर यह वह देश है जहाँ मण्डन मिश्र के द्वार टँगी मैना मीमांसा-विवेचन किया करती थी—'स्वतः प्रमाणं परतः प्रमाणं कीरांगना यत्र गिरां गिरन्ति !' अगर पुरातन बोध की मैना संस्कृत में बहस कर सकती है, तो क्या आधुनिक बोध वाली नयी कविता की बासन माँजने वाली नायिका (अर्थ की न सही) नल की लय पर काव्य-गायन भी नहीं कर सकती !

वैसे इस संकलन की भूमिकाओं में संकलित नाटकों के अच्छेपन की व्याख्या करते हुए कहा गया है कि 'नाटक आधुनिक प्रवृत्तियों का या अन्यतम प्रवृत्ति का प्रतिबिम्ब हो...सुरुचिपूर्ण हो, सुपाठ्य भी हो और अभिनेय भी। विशेषकर शिक्षालयों की या अन्य नाट्य-समितियों द्वारा अभिनय किये जाने के लिए उपयुक्त भी।' लेकिन संकलित कृतियों में से जगदीशचन्द्र माथुर के 'भोर का तारा' तथा लक्ष्मीनारायण मिश्र के 'एक-दिन' के अलावा शेष एकांकियों में इसका कितना निर्वाह हुआ है, यह विचारणीय है। सच तो यह है कि इन दो के अलावा शेष रेडियो-रूपक हैं जिनमें एक-आध में बरायनाम कुछ मन्त्र-निर्देश जोड़ दिये गये हैं, और बाकी तो जल्दबाजी में वैसे ही छाप दिये गये हैं जैसे वे प्रसारित हुए थे। फिर विद्वान् सम्पादक और नाटककार ने भूमिका में बल देकर कहा है : 'नाटक सबसे पहले मंच पर दृश्याभिनय के ही लिए लिखा जाना चाहिए !' आप पूछ सकते हैं कि इस असंगति का क्या कारण है। लेकिन यदि इस असंगति के बावजूद वह पाठ्यक्रम में लग जाता है और बिक जाता है तो संकलनकर्ता का श्रम सार्थक हो गया। रंगमंच और नाटक का कुछ बने या न बने, उससे क्या ?

इस स्थिति में कुछ सुधार होना जरूरी है क्योंकि इसका सीधा प्रभाव विद्यालयों की नाट्य-चेतना पर पड़ता है। मैं उन लोगों से सहमत नहीं हूँ जो निराश हो चुके हैं कि अध्यापक वर्ग या विद्यालय अब जड़ होकर अश्मीभूत हो चुके हैं। मैं मानता हूँ कि हिन्दी में पिछले बीस वर्षों में जो सशक्त लेखन और नव-समीक्षा आयी है, उसके काफी बड़े अंश पर विश्वविद्यालय की छाप है। आज भी हिन्दी का सर्वश्रेष्ठ मौलिक सृजन और समीक्षात्मक चिन्तन विश्वविद्यालयों से बहुत दूर नहीं है। हाँ, उस पर एक वर्ग ऐसा अवश्य हावी है जो पुरातन है और सच्चे साहित्यिक मूल्यों से दूर है, लेकिन भविष्य तरुण और नये बोध वाले अध्यापक वर्ग के हाथ में है। अगर वे अपने विभागों को सही नाट्य-चेतना के प्रति जागरूक करें तो बहुत बड़ा काम हो सकता है। यह कहा जाता है कि हमारा दर्शक-समुदाय गाँवों से लेकर महानगरों तक फैला हुआ है। हमारे विश्वविद्यालयों और सम्बन्धित महाविद्यालयों की भी अब हिन्दी-भाषी क्षेत्रों में बहुत छोटे कस्बों से लेकर महानगरों तक एक शृंखला बन गयी है। वे हमारे नाटककार के लिए एक व्यापक सम्पूर्ण-सूत्र का माध्यम क्यों नहीं बन सकते ? दूसरी भारतीय भाषाओं में ऐसे सांस्कृतिक वितानों का आश्रय नाटक और

रंगमंच के विकास के लिए लिया जा चुका है। बंगाल में दुर्गापूजा छोटे गाँवों से लेकर महानगर तक, और महाराष्ट्र में गणपति-उत्सव व्यापक पैमाने पर नाटककार के लिए विराट् दर्शक-समुदाय तैयार कर सके हैं। हमारे विश्वविद्यालय और सम्बन्धित विद्यालय भी यह कार्य क्यों नहीं कर सकते ?

दूसरी भारतीय भाषाओं की बात आयी तो एक बात मैं डरते-डरते कहना चाहता हूँ। बँगला में शम्भु मित्र या मराठी में पु.ल. देशपाण्डे, कन्नड़ में आद्यरंगाचार्य या अन्य वैसे ही लोग जो स्तरीय नाट्य-लेखन को सुरुचिपूर्ण लोकप्रियता दे पाये हैं, वे तो निस्सन्देह अभिनन्दनीय हैं, उनसे हमें जरूर सीखना चाहिए, पर बहुत-सी नाट्य-परम्पराओं की लोकप्रियता की रवायतों से हमें ख्वामख्वाह आक्रान्त होने की कोई जरूरत नहीं दीखती। मैं तो नाट्य-विधा के जिज्ञासु विद्यार्थी की तरह खोजता फिरा हूँ, अकसर निराशा हाथ आयी है। तमिल में शिवाजी गणेशन के नाटकों का बड़ा शोर सुना था। बिलकुल देवता की तरह पूजित है वह व्यक्ति। मगर उसका नाटक देखा तो अचरज हुआ कि इतनी तड़क-भड़क, चीख-चिल्लाहट, गाना और तलवारबाजी अब पढ़े-लिखे दर्शक कैसे बरदाश्त करते हैं। इसी प्रकार सरकार द्वारा उपाधि-प्रदत्त पद्मश्री आदि मर्जबान के नाटक मेरे मुहल्ले में ही होते हैं। विश्वास कीजिए कि हिन्दी का जो पाठक हरिशंकर परसाई, अमृतलाल नागर या श्रीलाल शुक्ल के हास्य का आस्वादन कर चुका है, वह आदि मर्जबान के नाटक से सिरदर्द लेकर लौटेगा। वैसे रंगमंच और उनसे सम्बद्ध नाट्य-लेखन हिन्दी में नहीं है, यह हमारा दुर्भाग्य नहीं सौभाग्य है ! हम एक स्वस्थ शुरुआत तो कर सकते हैं।

भाषा-सम्बन्धी एक क्रान्तिकारी परिवर्तन अनजाने में ही होता रहा है जिसका लाभ आज नाट्य-लेखक सुविधा से उठा सकता है। भाषा को संस्कार तब मिलता है जब वह काव्य-भाषा के रूप में भलीभाँति प्रयुक्त हो ले ताकि हर शब्द को समुचित अर्थ-विकास मिल जाए। खड़ी बोली को पूर्ण परिष्कार नहीं मिल पाया था। अतः प्रारम्भ में गम्भीर विचार वाले शब्द बहुधा अपनी क्षमता से अधिक बोझ लादे हुए, लड़खड़ाते, हाँफते हुए लगते थे। (मसलन लक्ष्मीनारायण मिश्र की भाषा में)। या वे गद्य में प्रयुक्त होने पर भी कविता की छायावादी 'फैन्सी-ड्रेस' सज्जा का आभास देते थे—कुछ खोये-खोये, रहस्य में डूबे-डूबे, वर्तमान से असंगत से। दूसरी ओर, जहाँ केवल गद्यात्मकता थी वहाँ भी एक निष्प्राणता थी, क्योंकि नाटक अन्ततोगत्वा कविता की सबसे निकटतम विधा है।

लेकिन पिछले पन्द्रह वर्षों में नयी कविता के व्यापक आन्दोलन ने भाषा को मुक्ति दी है। बोलचाल की भाषा—जो सहज होते हुए भी छिछली नहीं है और काव्यात्मक होते हुए भी सज्जित, अलंकृत, बनी-ठनी नहीं। इस भाषा की व्यापक मुक्ति वास्तव में बच्चन और दिनकर से प्रारम्भ हुई थी, जिसकी प्रक्रिया नयी

कविता में आकर पूर्ण हुई। अब यह वह भाषा है जो हमारे नाट्य-लेखन को, संवादों की वह प्रामाणिक जीवन्तता दे सकती है, जिसके लिए पिराण्डेलो ने कहा था कि हमारे शब्द न कठिन हैं न आसान, वे बस ऐसे हैं जिनका उपयोग अनिवार्य है, जिनके अलावा कोई अन्य शब्द उस स्थिति में उस भाव को व्यक्त नहीं कर सकते।

सौभाग्य से आज के मंच-विधान की दिशा भी इसी भाषा के अनुकूल है। वह उन्नीसवीं सदी के उत्तरार्द्ध का यथार्थ-प्रकृतिवाला रंगमंच विधान (खिड़की का एक पल्ला आधा खुला है, ऊपर रखी टाइमपीस आभास दे रही है कि इस घर का मालिक विक्टोरियन रुचि का है, नीचे जाला लगा है जिससे मालूम होता है कि कमरा पन्द्रह दिन से बन्द था, आदि-आदि)—अब अनावश्यक लगने लगा है। लोक-नाट्यों से लेकर आधुनिकतम सांकेतिक मंच-विधान तक एक बड़ा विशाल क्षेत्र है। उसमें से हम क्या लें, क्या नहीं, इसका कोई बँधा हुआ निर्देश नहीं हो सकता। यह तो सदा एक प्रथम कोटि के प्रतिभाशाली लेखक की अन्तर्दृष्टि और प्रयोग-क्षमता पर निर्भर होता है।

यदि नाटक में एक झूठी पाठ्यक्रमीय साहित्यिकता नहीं, वरन् वास्तविक कलात्मक नाट्य-गुण है, तो कल्पनाशील परिचालक के लिए वह समस्या नहीं बनता, साहसपूर्ण प्रयोग का सन्तोष देनेवाली एक चुनौती बन जाता है। समानधर्मा निर्देशक और अभिनेता से मिले हुए सुझाव भी नाटककार के लिए बहुत सहायक होते हैं।

निस्सन्देह नाटक एक सहकारी कला है, लेकिन वह सहकारिता उसी लेखक और परिचालक में सम्भव हो पाती है जहाँ बुद्धि और प्रतिभा, सुरुचि और कला-संस्कार की पूँजी समान हों।

आधुनिक चेतना और रचनात्मक दृष्टि के धरातल समानधर्मा नाटककार, निर्देशक और अभिनेता का मिलन एक बड़ा संयोग है। हम इस समय हिन्दी साहित्य के एक बहुत महत्त्वपूर्ण मोड़ पर खड़े हैं, जहाँ कविता, कहानी और समीक्षा की समस्याओं पर तो बात चल रही थी, लेकिन नाटक-जैसी इतनी महत्त्वपूर्ण विधा के सम्बन्ध में समुचित विचार नहीं हो पा रहा था। 'अनामिका' ने यह कठिन ऐतिहासिक दायित्व निबाहा, इसके लिए मैं, एक नाटक-लेखक, हृदय से कृतज्ञता का अनुभव करता हूँ।[1]

❑

1. 'अनामिका' द्वारा आयोजित अखिल भारतीय हिन्दी नाट्य-महोत्सव में पठित।

भाषा का प्रश्न और कुछ बुद्धिजीवियों का रुख

किसी भी जाति, किसी भी राष्ट्र के इतिहास में पराजय का क्षण अकसर मार्मिक वेदना और बहुत गहरी अकुलाहट का क्षण होता है। और यदि हम यह जानें कि हम सही उद्देश्य के लिए लड़ रहे थे, हमारे साधन दूषित नहीं थे, हमारे प्रतिपक्षी सत्य से विमुख और आत्मबल से हीन थे, तब भी पराजय हमारी हुई है तो पराजय की यन्त्रणा दुगुनी हो जाती है। और कहीं इसके साथ यह स्थिति भी जुड़ जाए कि जिन पर हमारा भरोसा था, जिन्हें हमने गहन विश्वास और आदर से अपने अभियान के समस्त सूत्र सौंप दिये थे, अपना प्रतिनिधि मानकर जिन्हें अपनी ओर से निर्णय लेने के लिए अधिकार हमने दे रखे थे, उन्होंने बिना हमारी क्षमता जाँचे, बिना हमारे आत्मबल को परखे, हमारे प्रतिपक्षी से हाथ मिलाकर असत्य के प्रति आत्मसमर्पण कर दिया—हमें सत्य की ओर से लड़कर अपनी शक्ति आजमाने का मौका देने के पहले ही हमारी पराजय घोषित करा दी—तो अपमान की एक गहरी कडुवाहट इस यन्त्रणा को हजार गुना तीखा बना सकती है। इसलिए और भी कि हिन्दी के प्रति यह विश्वासघात उनकी ओर से आया है जो हमारे अपने होने का दावा करते नहीं थकते थे।

इतिहास में ऐसे विश्वासघातों की सूची बहुत लम्बी है। बहकाव में आकर अपने पैगम्बर को बेच देनेवाले जूडास से लेकर सत्ता के लोभ में गजनी को पुनः आमन्त्रण देने वाले जयचन्द तक। लेकिन हिन्दी के प्रति संसद में किये गये विश्वासघात में मानो जूडास और जयचन्द दोनों की पद्धतियाँ संयुक्त हो गयी थीं। जूडास ने विश्वासघात का तरीका चुना था चुम्बन। वह ईसा के मस्तक पर आदर का चुम्बन अंकित करेगा ताकि षड्यन्त्रकारी पहचान जाएँ कि यही है वह जिसे सलीब पर चढ़ाना है। जयचन्द ने एक विदेशी योद्धा को बुलाया था ताकि वह अपने लिए और सत्ता बटोर सके। (यह बात दीगर है कि उसे अपनी सत्ता भी गँवानी पड़ गयी थी।) हिन्दी के प्रति जिन लोगों ने इस विश्वासघाती विधेयक का

आयोजन किया, उन्होंने शुरुआत की जूडास की चुम्बन-पद्धति से। अभी शायद वे वाक्य लोगों को भूले नहीं होंगे जो विधेयक पेश होने के कुछ ही पहले हिन्दी के एक बड़े आयोजन में कहे गये थे :"मैं हिन्दी का ही पक्षधर हूँ। विश्वास कीजिए, मेरे हाथों हिन्दी का अहित नहीं होने का।" मद्रास से लेकर दिल्ली तक विधेयक बनानेवालों की दौड़ लग रही थी, और हर जगह हिन्दी के मस्तक पर आदरसूचक चुम्बन अंकित किया जा रहा था लेकिन अन्दर-अन्दर तैयार हो रहा था वह विधेयक जिसके द्वारा विदेशी शासक की भाषा को फिर बुलाकर हम पर अनिश्चित काल तक लादने की जयचन्दी योजना बन रही थी, ताकि हिन्दी का बलिदान कर एक टूटती हुई सत्ता को किसी तरह बटोरकर रखा जा सके। मुँह में हिन्दी-स्तुति, बगल में अँगरेजी लादो विधेयक का प्रारूप। पद्धति जूडास की, इरादे जयचन्द के !

चोट जब पराये हाथों से आती है तो आहत जाति क्रोध में भरकर तुरत प्रतिशोध के लिए उठ खड़ी होती है। मगर जब चोट करने के लिए अपनों ही के हाथ उठे हों तब बड़े से बड़ा शक्तिशाली व्यक्ति किंकर्त्तव्यविमूढ़ हो उठता है। ये द्रोण हैं जिन्होंने हमें शस्त्र उठाने की शिक्षा दी, ये भीष्म हैं जो नीति के ज्ञाता हैं, ये हमारे स्वजन हैं—हम इन्हीं के निर्देशित किये रास्ते पर बढ़ते रहे—फिर आज क्या हो गया कि असत्य, फरेब, राष्ट्रघात, मानसिक ग़ुलामी, सांस्कृतिक पतन और राजनीतिक अनाचार का पक्ष लेकर ये व्यूह बाँधकर हमारे सामने आकर खड़े हो गये हैं—शंख बजाकर घोषित करते हुए कि तुम्हारे सत्य को, तुम्हारी भाषा को, तुम्हारी स्वाधीन चेतना को हमने व्यूह बाँधकर कुचल दिया, बोलो अब ?

'बोलो अब ?' का यह सवाल न केवल हिन्दी-जगत् वरन् समस्त देश में भारतीय भाषाओं के बोलनेवालों और उन्हें प्यार करने वालों के समक्ष इस तानाशाही युग से प्रस्तुत किया गया है कि सारे देश के जनतन्त्रात्मक राष्ट्रप्रेमी तत्त्व सचमुच किंकर्त्तव्यविमूढ़ हो गये हैं। प्रश्न यह है कि अब क्या किया जाए ?

❑

"प्रश्न यह है कि अब क्या किया जाए ? हमारे सामने तीन विकल्प हैं—असहयोग, संघर्ष और सहयोग। असहयोग का अर्थ यह है कि शासन से अत्यन्त विनयपूर्वक निवेदन किया जाए कि राजभाषा का पद हिन्दी के लिए बड़ा महँगा पड़ रहा है, उसे अब इस गौरव-भार से मुक्त किया जाए। इस विकल्प का प्रमुख दोष यह है कि ऐसे असहयोग से एक प्रकार का गतिरोध उत्पन्न हो जाएगा, जिसका पूरा लाभ अँगरेजी को मिलेगा। हिन्दी के स्थान पर तमिल या बांग्ला या कोई भी भारतीय भाषा सामने आती तब तो बात बन जाती, किन्तु प्रतिस्पर्द्धा तो अँगरेजी

से है जो पहले से विद्यमान है—अतः हिन्दी के खाते में जितना भी नफा होगा वह सब अँगरेजी के खाते में जमा हो जाएगा। संघर्ष का अर्थ गाँधी का यह सत्याग्रही देश अच्छी तरह जानता है। किन्तु इस मार्ग के खतरे और भी बड़े हैं। एक तो आपातस्थिति अभी बनी हुई है, इसलिए यह समय शक्ति-समन्वय तथा शक्ति-संचय का है और अन्तःसंघर्ष में, चाहे वह कितना भी न्याय एवं शान्तिमय क्यों न हो, राष्ट्र-शक्ति का ह्रास अनिवार्य है। दूसरे, संघर्ष का रूप—आप चाहे लाख प्रयत्न करें—राजनीतिक हुए बिना रह नहीं सकता और हिन्दी का प्रश्न दलगत राजनीति के दल-दल में अगर एक बार भी फँस गया तो फिर उसका उद्धार नहीं हो सकता। हिन्दी की राष्ट्रीय परम्पराएँ अत्यन्त उज्ज्वल और निष्कलंक रही हैं। आक्रोश या प्रतिशोध की भावना के वशीभूत होकर हमें कोई कार्य ऐसा नहीं करना चाहिए जिनसे उन पर धब्बा लगे। तीसरा विकल्प है सहयोग, जिसका अर्थ यह है कि उत्तेजना और आक्रोश को त्याग विवेकपूर्वक रचनात्मक पद्धति का अवलम्बन किया जाए—अर्थात् अतीत की विफलताओं का विश्लेषण और उनके लिए उत्तरदायी व्यक्तियों अथवा अभिकरणों की छानबीन करने के स्थान पर वर्तमान तथा भावी विकास-योजनाओं पर ध्यान केन्द्रित किया जाए। इसके लिए यह विश्वास करना होगा कि शासन वास्तव में आगामी दस-बारह वर्षों में हिन्दी के लिए सम्यक् उद्योग करना चाहता है और हमें भी उसके आश्वासनों का उसी आग्रह के साथ लाभ उठाना होगा जिस आग्रह के साथ हिन्दी के विरोधियों ने अँगरेजी-विषयक आश्वासन का लाभ उठाया है। मैं समझता हूँ कि वर्तमान स्थिति में सक्रिय सहयोग का यह मार्ग बुरा नहीं रहेगा—कम-से-कम एक बार आजमाने में कोई हर्ज नहीं है। मेरी अपनी धारणा है कि शासन ने जहाँ सही या गलत ढंग से—यह अनुभव किया है कि अभी देश हिन्दी को एकमात्र राजभाषा के रूप में ग्रहण करने के लिए तैयार नहीं है, वहाँ उसे इस बात का भी विश्वास हो गया है कि हिन्दी के विकास के लिए उचित व्यवस्था नहीं हुई और अब इस दोष का परिमार्जन करना ही होगा। हमें शासन की इस मनःस्थिति का लाभ उठाना चाहिए और जनता तथा शासन दोनों के सहयोग से आगामी दस-बारह वर्षों में योजनाबद्ध कार्य करना चाहिए, राजकीय योजनाओं में सक्रिय योगदान करना चाहिए और उधर जनता के सहयोग तथा सार्वजनिक संस्थाओं के माध्यम से अपनी योजनाएँ तैयार कर शासन का सहयोग प्राप्त करना चाहिए। इससे निश्चय ही लाभ होगा—आज की परिस्थिति को देखते हुए यही मार्ग सर्वश्रेष्ठ है।''

इस अत्यन्त संकटपूर्ण स्थिति में जब कुछ आवाजें मर्माहत होकर खामोश हो गयी हैं, कुछ के स्वर में आक्रोश है किन्तु कोई रचनात्मक सुझाव नहीं, ऐसे समय में हिन्दी अध्यापकों की अखिल भारतीय परिषद् के अध्यक्ष का यह वक्तव्य न केवल महत्त्वपूर्ण है वरन् प्रथम बार यह इस संकट से उपजी प्रतिक्रियाओं और

मनोवृत्तियों का एक सम्यक् लेखा-जोखा प्रस्तुत करने का प्रयास करता है। यह लेखा-जोखा आवश्यक भी है क्योंकि जनतन्त्र के सारे बुनियादी सिद्धान्तों की अवहेलना कर, विधान तक की उपेक्षा कर अँगरेजी को जिस ढंग से लाद दिया गया है, उससे बड़ी नाजुक और विस्फोटक स्थिति पैदा हो गयी है। इसमें जो भी कदम उठाया जाए वह बहुत सोच-समझकर। भावावेश या आक्रोश-मात्र हमारे लक्ष्य की पूर्ति में सहायक नहीं हो सकते, यह बिलकुल सही बात है। लेकिन यह भी सही है कि मिथ्या चिन्तन, या झूठे तर्क या अस्वस्थ मनोवृत्तियाँ भी उतनी ही नुकसानदेह हो सकती हैं। असहयोग और संघर्ष की मनोवृत्ति को हानिकर बताते हुए जिस प्रकार के सहयोग को इस वक्तव्य में एकमात्र रास्ता बताया गया है उस रास्ते पर बढ़ने के पहले जरा उस सहयोग की सैद्धान्तिक नींवों की भी जाँच कर लेना जरूरी है ताकि हमारा अगला कदम हर तरफ से पुख्ता हो—कहीं भी झूठा न पड़े।

जाँच कर लेना इसलिए भी जरूरी है कि अभी-अभी हम इतिहास के एक ऐसे दौर से गुजर चुके हैं जब इस देश में निहित स्वार्थ और मानसिक कायरता से लबालब भरा एक पूरा सम्भ्रान्त वर्ग ऐसा था जो हर प्रकार से सत्य, स्वाभिमान, राष्ट्रीय भावना, जन-जागरण को एक कोने में रखकर निरन्तर यह आवाज लगाता था कि संघर्ष व्यर्थ है, सरकार से सहयोग करके उसकी कृपा से जो कुछ मिले वह ले लो। इसके अतिरिक्त और कोई रास्ता नहीं। अपना नहीं तो बाल-बच्चों का भविष्य तो देखो। सहयोग के झण्डाबरदार, अमन सभाओं के वे कुछ रायसाहबान और रायबहादुरान शायद मर चुके हों—लेकिन देखना यह है कि इस विश्वासघात की वेला में भी सहयोग के आह्वान में कहीं वही रायबहादुरी की अमनसभाई मनोवृत्ति अपना रूप बदलकर साहित्य के क्षेत्र में तो फिर से जन्म नहीं ले रही है ? या यह सचमुच ही स्थिति का सही निरूपण है और एकमात्र श्रेयस्कर पथ है ?

जाहिरा तौर पर इस वक्तव्य में कही गयी बातें बड़ी बेलौस और तर्कसम्मत लगती हैं। इसे 'एकमात्र पथ' 'सरकार के समर्थन और सहयोग' के दो आधार बताये गये हैं। सैद्धान्तिक आधार तो यह कि हिन्दी की राष्ट्रीय परम्परा बड़ी उज्ज्वल और निष्कलंक रही है—हिन्दी के प्रश्न को दलगत राजनीति के दलदल में नहीं फँसने देना चाहिए। संघर्ष किया गया तो उसके राजनीतिक दलदल में फँसने की आशंका है और फिर उस दलदल से उसका उद्धार सम्भव नहीं।

इस सैद्धान्तिक आधार के अलावा सहयोग का भावनात्मक आधार यह बताया गया है कि हमें विश्वास करना होगा कि शासन वास्तव में आगामी दस-बारह वर्षों में हिन्दी के लिए सम्यक् उद्योग करना चाहता है। उसे विश्वास हो गया है कि हिन्दी के लिए पिछले वर्षों में उचित व्यवस्था नहीं हुई और अब सरकार अपनी

भूल सुधारना चाहती है।

सैद्धान्तिक आधारों की बात तो बाद में होगी, पहले सवाल उठता है कि जिन भावनात्मक आधारों की ओर इस वक्तव्य में संकेत किया गया है, उनका प्रमाण क्या है ? हम क्यों और कैसे विश्वास कर लें कि जिस सरकार ने पन्द्रह वर्ष पहले विधान में हिन्दी को राजभाषा स्वीकार किया था और यह दायित्व लिया था कि वह उसे राजभाषा के योग्य बनने में पूरी सहायता देगी, उसने पन्द्रह वर्ष हिन्दी की प्रगति में अड़ंगा डालने में, अँगरेजी के हाथ मजबूत करने में और अन्त में विधान तक की उपेक्षा कर अँगरेजी को हमारे सिर पर लादने में जरा भी संकोच नहीं किया, क्या वही सरकार फिर हिन्दी के विकास का आश्वासन देकर अगले पन्द्रह सालों में अपने पिछले अनुभवों से और पुष्ट होकर हिन्दी का रहा-सहा उन्मूलन करने में प्रवृत्त न होगी ? कौन-सी ऐसी नयी बात है जिससे हिन्दी के सम्बन्ध में सरकार के प्रति हममें नया विश्वास जाग उठे ? हिन्दी के सम्बन्ध में दिये जाने वाले आश्वासन ? पर क्या ये, बल्कि इनसे भी ज्यादा बड़े आश्वासन आज से पन्द्रह साल पहले नहीं दिये गये थे ? इतनी दूर जाने की क्या जरूरत ? क्या अभी-अभी विधेयक प्रस्तुत करने के पहले 'हिन्दी का अहित मुझसे न होगा' के आश्वासन नहीं दिये गये थे ? क्या अभी-अभी विश्वास करने का मीठा फल हमने नहीं चखा है ? फिर विश्वास उन्हीं पर ? क्यों ? आखिर किस आधार पर ?

वक्तव्य में कहा गया है कि सरकार ने दोष का परिमार्जन करने का निश्चय किया है। लेकिन हम यह जानना चाहते हैं कि सरकार ने अपना दोष स्वीकारा कब ? उसने कब यह कहा कि 'हिन्दी जब अपनी सहज गति से विकास कर रही थी तब हमने या हमारे कई मिनिस्टरों और अफसरों ने पन्द्रह साल तक सिर्फ इस बात की तनख्वाहें लीं कि वे हिन्दी की प्रगति में रोड़ा अटकाते रहें ?' उलटे निर्लज्जतापूर्वक अपना दोष हिन्दी के माथे मढ़ा-गढ़ा गया। यही नहीं, हर तरह से हिन्दी के विकास को बाधित कर हमारी सरकार के अगुआ ने हिन्दी-भाषियों को 'स्टुपिड' तक कहने का दुस्साहस किया। क्या यह दोष-स्वीकार की भाषा है ? प्रजातन्त्र में दोष-स्वीकार का अर्थ होता है अपनी असमर्थता स्वीकार करना और इस्तीफा देकर अलग हो जाना। क्या प्रधानमन्त्री या गृहमन्त्री—या जो भी इस अकर्मण्यता के लिए जिम्मेवार हो, उसने इस्तीफा दिया ? हुआ यही कि जो दोषी हैं वे तो अपने पद से चिपके रहे और जिस हिन्दी के खिलाफ अपराध हुआ, दण्ड भी उसी को दिया गया, उस पर अँगरेजी लादकर। हम सिर्फ यह जानना चाहते हैं कि सरकार की इन करतूतों में उस दोष को स्वीकार कर आगे उसका परिमार्जन करने के आश्वासन की सच्चाई का आभास कहाँ मिला जिस पर विश्वास करने का सत्परामर्श इस वक्तव्य में दिया गया है। सरकार ने क्या कभी ऐसा कुछ खुलेआम स्वीकारा ? यदि नहीं तो सरकार की यह वकालत किस आधार पर

वक्तव्य में की गयी है ?

जिसने अभी-अभी खुल्लमखुल्ला विश्वासघात किया है उसी के लिए फिर आँचल पसारकर विश्वास की भीख माँगना, एक बहुत भद्र और क्षमाशील हृदय की प्रतिक्रिया भी हो सकती है और एक अत्यन्त जड़, स्वाभिमानहीन, स्वार्थान्ध सरकारपरस्त मन की कुटिल गति भी। इस वक्तव्य में सरकार की यह निराधार वकालत कौन से मन की उपज है—इसकी जाँच फिलहाल छोड़ दीजिए। जो समस्या हमारे सामने इस समय प्रस्तुत है उसमें उतना ही समझ लेना काफी है कि सहयोग का यह भावनात्मक आधार बिलकुल खोखला है। पिछले पन्द्रह सालों में हिन्दी के मामले में इस सरकार का रुख प्रतिकूल रहा है और इस विधेयक के दौरान में इसका जो रूप प्रकट हुआ, उसने हिन्दी के मामले में इस रुख को हमारे विश्वास के सर्वथा अयोग्य सिद्ध कर दिया है। निजी तौर पर अपनी किसी भी नीति के अन्तर्गत यह सरकार हिन्दी-क्षेत्र के किसी व्यक्ति को विश्वास दे रही हो और उससे किसी मूल्य पर कोई विश्वास पा रही हो--यह एक दीगर बात है। उसमें हमें कुछ नहीं कहना। यहाँ तो सवाल एक समूचे प्रजातन्त्र के प्रसंग में एक सार्वजनिक विश्वास जगाने का है। ऐसी स्थिति में किसी एक व्यक्ति की निराधार वकालत मात्र से कोई सरकारी नीति सार्वजनिक विश्वास के योग्य कैसे हो जाएगी ?

लेकिन खैर, मान लीजिए कि भावात्मक आधार नहीं सही, अगर सैद्धान्तिक आधार ठीक है तो भी एक रास्ता निकल सकता है। वक्तव्य में कही गयी यह बात नितान्त उचित प्रतीत होती है कि राजनीतिक दलदल में हिन्दी का उलझना ठीक नहीं। कहा गया है कि संघर्ष उसे अनिवार्यतः राजनीतिक दलदल में फँसा देगा लेकिन प्रश्न यह है कि सरकार के प्रति सहज मन से विश्वास और उसकी योजनाओं के प्रति सम्पूर्ण सहयोग (संघर्ष या असहयोग को पूर्णतया वर्जित कर) क्या दलगत राजनीति की दलदल से हिन्दी को पृथक् रखने में समर्थ है ? जरा बारीकी से जाँचिए तो यह तर्क भावनात्मक आधार वाले तर्क से भी ज्यादा खोखला निकलता है।

नागरिकशास्त्र की प्रारम्भिक कक्षाओं का विद्यार्थी भी यह जानता है कि प्रजातान्त्रिक पद्धति में सरकार दलगत राजनीति से पृथक् कोई वस्तु नहीं, वह तो दलगत राजनीति की चरम परिणतिमात्र होती है। यदि सत्ता के सन्दर्भ में सोचा जाए तो सत्तारूढ़ दल और विरोधी दल एक ही सिक्के के दो पहलू हैं। जो विरोधी दल जीत जाता है वह सत्तारूढ़ होकर सरकार बन जाता है और जो सरकार हार जाती है वह सत्ताच्युत होकर विरोधी दल बन जाती है। इसलिए यह एक मिथ्या भ्रान्ति है कि संघर्ष के क्षेत्र में प्रवेश कर विरोधी दलों का समर्थन पाकर हम राजनीतिक दलदल में प्रवेश करते हैं और सरकार को सहयोग देकर हम राजनीतिक दलदल से मुक्त रहते हैं। वास्तविकता यह है कि जब हम सरकार को सहयोग

देते हैं तब भी हम एक राजनीतिक दल को ही सहयोग दे रहे हैं। यह बात दूसरी है कि वह दल इस समय सत्तारूढ़ है। उसका सत्तारूढ़ होना उसकी 'दलगत राजनीतिक दलदल' को रंच मात्र कम नहीं करता, कुछ अंशों में उस दलदल को और भी लिसलिसा, चिपकाऊ, गन्दा और खौफनाक बना देता है। क्योंकि हमारे जैसे अविकसित प्रजातन्त्र में सत्तारूढ़ दल पर विरोधी दलों या स्वतन्त्र जनमत का वैसा अंकुश नहीं रहता जैसाकि अन्यत्र सम्भव है। अतः यहाँ कितने ही गैरजनतान्त्रिक तरीकों से सत्तारूढ़ दल अपने राजनीतिक दलदल को और भी जहरीला बना लेता है।

ऐसी स्थिति में तमाम घोषित सिद्धान्तों को बलाए-ताक रखकर बहुधा सत्तारूढ़ दल अपनी समस्त नीतियाँ इस दृष्टि से निर्धारित करता है कि जैसे भी हो वह अपनी सत्ता बचाये रख सके। आज के वायदे कल बदलने पड़ें, आज की घोषणाएँ कल बदलनी पड़ें, यहाँ तक कि आज के विधान की धाराएँ कल बदलनी पड़ें तो भी सत्तारूढ़ दल को संकोच नहीं होगा क्योंकि सत्ताग्राही राजनीति का यही तकाजा है। ऐसी सरकार की भाषा-सम्बन्धी नीति भी इसका अपवाद नहीं होगी। वह भी उसकी दलदल नीति का, उसके सत्ता-संग्रह के कार्यक्रम का ही एक अंश होगा। जहाँ सत्ता संग्रह के लिए हिन्दी के पक्ष की बात करना जरूरी है, वहाँ हिन्दी की बात करो, लकिन जहाँ सत्ता-संग्रह के लिए हिन्दी का वध जरूरी है वहाँ बेझिझक हिन्दी को जिबह करो। उसके लिए हिन्दी अभीष्ट नहीं है, उसके लिए तो अपनी कुरसी और अपना ताज अभीष्ट है। वह हिन्दी की वही योजनाएँ चाहेगी, उतनी ही सीमा तक चाहेगी, उसी ढंग से चाहेगी, उसी दिशा में चाहेगी जो उस सत्तारूढ़ दल की शक्ति, गरिमा, लोकप्रियता और स्थायित्व को बढ़ा सके। जब हम सदल-बल, आँख मूँदकर, विश्वास कर, उस सत्तारूढ़ दल को समर्पणपूर्ण सहयोग देना ही एकमात्र पथ मान लेते हैं और किसी भी प्रकार के संघर्ष को वर्जित कर देते हैं तो क्या सचमुच राजनीतिक दलदल में आँख मूँदकर नहीं कूद पड़ते ? हिन्दी को बुरी तरह फँसा लेने वाले उस सरकारी राजनीतिक दलदल का रूप इस प्रस्तावित सहयोग के बाद प्रकट होगा यह भी नहीं—दिल्ली जाकर एक हफ्ते साहित्यिक क्षेत्रों में घूमकर लौटनेवाला साधारण से साधारण व्यक्ति भी यह मानता है कि संघर्ष का पथ अपनाने के बाद हिन्दी राजनीतिक दलदल में जब फँसेगी तब फँसेगी लेकिन सहयोग का पथ अपनाकर संसद में आसीन हमारे श्रद्धास्पद राष्ट्रकवियों से लेकर हिन्दी-सम्बन्धी विभिन्न सरकारी संस्थाओं के साधारण से साधारण कर्मचारी तक जिस राजनीतिक दलदल में फँसा दिये गये हैं उसमें से उनका निस्तार आसानी से नहीं हो पा रहा है।

इस नजरिये से अगर हम देखें तो इस वक्तव्य का सारा मन्तव्य ही उलटा नजर आता है। यानी सरकार का दलदल तो दल-दल नहीं, शेष सब दल-दल है।

यह किसी एक दल की पूजा हो यह बात नहीं, यह केवल सत्ता-परस्ती है, क्योंकि और भी बारीकी से जाँचिए तो इस वक्तव्य का अर्थ यह है कि आज जो दल सत्तारूढ़ नहीं है, उसकी राजनीति, उसकी हिन्दी-सम्बन्धी योजनाएँ दलदल हैं, लेकिन अगर कल वही दल सरकार बन जाए, उसे सत्ता मिल जाए तो उसका दलदल सहयोग भाव से गले तक फँसने के योग्य बन जाएगा। इसी का एक दूसरा पहलू यह कि आज जो दल सरकार के रूप में प्रतिष्ठित है और हिन्दी के विश्वासपूर्ण सहयोग का अधिकारी है, कल वही हार जाए और उसकी सत्ता छिन जाए तो उसकी वही योजनाएँ दलदल हो जाएँगी ! कुल मिलाकर इस वक्तव्य की तर्क-पद्धति हमें कहाँ ले आती है, कुछ पता नहीं चलता ! इतना जरूर पता लगता है कि संघर्ष करके हिन्दी राजनीतिक दलदल में फँसे या न फँसे, पर इस वक्तव्य के पीछे की जो मनोवृत्ति है, वह बुरी तरह सत्ता-पूजा के दलदल में फँसी हुई है। यहाँ तक कि नजदीक से जाँचने पर यह वक्तव्य किसी हिन्दी-समर्थक का नहीं वरन् एक सरकारी वकील का वक्तव्य लगता है जिसकी मुख्य चिन्ता यह नहीं है कि हिन्दी का क्या होगा। जिसकी मुख्य चिन्ता यह है कि अपराध के बावजूद किसी तरह का संघर्ष सरकार को हिन्दी की ओर से न झेलना पड़े। चाहे आधार न भी हों, पर सरकार जो भी कहे, लोग उस पर विश्वास करें और जैसे चाहे वैसे वे उसे उसकी सत्ताग्रहण की आकांक्षापूर्ति में हिन्दी के नाम पर सहयोग दें ! अफसोस कि इस वक्तव्य के पीछे अन्ततोगत्वा वही अमनसभाई रायसाहबी मनोवृत्ति साबित होती है जो सत्य के लिए संघर्ष या असहयोग का खतरा उठाने से डरती है और 'सरकार माई-बाप चाहे मारे चाहे जिलाये' की मनोवृत्ति को तत्त्व-चिन्तन का बाना पहनाने लगती है।

हमने पहले कहा था कि हम इस वक्तव्य के पीछे की मनोवृत्ति की जाँच केवल एक ऐतिहासिक सन्दर्भ में कर रहे हैं ताकि हमारा अगला कदम ठोस जमीन पर उठे। बेबुनियाद मिथ्या-चिन्तन पर आधारित परामर्श हमें अब अधिक न बहकाएँ। दुर्भाग्य से जिस वक्तव्य को हम एक सम्यक् सर्वेक्षण और वजनी बात मानकर चले, वह जाँच करने पर कुछ और ही निकला। संकटकाल में सत्तापूजा के मोह और संघर्ष के भय से उत्पन्न एक मोहजन्य कायरता, जिसे तत्त्व-चिन्तन और खोखली बौद्धिकता का बाना पहना दिया गया है, यह कोई पहला उदाहरण नहीं। ऐसी मनोवृत्ति संकटकाल में अकसर जागती है। और उस वर्ग में तो विशेष रूप से जो कर्त्तव्य के प्रति जागरूक भी रहना चाहे और अन्दर से मोहग्रस्त भी हो। साक्षी मौजूद है। इस वक्तव्य में राष्ट्रपिता गाँधी और राष्ट्रकवि मैथिलीशरण गुप्त का हवाला कई बार दिया गया है। आप जानते हैं, गाँधीजी के शिष्य और राष्ट्रकवि के मित्र विनोबा ने ऐसी मनोवृत्ति के बारे में क्या कहा है ? जब स्वजनों की आसक्ति से अर्जुन संघर्ष से विरत होकर असहयोग बल्कि त्याग की बातें करने

लगा तब उसके वक्तव्य के उन उदात्त वाक्यों के पीछे की निस्सारता और खोखलेपन का विवेचन करते हुए विनोबा कहते हैं—"इस आसक्तिजनित मोह ने उसकी कर्तव्यनिष्ठा को ग्रस लिया। तब उसे तत्त्वज्ञान याद हो आया। कर्तव्यनिष्ठ मनुष्य जब मोहग्रस्त हो जाता है तब भी खुल्लमखुल्ला कर्तव्यच्युति उससे सहन नहीं होती। वह कोई सद्‌विचार उसे पहनाता है। यही हाल अर्जुन का हुआ...वह कहने लगा, युद्ध से धर्म का लोप होगा। स्वैराचार मचेगा। वह आवाज आन्तरिक नहीं थी। वह आसक्ति-जनित थी। उसने जो दलीलें दीं वे ठीक थीं, लेकिन यहाँ सोचने की बात यह है कि वह अर्जुन का तत्त्वज्ञान नहीं कोरा प्रज्ञावाद था।"

यहाँ परिषद् में दिये गये इस वक्तव्य के मूल में आसक्ति क्या है, हम नहीं जानते पर इतना जरूर है जहाँ अन्ध सरकारपरस्ती को एक सद्‌विचार का बाना पहनाने की कोशिश की गयी है। हिन्दी के हित-अनहित की बात सिर्फ एक दिखावा है, कोरा प्रज्ञावाद, वह भी अधूरा और निस्सार दलीलोंवाला।

सच तो यह है कि वर्तमान अँगरेज-परस्त सरकार को हर तरह से, हर ओर से, हर चोट से बचाने के लिए हर ओर लोग तैनात हैं। उनके पास गलत या सही दलीलें हैं और उन दलीलों पर उन्होंने हिन्दी-हित का मुखौटा लगा रखा है। उनकी बातें सुनिए तो लगता है कि इस वक्त हिन्दी के सबसे बड़े मद्दाह यही हैं। लेकिन उनकी सलाहों को जरा-सा जाँचने की कोशिश कीजिए तो साफ जाहिर हो जाता है कि उनका एकमात्र उद्देश्य सरकार की सुरक्षा है।

❑

यह तो ठीक। लेकिन इन लोगों को और इनकी मिथ्याडम्बर से भरी हुई ऊँची-ऊँची बातों को अगर नजरअन्दाज भी कर दें तो भी वह महत्त्वपूर्ण सवाल अपनी जगह ज्यों-का-त्यों बच जाता है कि आखिर अब किया क्या जाए ? एक बात और। अगर कोई यह पूछे कि मान लिया ऐसे वक्तव्यों के मूल में भारतीय भाषाओं का हित नहीं बल्कि सरकारी नीति का बचाव है तो भी इसमें हर्ज क्या है ? सरकार कोई परायी नहीं, कोई विदेशी सरकार नहीं, अत्याचार या निरंकुशता से लादी हुई कोई तानाशाही सरकार भी नहीं। हमारा मुल्क तो प्रजातन्त्र है। प्रजातन्त्र में बहुमत से चुनी हुई सरकार अन्ततोगत्वा जनता की ही प्रतिनिधि होती है। अगर हम उसे बचाना ही चाहते हैं तो इसमें हानि क्या है ? जो लोग हर कीमत पर अँगरेजी सरकार को बचाना चाहते थे उनके प्रति क्षोभ या घृणा की भावना समझ में आती है, लेकिन अपने देश की सरकार को अगर कोई तरह-तरह की दलीलें देकर बचाना ही चाहता है तो इसमें लज्जा की क्या बात ? प्रधानमन्त्री हों या

गृहमन्त्री—अन्ततोगत्वा वे हमारे देश के बहुमान्य नेता हैं और आप यह भी नहीं कह सकते कि भाषा के प्रश्न पर वे कोई मत ही न रखें। जहाँ तक कि भाषा के साहित्यिक उपयोग का सवाल है अगर मन्त्री या नेता बिना साहित्यिक योग्यता के अनधिकारपूर्ण बात करते हैं तो यह निःसन्देह अवांछनीय और अनुचित है (गलत या सही पण्डित नेहरू हिन्दी की साहित्यिक शैलियों के बारे में कुछ निराधार वक्तव्य देते रहे हैं, जिससे हिन्दी का कुछ नुकसान हुआ हो या न हुआ हो, पर साहित्य और विशेष रूप से हिन्दी साहित्य के सम्बन्ध में उनके अज्ञान का दयनीय उद्घाटन होता रहा है। कोई जरूरत नहीं कि उनकी उस किस्म की बातों को महत्त्व दें।) लेकिन जब भाषा का प्रश्न साहित्य के सन्दर्भ में न उठकर देश की शासन-व्यवस्था और राज-काज के सम्बन्ध में उठता है उस समय शासन-व्यवस्था और राज्य-प्रबन्ध के संचालक होने के नाते उन्हें अपनी नीति निर्धारित करने और उसे प्रतिष्ठित कराने का प्रयास करने का पूरा अधिकार होना ही चाहिए। वैसी स्थिति में स्पष्ट बात यह है कि भाषा का प्रश्न राष्ट्र की समस्याओं और राजनीति से सम्बन्धित होगा, उससे अलग नहीं हो सकता।

अगर हम यह बात मानते हैं तब प्रश्न आता है कि जिस प्रकार के वक्तव्य हमें खोखले और निस्सार लगें, उनमें क्या बुराई है ? वे भी तो सरकार से सहयोग करने की बात करते हैं।

ठीक, लेकिन यहीं पर तर्क में एक बहुत बड़ी फिसलन है और वहाँ पर अगर हम सावधानी से हिन्दी को नहीं बचा ले गये तो हम हमेशा-हमेशा के लिए सत्ता-परस्ती के एक ऐसे भयानक दलदल में फँस जाएँगे जिसमें से फिर अँगरेजी के पंजे से हिन्दी तथा अन्य भारतीय भाषाओं का निस्तार करा पाना असम्भव हो जाएगा। सरकार सिर्फ देशी है इसीलिए सही भी है, यह कोई तर्क नहीं। जनतन्त्र में 'तन्त्र' प्रमुख नहीं होता, 'जन' प्रमुख होता है। जन कतिपय आश्वासनों के आधार पर तन्त्र को, सरकार को निर्वाचित करता है लेकिन शक्ति हाथ में आ जाने के बाद अगर वह तन्त्र तानाशाही होने लगे, जन-विरोधी होने लगे, निरंकुश और अराजक होकर जनता की नियति और विधान की पवित्रता से खेल करने लगे तो वह सरकारी नीति देशी होते हुए भी ग्राह्य और समर्थनीय नहीं रह जाती। हम यह भूल जाते हैं कि प्रजातन्त्र में प्रत्येक समस्या पर निर्णय लेने की कसौटी जनहित और जनता की नियति है—उसी के आधार पर सरकारें बनायी और बिगाड़ी जाती हैं। सरकार केवल एक व्यवस्था का तन्त्र है, उससे संघर्ष या असहयोग का सवाल ही बाद में उठता है। पहली बात तो यह है कि जिस जनता ने सरकार के रूप में वर्तमान सत्तारूढ़ दल को नियुक्त किया है वही जनता विश्वासघात करने पर, अधिकारों का दुरुपयोग करने पर, निरंकुश उच्छृंखलता

करने पर वर्तमान सत्तारूढ़ दल को बर्खास्त भी कर सकती है।

उस तथाकथित हिन्दी-हितैषी वक्तव्य में जो सबसे बड़ी कमी है वह यह कि वह वक्तव्य जनशक्ति के किसी ऐसे प्रतिनिधि का वक्तव्य नहीं लगता जिसमें इस बात का आत्मविश्वास हो कि वह सत्य पर है, उसमें सत्य को जमकर कह सकने की ताकत है, जनता उस सत्य के साथ उसके आह्वान पर खड़ी हो सकती है और हिन्दी के प्रति अन्याय करनेवालों को बर्खास्त कर सकती है। क्षमा करें, उस वक्तव्य में एक ऐसे, जनशक्ति के विच्छिन्न भयभीत कर्मचारी की-सी ध्वनि है जो डरता है कि उसने सहयोग के अलावा कोई भी दूसरी बात की तो वह खुद बर्खास्त कर दिया जाएगा। वह आवाज गाँधी जी, मालवीय जी, टण्डन जी, राहुल जी, शिवपूजन जी की परम्परा की आवाज नहीं है। इन लोगों की आवाज जनशक्ति को प्रतिध्वनित करती थी और तन्त्र इनकी आवाज के सामने निरंकुश होने से घबराता था। उन लोगों की आवाज हिन्दी की उस सांस्कृतिक थाती की आवाज थी जो हमेशा दरबार के बजाय अपनी निष्ठा पर ज्यादा भरोसा रखती थी। अगर सीकरी में केवल शासन का अहंकार है तो वह आवाज यह भी कह सकती थी कि 'सन्तन कहा सीकरी सन काम, आवत जात पनहियाँ टूटी'। वह आवाज अपनी निष्ठा और अपने सिद्धान्तों को सबसे ऊपर रखती थी। अगर उस कसौटी पर कोई सही उतरता है तो उससे सहयोग; सही नहीं उतरता तो असहयोग और निरंकुश होने की कोशिश करने लगे तो उससे खुलकर दो-दो हाथ का संघर्ष, बेलौस, दो टूक, बेझिझक !

अगर यह बात साफ है तो सवाल उलझाने से कोई फायदा नहीं। या तो आप यह मानते हैं कि हिन्दी ही राष्ट्रीय एकता का एकमात्र माध्यम है और जिसने भी देश में अँगरेजी को कायम रखने, उसको बढ़ाने और भारतीय भाषाओं को कुण्ठित करने में मदद की है वह देशद्रोही है चाहे वह बड़ी से बड़ी सत्ता क्यों न हो ? उसकी हर हरकत पर हमें कड़ी निगाह रखनी है और यदि उसके द्वारा निरंकुशता का पथ अपनाया जाता है तो उसकी उस नीति से खुलकर पूर्णतः वैधानिक तरीकों से संघर्ष करना हमारा अधिकार भी है, दायित्व भी। नहीं तो दूसरा पक्ष स्पष्टतः उन लोगों का है जो हिन्दी को देश के लिए घातक मानते हैं, अँगरेजी के लिए खुलकर बात करते हैं। वे कम-से-कम अन्दर-बाहर एक तो हैं। मगर उलझन, भ्रान्ति और कायरता का वातावरण वे लोग उत्पन्न करते हैं जो यह तो मानते हैं कि हिन्दी ही राष्ट्रीय एकता का एकमात्र साधन है लेकिन जब हिन्दी के लिए सत्ता से मुकाबला करने का सवाल आता है तब गलत या सही तर्क देकर कन्नी काटने की कोशिश करते हैं और हिन्दी-हित के नाम पर सरकार के उठाये हर गलत कदम की अप्रत्यक्ष वकालत करते नजर आते हैं। चारों ओर से सरकार को बाँहों

में घेरकर इस बात की कोशिश करते हैं कि हिन्दी पर चाहे जितनी चोटें पड़ती रहें, लेकिन सरकार की प्रतिष्ठा और सत्ता को कहीं से जरा भी खरोच न लगने पाए।

अगर हिन्दी का हित प्रमुख हो और उसी दृष्टि से इस समय या किसी भी समय सरकार को सहयोग देना ही एकमात्र पथ शेष हो, उसी से हिन्दी का हित होता हो तो इसमें सचमुच कोई हानि नहीं। लेकिन शर्त यह है कि हमारे दिमाग में हिन्दी का हित ऊपर हो, जनता का हित ऊपर हो, राष्ट्र का हित ऊपर हो, केवल सरकारपरस्ती या सत्ता का हित सर्वोपरि न हो। लेकिन सहयोग के जो नमूने सामने आते रहे हैं, क्या उनमें ऐसा कुछ मिला है ? उचित न होगा यदि इस बात की जाँच केवल अनुमानों के आधार पर नहीं, बल्कि एक वास्तविक स्थिति को लेकर की जाए।

हिन्दी के सम्बन्ध में जिसको जरा भी रुचि रही है वह डॉक्टर केसकर के कार्यों से परिचित हुए बिना नहीं रह सकता। इसमें कोई सन्देह नहीं कि पिछले मन्त्रिमण्डल के जिन गिने-चुने सदस्यों में हिन्दी के लिए गहरा प्रेम था उनमें से डॉक्टर केसकर प्रमुख रहे हैं। लोगों को अभी वह दिन भूला न होगा जिस दिन एक खुली सभा में केसकर पर अजीब फबतियाँ कसी गयी थीं, पण्डित नेहरू की मौजूदगी में हिन्दी के एक प्रख्यात लेखक-द्वारा। नेहरू जी को उन दिनों गाहे-बगाहे इस बात की चिन्ता बहुत सताती रहती थी कि हिन्दी संस्कृत-निष्ठ होती जा रही है—अब इस अभागे देश का क्या होगा ? जिन छोटी-मोटी बातों से हिन्दी के विरोधी या अँगरेजी के समर्थक नेहरू जी को खुश कर सकते थे उनमें से एक बात यह भी थी कि उनके कान में कहा जाए कि आकाशवाणी की हिन्दी बहुत कठिन होती जा रही है। लेकिन उस दिन जब तमाम अँगरेजी अखबारों में यह समाचार आया कि किसी हिन्दी-विरोधी नहीं वरन् एक प्रख्यात हिन्दी-लेखक ने भरी सभा में नेहरू जी के सामने आकाशवाणी की हिन्दी की मखौल उड़ायी और नेहरू जी ने सहमत होते हुए उससे कहा कि 'केसकर यहीं मौजूद हैं, इनसे क्यों नहीं कहते ?' उस दिन बहुत-से हिन्दी-भाषियों के मन को धक्का लगा। नेहरू को खुश करने के बहुत-से तरीके हो सकते हैं लेकिन एक हिन्दी लेखक उन्हें खुश करने के लिए हिन्दी की मखौल सरेआम उड़ाएगा और वह भी उस हिन्दी की जिससे ज्यादा दुरूह हिन्दी उसने अपने नवीनतम काव्य में प्रस्तुत की हो, यह स्थिति अकल्पनीय थी। शायद आपको यह भी याद होगा कि अँगरेजी के कुछ प्रख्यात पत्रों में अनेक दक्षिण भारतीयों के पत्र छपे थे जिन्होंने स्पष्ट कहा था कि नेहरू जिस तरह की भाषा चाहते हैं वह यू.पी. के चन्द लोग समझ लें तो समझ लें, लेकिन बाकी सारे देश में केसकर की आकाशवाणी द्वारा स्वीकृत भाषा-शैली अधिक बोधगम्य सिद्ध हुई है।

इतिहास कभी-कभी बड़े अजीब व्यंग्य प्रस्तुत करता है। कुछ ही वर्षों बाद, अभी उपचुनावों में जब एक हिन्दी-भाषी क्षेत्र में हिन्दी के सवाल पर सत्तारूढ़ दल को चुनाव में एक विकट स्थिति का सामना करना पड़ा तो उस मुसीबत में उन्हें सिर्फ केसकर याद आये जिन्हें विक्षुब्ध हिन्दीवालों के सामने ढाल बनाया जा सकता था। उस समय समस्त देश ने बहुत अचरज से सुना कि जिन लोगों ने केसकर की भाषा-नीति की सरेआम आलोचना की थी और आकाशवाणी के दोष दिखाकर नेहरू जी को सत्परामर्श दिये थे वे ही लोग केसकर के पक्ष में एक वक्तव्य निकालकर हाजिर हो गये हैं कि केसकर का समर्थन किया जाए, सरकारी दल को सहयोग दिया जाए क्योंकि सवाल हिन्दी का है और केसकर जी हिन्दी के भारी हितैषी हैं।

केसकर जी हिन्दी के हितैषी हैं इसमें रत्तीभर किसी को सन्देह नहीं। केसकर को जो आदर हिन्दी-जगत् देता रहा है तथा अब भी उनके लिए हिन्दीभाषियों के हृदय में जो सम्मान की भावना है वे उसके तब भी उपयुक्त थे और अब भी उपयुक्त हैं। भाषा-नीति की कसौटी पर जाँचने से नेहरू के बजाय केसकर सही उतरेंगे ? मगर केसकर की कसौटी पर जाँचने से ये समर्थन और सहयोगवादी लोग क्या साबित होते हैं ? अगर केसकर की भाषा-नीति गलत थी तो वह तब भी गलत थी और अब भी गलत है। अगर उनकी भाषा-नीति सही थी तो वह तब भी सही थी जबकि नेहरू जी गाहे-बगाहे उनकी आलोचना किया करते थे। अगर हिन्दी का सवाल, हिन्दी का हित इन महानुभावों के मस्तिष्क में सर्वोपरि था तो वास्तव में वह समय था जब वे केसकर को समर्थन और सहयोग देते। नेहरू जी की नितान्त भ्रान्तिपूर्ण गलत धारणाओं का उसी समय साहसपूर्वक खण्डन करते जब केसकर की नीति से नेहरू असन्तुष्ट थे। तब इन हिन्दी-हितैषी महानुभावों का बाद में दिया गया वक्तव्य भी कोई मायने और महत्त्व रख सकता था। लेकिन जिस ढंग से, जिन सन्दर्भों में यह सहयोग-समर्थन हुआ उससे बहुत स्पष्ट रूप से वह सबके सामने खुल गया कि सहयोग का उद्देश्य हिन्दी का समर्थन नहीं है, सरकार का समर्थन है। जिस समय सरकारी दृष्टिकोण के समर्थन के लिए केसकर को एक चोट देकर सत्ताधीश को खुश किया जा सके उस समय केसकर और उनकी हिन्दी-नीति को चोट दो। जिस समय सत्ताधीश के तख्त का पाया हिलने लगे और जरूरत पड़ जाए कि इस वक्त हिन्दी की सेवा वाला कोई आदमी ढाल के मानिन्द सामने रख दिया जाए उस वक्त केसकर और उनकी हिन्दी नीति की प्रशंसा करो। जब सत्ता को खुश करने के लिए हिन्दी की जड़ खोदना लाजमी हो उस वक्त बिना किसी शर्म और झिझक के केसकर की हिन्दी-सेवा की जड़ खोदो। और जिस वक्त एक टूटती हुई प्रतिमा को बचाने के लिए केसकर की हिन्दी-सेवा की ओट ग्रहण करना हो उस वक्त उस पदच्युत और चारों ओर से

लांछित केसकर की हिन्दी-सेवाओं की याद दिलाकर जख्म पर नमक छिड़को।

दुर्भाग्य यह है कि ये परस्पर असंगत फतवे, ये शब्दों की कलाबाजियाँ, ये वक्तव्यों के व्यायाम अगर शुद्ध राजनीति के नाम पर आयें तो एक बार समझा भी जा सकता है कि चलो सत्तान्वेषी राजनीति की स्वाभाविक गति ही यह है—मौकापरस्ती और दोमुँहा चिन्तन; लेकिन आडम्बर की हद तो यह है कि राजनीतिक दलदल में गले तक डूबा, कुलबुलाता हुआ यह रीढ़-विहीन चिन्तन दूसरों को सदुपदेश और चेतावनी देता घूमता है कि चुपचाप सरकार से सहयोग करते रहो, अगर जरा भी तनकर सरकार की गलत नीतियों और विश्वासघाती प्रवृत्तियों की खुली आलोचना की, संघर्ष या असहयोग की बात सोची कि सीधे राजनीतिक दलदल में जा फँसोगे। कबीर की एक उलटबाँसी में कहा गया था, 'चोर करे कोतवारी !' (चोर कोतवाल का काम करने लगा है।) क्या आप समझते हैं, कबीर के जमाने में ऐसे लोग नहीं थे ?

❑

अब समझने की बात यह है कि भाषा के सवाल को लेकर इन बुद्धिजीवियों के चिन्तन में ये असंगतियाँ, यह दैन्य और सत्तापूजा आखिर आयी क्यों ? वास्तव में हुआ यह है कि चाहे भाषा की स्थिति हो, साहित्यिक योजनाओं की स्थिति हो या बुद्धिजीवियों का सवाल हो, ये लोग इन तमाम चीजों को तन्त्र (सरकार) के सन्दर्भ में ही देखने के आदी हो गये हैं। 'जन' के सन्दर्भ में भाषा, साहित्य या बुद्धिजीवी की क्या स्थिति है इसे उन्होंने सोचना ही बन्द कर दिया है। इस वक्तव्य में 'हिन्दी की जिन राष्ट्रीय परम्पराओं की उज्ज्वलता तथा निष्कलंकता की दुहाई दी गयी है उन राष्ट्रीय परम्पराओं का मूल उत्स इस स्थिति में रहा है कि हिन्दी सदा जनभाषा रही है—दरबारों ने उसे स्वीकारा या नहीं स्वीकारा, तन्त्र ने उसको प्रतिष्ठा दी या नहीं दी, इससे उसके जनभाषा होने में कोई फर्क नहीं पड़ा। हिन्दी के आदिकाल में सन्त और मनीषी, कवि और लेखक निर्भीकता से वह कहते थे जो उनकी निष्ठा और उनके सच्चे तत्त्व-चिन्तन की कसौटी पर सही उतरता था। इसीलिए उनकी स्थिति वह थी कि दरबार उनसे आशीर्वाद और सहयोग की भीख माँगता घूमता था और यदि कभी उन्हें राजकोप का भाजन भी होना पड़ा तो भी कबीर की तरह वे निर्भीक कह सकते थे—लाख राजकोप हो उनका मन नहीं डिग सकता—

> गंग गुसाइनि गहिरि गम्भीर, जैजीर बाँधिकर खड़े कबीर
> मनु न डिगे तनु काहे को डराई

'हिन्दी की उज्ज्वल और निष्कलंक राष्ट्रीय परम्परा' का स्रोत यहाँ था। वह मन जो डिगता नहीं। पर यह मन जो सोचने के पहले ही डिगा हुआ है, डाँवाडोल है, सत्ता की थाली में बैंगन की तरह चारों ओर लुढ़कने के लिए प्रस्तुत है वह मन हिन्दी की उज्ज्वल और निष्कलंक राष्ट्रीय परम्पराओं को न उज्ज्वल रहने देगा, न निष्कलंक, यहाँ तक कि उसे राष्ट्रीय भी नहीं रहने देगा।

क्योंकि राष्ट्र मूलतः 'जन' है। यदि आप तन्त्र के वकील या पुर्जे बनकर बोलने लगते हैं, वह भी खुद अपनी अक्ल से सोचकर नहीं वरन् तन्त्र की बातों को 'हिज़ मास्टर्स वायस' की तरह दोहराते हुए, तो न आपमें चिन्तन की संगति रह जाती है, न दूरदर्शिता, न संकल्प-शक्ति की दृढ़ता। आप समझते हैं कि कभी यह और कभी वह कहकर आप सामान्य जन को फुसला ले जाएँगे, यह भी बहुधा आपका भ्रम साबित होता है। जनता असंगत-चिन्तन वाले बुद्धिजीवियों के मुकाबले में अपनी नियति को समझने में ज्यादा सचेत साबित होती है।

लेकिन फिर भी ऐसा चिन्तन किसी एक स्तर पर भ्रम और अनावश्यक उलझनें जरूर पैदा करता है और उसका दण्ड भी बहुधा राष्ट्र को भोगना पड़ता है। होता यह है कि जब शासन, संस्कृति, भाषा और साहित्य के मामले में कोई राष्ट्रविरोधी नीति अपनाता है तब बुद्धिजीवी का पहला कर्तव्य यह है कि वह सही स्थिति जनता के सामने रखे और उस नीति के विरोध में जनता की आवाज को और भी मजबूत और बुलन्द बनाये ताकि तन्त्र की निरंकुशता थोड़ी कम हो।

लेकिन सत्तापरस्त बुद्धिजीवी बिलकुल दूसरा रुख अपनाये हैं। वे बहुधा दौड़कर मध्यस्थ का 'रोल' अपनाने लगते हैं और उनका पूरा प्रयास यह होता है कि सच्ची राष्ट्रीय दृष्टि से उठनेवाली जनता की सशक्त आवाज मन्द पड़े, जनता की संकल्प-शक्ति डाँवाडोल हो, जनता के चिन्तन में भ्रम और असंगतियाँ पैदा हों ताकि सरकार अपनी नीति लादने में सफल होती रहे।

उदाहरण के लिए पुनः दूर जाने की जरूरत नहीं। जिन दिनों चीनी आक्रमण हुआ ही था उन दिनों यह पता चला कि लोकसभा में गृहमन्त्री यह अँगरेजी लादने वाला विधेयक लाने वाले हैं। यह समाचार समस्त हिन्दी-जगत् को उद्वेलित कर गया। यह लगा कि इस आपातकाल की असाधारण स्थिति का लाभ उठाकर इस समय सरकार अँगरेजी लाद देना चाहती है ताकि राष्ट्रीय तत्त्व हिन्दी के पक्ष में खुलकर न बोल सकें। लेकिन जनता में उसी समय विरोध की तीखी लहर उठी और लोग इस जन-विरोधी, देश-विरोधी, एकता-विरोधी, विधान-विरोधी विधेयक के विरुद्ध उठ खड़े हुए।

दिल्ली में भारतीय भाषाओं के प्रेमियों की एक गोष्ठी हुई। यह बात उठी कि यदि यह विधेयक लाया गया तो न केवल इसके खिलाफ प्रस्ताव पास किया जाए वरन् कई लोगों का स्पष्ट मत था कि सरकार की यह नीति भारतीय भाषाओं के

खिलाफ है और इसके विरोध में प्रबल जनमत तैयार किया जाए ताकि सरकार निरंकुश न होने पाये। उस समय सहसा कुछ आवाजें सुनाई पड़ीं जो बड़ी मिठास, समझदारी और दूरदर्शिता से यह समझाने लगीं कि इस समय हिन्दी की ओर से ऐसा कोई कदम अँगरेजी लादने वाले विधेयक के खिलाफ नहीं उठाना चाहिए जिससे इस आपातकाल में कोई उलझन पैदा हो। गृहमन्त्री से प्रार्थना की जाए कि वे विधेयक न रखें–लेकिन प्रस्ताव न पास किया जाए। हिन्दी के उन दो-तीन रहबरों की चिरौरी-मिन्नत और आग्रह के कारण अन्त में प्रस्ताव नहीं पास किया गया।

उस समय विधेयक पेश नहीं हुआ। वास्तविकता यह थी कि उस समय जनभावना बहुत तीखी थी और यह शुभ लक्षण था। जरूरत इस बात की थी कि जिन्होंने उस समय प्रस्ताव पास करना रुकवाया था, वे दो-तीन रहबर यह भी देखते कि इस जन-जागरण को कोई बाधा न पहुँचे। इस प्रस्ताव से राष्ट्रीय एकता खतरे में पड़ सकती है तो इस विधेयक से तो राष्ट्र का समूचा सांस्कृतिक विकास कुण्ठित हो सकता है। अगर आगे कभी यह सरकार फिर इस विधेयक को लादने की दुरभिसन्धि करे तो तब तक जन-शक्ति इतनी जाग्रत् कर दी जाए कि सरकार की निरंकुशता का वह मुकाबला कर सके।

लेकिन वह प्रस्ताव सरकार के खिलाफ न पास हो सके इतना इन्तजाम कर फिर वे दो-तीन रहबर कहाँ खो गये, इसका पता ही नहीं चला। अँगरेजी के खिलाफ भारतीय भाषाओं की जो जबरदस्त मोरचेबन्दी बन रही थी उसमें उन्होंने रुकावट पैदा की और उसके बाद चलते बने। इस बीच में हिन्दी के पक्ष में सरकार को निरंकुशता से रोकने के लिए एक जबरदस्त जन-जागरण पैदा किया जाए और जनता के विक्षोभ को सही ढंग से संगठित कर हिन्दी के हित में उसे नियोजित किया जाए, उसकी चिन्ता इन्हें क्यों नहीं हुई ?

लेकिन दूसरी ओर हिन्दी-विरोधी पक्ष से मोरचेबन्दी शुरू हो गयी और बड़ी चतुराई और कुशलता से। इस मोरचेबन्दी का पूरा उद्देश्य यह था कि हिन्दी-प्रेमी जनता के विक्षोभ को बरगलाया जाए, उसको संगठित होने का अवसर ही न दिया जाए, उसे फुसलावों में, झूठे आश्वासनों में फँसाकर तब उस पर अकस्मात् यह विधेयक लाद दिया जाए। यह सारी कार्रवाई बड़ी सूक्ष्मता से शुरू हुई। सबसे पहले यह प्रचार शुरू हुआ कि गृहमन्त्री एक असाधारण व्यक्ति हैं। वे भारतीय भाषाओं के भक्त हैं। वे कोई ऐसा काम नहीं करेंगे जिससे हिन्दी की हानि हो। इस सारे प्रचार का समवेत अभिप्राय यह था कि लोगों का ध्यान जन-शक्ति के संगठन से हटकर एक व्यक्ति की अच्छाई और बुराई पर केन्द्रित हो जाए, सारा विचार और चिन्तन उस व्यक्ति के इर्द-गिर्द नाचने लगे और लोग भूल जाएँ कि यह सरकार तो एक राजनीतिक दल है, इसमें गृहमन्त्री उस दल की नीति के प्रस्तुतकर्ता मात्र

हैं। वह लाख अच्छे हों, इससे क्या आता-जाता है ! सवाल यह है कि क्या उनमें इतना आत्मबल है कि वह सेठ गोविन्ददास की तरह अपने दल की गलत नीति के विरुद्ध हिन्दी के पक्ष में खड़े हो सकें। लेकिन नहीं। इस नजरिये से सोचा ही नहीं गया। सिद्धान्त प्रमुख है। उन सिद्धान्तों की चेतना जनता में जगाकर जनमत को संगठित करना महत्त्वपूर्ण है, यह सब सोचा ही नहीं गया। बस, ध्यान इस बात पर केन्द्रित किया गया कि गृहमन्त्री को खुश करो, गृहमन्त्री सध जाएँगे तो हिन्दी की हानि नहीं होगी।

किस कदर बुद्धि की अपरिपक्वता इस प्रवृत्ति से प्रकट होती है, यह देखकर हँसी आती है। गृहमन्त्री निस्सन्देह बहुत अच्छे आदमी हैं। उनके दल में उनके मुकाबले के लोग कम हैं। लेकिन व्यक्ति के रूप में वे कुछ हों, गृहमन्त्री के रूप में वे दल की नीति को कार्यान्वित करने का दायित्व पूरा करेंगे। उनसे यह आशा करना कि वे अपने दल की नीति को छोड़कर कुछ करेंगे, एक गलत आशा करना हुआ; यह साबित करना हुआ कि मूलतः एक बेईमान आदमी हैं। उनका दल तो अँगरेजी के पक्ष में बोल रहा था, पर वे ऐसा विधेयक बनाएँगे कि दल तो यह समझे कि यह विधेयक अँगरेजी के पक्ष में है पर हो वास्तव में वह अँगरेजी के विरोध में–गोया गृहमन्त्री न हुए, करतब दिखानेवाले जादूगर हो गये। क्या बचकानी कल्पना है, बेचारे गृहमन्त्री के बारे में !

और फिर जरा तर्क का दोमुँहा खोखलापन तो देखिए। हिन्दीवालों से कहा गया कि गृहमन्त्री पर भरोसा रखिए क्योंकि वे बहुत ईमानदार आदमी हैं और आप कतई घबराइए मत, वे अपने दल से घोर बेईमानी करने जा रहे हैं। और इस तर्क के द्वारा इन रहबरों ने किया क्या ? इस विधेयक के बारे में हिन्दी-प्रेमी जनता में जो शुभ और सही विक्षोभ उठ रहा था, उसको एक झूठा आश्वासन देकर कमजोर बनाने की पूरी चेष्टा की।

मान लिया कि अपनी दृष्टि के अनुसार उन्हें सत्ता को किसी भी अप्रिय संघर्ष से बचाना था। और सत्ता को बचाने के लिए जनता को झूठे आश्वासन भी देना जरूरी था लेकिन झूठे आश्वासन देने के लिए गृहमन्त्री के व्यक्तित्व के लिए ऐसी निन्दित कल्पना करना भी क्या जरूरी था ? असल में ये लोग किसका हित साधना चाहते हैं ? हिन्दी का हित तो साधा नहीं इन्होंने ? गृहमन्त्री का भी नहीं ? और इस प्रकार की कच्ची अक्ल का परिचय देकर अपना हित भी तो नहीं साधा इन्होंने।

सिद्धान्तहीन चिन्तन की भूल-भुलैया इसी प्रकार रहबर बननेवालों को गुमराह करती आयी है। लेकिन इससे जो ज्यादा बड़ा नुकसान हुआ वह यह कि जनशक्ति के विक्षोभ को उचित संगठन न मिल पाया। राहुल जी की भाँति दल से भी बड़ा हिन्दी को मानकर जनशक्ति के बीच जाकर खड़ा हो जानेवाला या

सरकार की जनविरोधी नीति पर उसे कसकर डाँट बतानेवाला और सरकार की निरंकुशता को दबाने के लिए हिन्दी के तत्त्वों को संगठित करनेवाला टण्डनजी जैसा कोई व्यक्तित्व इन बुद्धिजीवियों में से उभरकर न आया। जनता का विक्षोभ दब गया हो पर समाप्त तो नहीं हुआ था। वह विक्षोभ अपनी जगह था और अगर विधेयक के प्रस्तुतीकरण के मौके पर उस विक्षोभ की अभिव्यक्ति दिल्ली में ऐसे प्रदर्शनों में हुई जो बहुत परिष्कृत नहीं कही जा सकती तो इसकी जिम्मेदारी इन झूठे रहबरों पर थी जो दिल्ली में जनता के विक्षोभ को सही दिशाओं में मोड़ने का सारा कर्तव्य भूलकर 'आम हैं सरकार के, हम भी हैं दरबार के' कहकर सत्ता के इर्द-गिर्द खेल-तमाशा कर रहे थे। जनता का विक्षोभ अपरिष्कृत हो लेकिन वह अपरिष्कार उतना लज्जास्पद नहीं है जितना यह चरम परिष्कृत सत्तापूजक दैन्य ! इस विक्षोभ से यह तो मालूम होता है कि हिन्दीभाषियों की आत्मा अभी मरी नहीं; मगर इस दैन्य में तो कब्रिस्तान की-सी शान्ति है—मुरदा जड़ा। इतिहास जन-विक्षोभ के उस अपरिष्कार को चाहे क्षमा भी कर दे लेकिन रहबरी के आडम्बर में ढँके हुए इस दैन्य और सत्तापरस्ती को शायद ही क्षमा कर पाए।

हमने प्रारम्भ में विनोबा का एक उद्धरण दिया था कि जब मोह की चरम सीमा आ जाती है तब मनुष्य अपनी उस असंगति और मानसिक खोखलेपन को सद्विचार और तत्त्वदर्शन का बाना पहनाने लगता है। अभी तक तो इस प्रकार के लोग केवल उलटे-सीधे तर्क और झूठे, असंगत आश्वासन देकर हिन्दी के हाथों को कमजोर और सत्तारूढ़ दल के हाथों को मजबूत बनाने की कोशिश करते थे। मगर अब जब यह सब झूठ साबित हुआ तब एक दूसरी आवाज यह उठनी शुरू हुई है कि आखिर बुद्धिजीवी को स्वतन्त्र चिन्तन की जरूरत ही क्या है ? साहित्यकार न कभी स्वाधीन रहा है, न उसे स्वाधीन होने की जरूरत है। इस निहायत हास्यास्पद स्थापना के विस्तृत विश्लेषण में जाने की आवश्यकता नहीं, केवल इतना जान लेना यथेष्ट होगा कि यह आवाज उन्हीं रहबरों में से एक-दो ने उठायी है जो हिन्दी के संकटकाल में सरकारी नीति की ढाल बनते रहे हैं। यह भी काफी गौरतलब बात है कि यह 'न भूतो न भविष्यति' स्थापना एक सरकारी पत्र में छापी गयी है जिसका काम सरकारी योजनाओं का प्रचार है। बहुत गम्भीर विचार के योग्य तो वह लेख नहीं लगा लेकिन किसी हलके-फुलके क्षण में मनोरंजन के लिए वह लेख पढ़ने पर आपको निराशा न होगी। सरकारी विभागों में जिस तरह कई ग्रेड होती हैं, किसी ग्रेड के अफसर को यात्रा का भत्ता मिलता है, किसी ग्रेड के अफसर को यात्रा के साथ-साथ मकान का भत्ता भी मिलता है और किसी को ये दोनों नहीं मिलते; ठीक उसी प्रकार उस लेख में भी सरकारी दफ्तरों आदि में काम करने वाले साहित्यिकों की कई ग्रेडें बनायी गयी हैं। उनमें से उत्कृष्ट ग्रेडवालों को कभी-कभी पूरी स्वाधीनता दी जा सकती है, मध्यम ग्रेडवालों को

थोड़ी-बहुत और बाकी को किसी प्रकार की स्वाधीनता की जरूरत नहीं।

सन्निपात में रोगी जो कुछ बर्राता है उसको यथावत् कोई कभी नहीं लेता। लेकिन उस बर्राने से इतना जरूर मालूम होता है कि वह मरीज इस सीमा पर पहुँच गया है कि अब मर्ज लाइलाज है। चूँकि यह रोग शारीरिक नहीं बल्कि अस्वस्थ और कुण्ठित चिन्तन का रोग है इसीलिए जब दैन्य सारे तर्कों को झूठा साबित कर चुका है, संकल्प-शक्ति को समाप्त कर चुका है तब अब इसके अलावा कोई चारा नहीं रहा कि मन को यह कहकर झुठलाया जाए कि 'ऐ मन ! आखिर तुझे इस स्वाधीन चिन्तन की जरूरत क्या ? ख्वामख्वाह का झमेला है। न स्वाधीन चिन्तन होगा न उलझनें पैदा होंगी। न रहेगा बाँस न बजेगी बाँसुरी !'

अर्जुन ने दो प्रतिज्ञाएँ की थीं 'न दैन्यम् न पलायनम्।' सत्तापूजक बुद्धिजीवी की प्रतिज्ञाएँ हैं कि 'दैन्य भी और पलायन भी।' यह जो नयी स्थापना आयी है कि साहित्यकार के लिए राजकीय यन्त्र के समक्ष स्वाधीन चिन्तन अनावश्यक है। यह दैन्य के बाद पलायन की अनिवार्य स्थिति है। पलायन किसी और से नहीं, अपने कचोटते हुए अन्तःकरण से। 'जन' की नियति और गति से विच्छिन्न होने की दुःसह यन्त्रणा झेलते हुए, रेत में शुतुरमुर्ग की तरह सिर गाड़ लेना और घोषित करना कि हमें न इन पंखों की कभी जरूरत थी, न इस समय है, न आगे कभी होगी, इसलिए हमारे ये अनावश्यक पंख काट लिये जाएँ–कितनी दयनीय है यह चिन्तन-पद्धति ! कौन बताये इन्हें कि जो पक्षी आँधी-तूफानों का सामना रेत में सिर गाड़कर नहीं वरन् पंख फैलाकर करना चाहते हैं उनके लिए पंख अनावश्यक बोझ नहीं होते, उनके गौरव होते हैं, गरिमा होते हैं, यही नहीं, इकबाल के शब्दों में वे किसी भी कीमत पर 'परवाज़ में कोताही' (उड़ान में कमी) सहन नहीं करना चाहेंगे।

❑

संक्रमण और संकट के समय अज्ञान बहुधा उतनी बुराइयाँ पैदा नहीं करता जितना अधूरा, उलझा हुआ, लक्ष्यहीन चिन्तन। वह कायरता, निर्णय न ले पाने की संकल्पहीनता, प्रतिक्रिया की कुण्ठा और मौकापरस्ती का आधार बनने लगता है। यह चिन्तन बहुधा जिन चीजों का मुखौटा लगाता है वास्तव में उनसे बिलकुल उलटी दिशा में ले जाता है। बात यह करता है व्यवस्था और समझदारी की, ले जाता है अराजक अवसरवादिता और घोर नासमझी की ओर। हिन्दी के बहुतेरे दुर्भाग्य रहे हैं, पर शायद सबसे बड़ा दुर्भाग्य यह है कि जिनके हाथों हिन्दी ने राजतन्त्र के समक्ष अपने प्रतिनिधित्व की जिम्मेवारी सौंपी थी, उन्हें जब संकल्पपूर्वक जनचेतना को जगाने के लिए उठ खड़े होना चाहिए था तब वे सत्ता

की परिक्रमा करने में लगे रहे, जब उन्हें जनता को सरकार के इरादों के प्रति सचेत करना चाहिए था तब वे सरकार के प्रति जनता के मन में झूठा आश्वासन देकर विश्वास जमाने में लगे रहे और अब उनकी दृष्टि इस कदर रुद्ध हो चुकी है कि हिन्दी के प्रति इतना बड़ा विश्वासघात भी मानसिक दैन्य और पलायन से उन्हें मुक्त नहीं कर पा रहा।

पराजय की वेला केवल दुःख की वेला नहीं होती। वह परिमार्जन की और दृष्टि पाने की वेला भी होती है। जो एक मूल्यहीन चिन्तन की भूलभुलैया में भटक-भटककर पूर्णतः जड़ हो चुके हैं उनकी बात जाने दीजिए। जिन्हें हर तरह की मार खाकर भी सहयोग के अलावा कोई रास्ता नहीं सूझता उनकी बात भी जाने दीजिए। पिंजरे में जिनके पंख इस कदर बेकाम और कमजोर हो गये हैं कि वे उड़ान भरने की कल्पना-मात्र से सिहरकर कहने लगे हैं कि ये पंख अनावश्यक हैं, उनकी बात भी जाने दीजिए। हर युग में ऐसा होता आया है और इतिहास ऐसे पैगम्बरों, रहबरों और चिन्तकों को खाली डिब्बों, टूटी बोतलों और उतरे छिलकों की तरह सड़क के किनारे फेंककर आगे बढ़ता रहा है।

इस पराजय से हिन्दी भाषा और हिन्दी-प्रेमी जनता ने बहुत-कुछ सीखा है। उसने यह सीखा है कि यदि तन्त्र निरंकुश होकर उसे अनावश्यक आघात पहुँचा सकता है तो वह भी तन्त्र के लिए वैधानिक अंकुश का प्रयोग कर सकती है। सहयोग या संघर्ष दोनों ही अपने में स्वतःसिद्ध नीतियाँ नहीं हैं। जनता ने जिस तन्त्र को चुना है वह अगर उसके, उसकी संस्कृति के, उसकी भाषा के हित में काम करता है तो जरूर सहयोग, जिस हद तक सरकार की नीति जन-भाषा के हित की है उस सीमा तक सहयोग, लेकिन जहाँ वह अँगरेजी की कुटिल पक्षपातिनी बनने लगती है, वहाँ असहयोग और अगर 'तन्त्र' जन को धोखा देकर निरंकुश होकर एक विदेशी भाषा की ग़ुलामी हम पर लादने को बेशर्मी से तुल ही जाए तो—संघर्ष वैधानिक तरीकों से, मर्यादा के अन्दर लेकिन पूर्ण निश्चय से, सम्पूर्ण संकल्प से।

और जिस पराजय में से नयी दृष्टि जागती है, नया संकल्प जागता है वह पराजय, पराजय नहीं रह जाती। इतिहास की प्रमुख जनधारा नयी शक्ति पाकर दुगुने वेग से आगे बढ़ती है। हिन्दी की जन-चेतना को भी नयी शक्ति, निश्चित मिलेगी। वह किसी भी निरंकुश विश्वासघाती, अँगरेजी का जहर फैलानेवाले सत्तारूढ़ दल को निश्चित रूप से अंकुश और नियन्त्रण में लाकर रहेगी—इन सत्तापरस्त, संकल्पहीन, स्वाभिमानहीन, दृष्टिहीन, झूठे मसीहों और रहबरों के बावजूद। हिन्दी की 'स्वाभिमानपूर्ण निष्कलंक राष्ट्रीय परम्परा' तुलसी की है। उनके अनुसार राम ने तीन दिन तक उत्ताल तरंगों वाले समुद्र से विनयपूर्वक राह माँगी थी। और जब समुद्र ने तीन दिन की विनय के बाद भी राह नहीं दी तब

उन्होंने कायरता-भरे स्वरों में यह नहीं कहा कि 'लक्ष्मण' खबरदार, संघर्ष की बात अब भी मत करना नहीं तो दलदल में फँस जाओगे।' राम जैसे चन्दन-शीतल व्यक्ति ने सकोप कहा–

'विनय न मानत जलधि जड़, गये तीन दिन बीति,
बोले राम सकोप तब, बिनु भय होइ न प्रीति।
सठ सन विनय कुटिल सन प्रीती, सहज कृपन सन सुन्दर नीती।
क्रोधिहि सम कामिहि हरि कथा, ऊसर बीज बएँ फल जथा।
अस कहि रघुपति चाप चढ़ावा।'

–और तब समुद्र ने बड़ी आसानी से राह दे दी।

❑

युग-बोध

आधुनिकता अर्थात् संकट का बोध

प्रत्येक युग अपने समय में आधुनिक युग रहा है लेकिन शायद कोई भी युद्ध अपने आधुनिक होने के प्रति इतना सचेत नहीं रहा है जितना कि वर्तमान युग। काल के प्रवाह की चेतना तो मध्ययुग को भी रही है, लेकिन मध्ययुग ने काल के प्रवाह को भव-प्रवाह माना है, मिथ्या रूपाकारों का परिवर्तन-प्रवाह और उससे मुक्त होने की चेष्टा की है, उसमें उलझने की नहीं। उसका लक्ष्य रहा है किसी ऐसे अस्तित्व-बिन्दु का साक्षात्कार जो कालातीत हो; अतीत, वर्तमान और भविष्य की स्थितियों से मुक्त, निरपेक्ष। लेकिन फिर भी इतिहास में कई बार ऐसे समय आये हैं जबकि युगों को या संस्कृतियों को उनके जीवित वर्तमान ने झकझोरा है। ऐसी टकराहटों से जब-जब मध्ययुग की समाधि टूटी है तो उसने यह पाया है कि उसका समकालीन यथार्थ प्रश्नचिह्न बनकर, संकट बनकर खड़ा हुआ है। जब तक उसे यह लगता रहा कि सबकुछ लगभग वैसा ही चल रहा है जैसा वास्तविक अतीत में या उसके द्वारा कल्पित अतीत में था, तब तक उसे काल-प्रवाह मात्र भ्रम लगता था, लेकिन जब उसे महसूस होता था कि कुछ बदल गया है और उसका वर्तमान उसके अतीत से बहुत पृथक् है तभी वह उसके प्रति जागरूक हो उठता था। यह वैषम्य जितना तीव्र हुआ है, संकट का बोध भी उतना ही गहरा हुआ है और उतनी ही तेजी से उस युग का ध्यान अपने वर्तमान की ओर आकर्षित हुआ है। इसीलिए, यह कहना शायद अत्युक्ति न हो कि इतिहास में बहुधा संकट का बोध और आधुनिकता का बोध साथ-साथ उदित होते रहे हैं, बहुधा एक ही ऐतिहासिक अनुभूति के दो पहलुओं की भाँति।

उदाहरण के लिए अपना ही इतिहास लें। हमारे सारे प्राचीन इतिहास में शायद ही कभी इतना गहन सांस्कृतिक संकट उत्पन्न हुआ हो जितना कि महाभारत काल में। पहली बार ऐसा लगा कि चिरन्तन अतीत से चली आती हुई सारी व्यवस्थाएँ छिन्न-भिन्न हो गयी हैं। कितना गहरा रहा होगा वह संकट, भौतिक परिवेश से लेकर नैतिक धरातल तक पर कितनी विकट अराजकता रही होगी कि कृष्ण जैसे

व्यक्ति को भी हारकर कहना पड़ा था :

'ऊर्ध्वबाहुर्विरौम्येष न च कश्चिच्छृणोति मे'

'मैं बाँह उठा-उठाकर कह रहा हूँ पर कोई मेरी बात ही नहीं सुनता।' और इसी संकट के बोध के साथ यह बोध उदित हुआ कि अब युग बदल गया, यह तो अतीत से पृथक् है। और इसके लिए कल्पना की गयी कि द्वापर बीत गया, कलिकाल अवतरित हो गया। मध्ययुग वैज्ञानिक इतिहास के स्थान पर कल्पना प्रवण पौराणिकता का आश्रय लेता था। लेकिन द्वापर बीतने और कलिकाल के लक्षण प्रकट होने की कल्पना ही इस बात की परिचायक थी कि एक तीव्र संकट का बोध उस युग के चिन्तकों को तत्कालीन वर्तमान की ओर आकर्षित कर गया था, इसीलिए मैं कहता हूँ कि संकट का बोध और आधुनिकता का बोध बहुधा अभिन्न रहते हैं। परस्परावलम्बित।

इसीलिए अगर आज के युग को हम अपने आधुनिकत्व के प्रति सबसे अधिक सचेत पाते हैं तो सहज अनुमान किया जा सकता है कि आज का संकट शायद इतना व्यापक है, धर्म, दर्शन, ज्ञान-विज्ञान, कला, भाषा सभी क्षेत्रों में इतना गहरा है जितना किसी युग के अनुभव में कभी नहीं रहा। यह विशिष्टता केवल गहनता (Intensity) की ही नहीं, बल्कि यह भी कि इस संकट की जो प्रकृति है वह इतनी जटिल है, एक सन्दर्भ में इतने सन्दर्भ उलझे हुए हैं, एक बिन्दु का विघटन इतनी दिशाओं को प्रभावित कर जाता है, एक प्रश्न के उठते ही इतने प्रश्न उठ जाते हैं कि मानो रक्तबीज का एक शोणित बिन्दु अगणित रक्तबीजों को उत्पन्न कर देता हो।

मध्ययुग में इतिहास की प्रगति इतनी मन्थर थी कि यह सम्भव था कि उसमें मनुष्य शरीर से वर्तमान में रहते हुए भी मन और संस्कार से तीन सौ वर्ष पहले के युग में रह ले जाए। लेकिन आज इतिहास की धारा इतनी वेगमयी और आप्लावनकारी है कि अब यह सम्भावना जाती रही। चाहे या अनचाहे यह सारे युग को आच्छादित कर चुका है। यह बात दूसरी है कि हमारी प्रतिक्रियाएँ इसके प्रति कई स्तर की हों, कुछ सही हों, कुछ गलत हों लेकिन हम अब चाहे विरोध करके ही इसके अस्तित्व को मान्यता प्रदान करें लेकिन इसकी ओर से आँख नहीं मूँद सकते। ज्यों-ज्यों हम इसके प्रति जागरूक होते जा रहे हैं त्यों-त्यों मानव नियति के प्रति हमारी चिन्ता गहरी होती जा रही है। यह संकट का बोध हमें वर्तमान के प्रति जागरूक तो बनाता ही है, साथ ही त्रस्त और आशंकित होते हुए भी मनुष्य की चिन्तना संकट के मूल स्रोत की खोज करती है, उसकी परिणति का अनुमान लगाती है, जानना चाहती है कि यह कालप्रवाह क्या बिना किसी नियम के निरंकुश ढंग से बह रहा है—कभी किसी कगार को ढहाता हुआ, कभी किसी नगर को बहाता हुआ, या इसके प्रवाह के पीछे भी कोई नियम है, कोई लक्ष्य है ? ऐसे

दौर में इतिहास की, संस्कृतियों के उत्थान और पतन की क्रमबद्ध व्याख्याएँ प्रस्तुत करने के जितने भी प्रयास होते हैं उनका मूल अभिप्राय यही होता है कि वे संकटकाल में मानवीय नियति को ठीक-ठीक जानने की चेष्टा करें। अपनी स्थापनाओं और निष्कर्षों में ये सभी व्याख्याएँ चाहे जितनी भिन्न हों लेकिन संकट के प्रति ये सभी सचेत होती हैं। उन्हें यह भी लगता है कि यह काल, यह युग मानव-इतिहास का न केवल सबसे संकटग्रस्त युग है, बल्कि यह भी कि अब इतिहास एक ऐसे मोड़ पर आ खड़ा हुआ है जो सबसे महत्त्वपूर्ण मोड़ है, इसी युग में कुछ ऐसा होता है जो मानव-जाति के भाग्य का निबटारा सदा-सदा के लिए कर देगा। मार्क्स की इस स्थापना से कि यह वर्गसंघर्ष आखिरी है, से लेकर अरविन्द की यह स्थापना कि बस, इस साधना के बाद ही अतिमानव का अवतरण होना है, इसी चेतना के दो पहलू हैं।

इसीलिए इस युग का अपनी आधुनिकता का बोध एक ऐसा बोध है जो इतिहास में पहली बार उदित हुआ है। न केवल यह कि अपनी आधुनिकता के प्रति यह युग जितनी तीव्रता से सचेत है उतनी तीव्रता से कोई युग सचेत नहीं रहा, वरन् जितने स्तरों पर, जिस दृष्टि से, जिस अभिप्राय से, जिस स्थिति में यह युग आधुनिकता के बोध को हृदयंगम कर रहा है वैसा कभी किसी युग ने नहीं किया था। व्यापक सांस्कृतिक संकट की इतनी गहन चेतना, विघटित मूल्यों की इतनी निरंकुश अराजकता और फिर भी यह जानना कि इतिहास का यह मोड़ मनुष्य की नियति का सबसे महत्त्वपूर्ण मोड़ है, इस संकटग्रस्त क्षण में कोई-न-कोई निर्णय लेने का दायित्व हम पर है और जो निर्णय लिया जाता है, गलत या सही, सदा-सदा के लिए मानवजाति का अन्तिम (Final) निर्णायक मोड़ होगा, एक ओर इतना विराट् विघटन और दूसरी ओर समसामयिकता का इतना गहन दायित्व, यह आधुनिक बोध के ऐसे पक्ष हैं जो आज तक इतिहास में कभी नहीं उदित हुए थे।

❑

पश्चिम और पूर्व : एक भ्रान्त-विभाजन

कभी-कभी एक स्थापना प्रस्तुत की जाती है कि यह विडम्बना पश्चिम की है, पूर्व को इससे क्या लेना-देना, पूर्व इससे मुक्त है। पहले ऐसे स्वर बहुत अधिक सुन पड़ते थे, लेकिन समय के साथ-साथ ज्यों-ज्यों इतिहास का दबाव पूर्वीय जीवन-पद्धति और मूल्यबोध पर बढ़ता जा रहा है त्यों-त्यों ऐसी आवाजें कुछ धीमी पड़ती जा रही हैं। फिर भी क्या यह धारणा नितान्त भ्रान्त है या इसमें कुछ सत्य भी है, इस दृष्टि से इसे जाँच लेना अनुपयोगी न होगा।

पूर्व और पश्चिम के पार्थक्य की यह धारणा यदि यह स्थापित करना चाहती

है कि मानव-नियति एक नहीं वरन् दो हैं, तो शायद इतिहास इस बात की साक्षी न दे सकेगा। चिन्तन, संस्कृति, मानव-शास्त्र और ज्ञान-विज्ञान की दृष्टि से पूर्व और पश्चिम की यह विभाजक रेखा कहाँ से प्रारम्भ होती है, कहाँ खत्म होती है इसका कोई प्रमाण नहीं मिलता। यदि ऐसी कोई रेखा मान ली जाए तो इसका क्या प्रमाण कि इस इतने अक्षांश और इतने देशान्तर के पूर्व मानव-नियति का एक स्वरूप है, और उसके दो गज बाद पश्चिम में मानव-नियति का दूसरा स्वरूप है। क्या इतिहास किसी एक देश की सेना है जो इस रेखा के पूर्व या पश्चिम में अपनी सीमा के अन्दर ही पड़ाव डालकर बैठ जाए ? या इतिहास किसी मैच की दो टीमों की तरह अपने को बाँट लेता है और एक टीम पूर्व की ओर और दूसरी पश्चिम की ओर खेलती रहती है।

पुराने युगों में इतिहास की यह विच्छिन्न पृथक् गतियाँ कुछ अंशों तक सम्भव थीं, लेकिन कुछ ही अंशों तक। दो महाद्वीपों में अलग-अलग, या कभी-कभी एक ही महाद्वीप के दो विभिन्न क्षेत्रों में इतिहास की सर्वथा विभिन्न शृंखलाएँ घटित हो सकती थीं, एक-दूसरे से सर्वथा भिन्न संस्कृतियाँ पनप सकती थीं। लेकिन अन्ततोगत्वा मानव-नियति एक है—यह भावना, अस्फुट रूप में ही सही, तब भी विद्यमान थी। इसीलिए तब भी कभी कोई केन्द्रीय विश्व-साम्राज्य की भावना से मदान्ध आक्रमणकारी, कभी कोई भटकता हुआ अन्वेषक यात्री, कभी अपने द्वारा उपलब्ध आध्यात्मिक सत्य में दूसरों को भी सहभागी बनाने का उत्साही धर्म-प्रचारक इन सीमाओं को तोड़कर दूर-दूर पहुँचता था और उन अलग बहती हुई इतिहास-धाराओं में न केवल सेतु बनाता था वरन् उनकी गतियों को भी मोड़ने की भूमिकाएँ प्रस्तुत कर देता था।

लेकिन उतना अलगाव भी अब अतीत की बात हो गयी। आज के युग में, न केवल वैज्ञानिक यातायात के कारण वरन् इतिहास की समूची प्रगति के कारण, अखिल विश्व की नियति एक सूत्र में पूर्णतः आबद्ध हो गयी है। वैसे तो समस्त संसार की मानवता सदैव एक रही है, जाति, राष्ट्र, धर्म, रक्त के विभाजन केवल सतही रहे हैं, लेकिन जितने अर्थों में, जिस-जिस स्तर पर आज का मनुष्य विश्व-मानव है, वैसा इतिहास में कभी नहीं रहा। अपने अगणित भौतिक और सांस्कृतिक सूत्रों से वह समस्त विश्व में घटित होनेवाली इतिहास प्रक्रिया के प्रत्येक क्षण से अनिवार्यतः आबद्ध है। प्रत्येक क्षण, प्रत्येक जाने-अनजाने स्थल पर उसकी नियति बनने या बिगड़ने के क्रम में है। पूर्व की नियति या पूर्व की ऐतिहासिक गति सर्वथा पृथक् है और रहेगी, इस भ्रान्त धारणा को कुछ आचार्य बड़े अभिमानपूर्वक दुहराते हैं और अकसर आधुनिक साहित्य-बोध के विरुद्ध इसे एक बहुत सशक्त हथियार मानते हैं। लेकिन दुर्भाग्य से वे यह नहीं जानते कि आधुनिक साहित्य-बोध को विदेशी सिद्ध करने के लिए पूर्व और पश्चिम के अनिवार्य पार्थक्य

की जिस दलील का आश्रय वे लेते हैं, वह दलील स्वयं एक विदेशी दलील है जो 19वीं शताब्दी में यूरोपीय उपनिवेशवादियों ने पेश की थी। पूर्व को मूलतः पश्चिम से पृथक् सिद्ध करने के पीछे उनका एक स्वार्थ था। औद्योगिक क्रान्ति के बाद 19वीं शती में समस्त यूरोप में समानता, प्रजातन्त्र, मानवीय अधिकारों का जो आन्दोलन उठ खड़ा हुआ था जिसके अन्तर्गत स्वतन्त्र चुनाव, मजदूर-संगठन, और सामाजिक सुधारों की जो लहर पश्चिम में चली थी, उससे वे पूर्व को मुक्त रखना चाहते थे। न सिर्फ यह कि पूर्व पिछड़ा हुआ है वरन् यह कि जो सुधार इंगिलश पार्लियामेण्ट अँगरेजों के लिए कर रही है वह पूर्वीय लोगों के लिए निरर्थक है। पश्चिम शासन करने के लिए बना है, पूर्व शासित होने के लिए। इसीलिए साम्राज्यवाद के कवि ने घोषणा की थी—'East is East and West is West and the twain shall never meet.' और यह अलगाव इस सीमा तक था कि गोरे लोगों की संस्कृति अलग, उनकी मानवीयता अलग, उनकी नियति अलग, यहाँ तक कि उनकी अदालतें और उनकी जेलें तक अलग थीं।

इतिहास ने पश्चिम के इस अहंकार को काफी कुचल दिया है और रहे-सहे ये संस्कार भी धीरे-धीरे छूट रहे हैं, अब उधर से पूर्व की नियति के नितान्त पार्थक्य की बात नहीं सुनाई पड़ती। लेकिन इधर कभी-कभी कुछ लोग इस दो शताब्दी पुरानी खतरनाक उपनिवेशवादी धारणा को घमण्ड से दुहराते हुए जरूर पाये जाते हैं। जाहिर है कि इस अर्थ में पूर्व और पश्चिम का पार्थक्य नितान्त भ्रमपूर्ण है। इस संकट के समक्ष वे किन्हीं सर्वथा विच्छिन्न भूमियों पर खड़े हों, ऐसा तो नहीं है, लेकिन यह अवश्य है कि पिछली कुछ शताब्दियों में पश्चिम और पूर्व का जो राजनीतिक और आर्थिक सम्बन्ध रहा है, उससे पूर्व के लिए यह संकट और भी उलझन-भरा हो गया है। और यह भी अब निरन्तर अनुभव किया जा रहा है कि इस संकट के समक्ष पश्चिम और पूर्व की स्थिति परस्पर सर्वथा विच्छिन्न या विरोधी स्थिति न होकर अन्तरावलम्बित और कुछ अंशों में पूरक स्थिति है। पूर्व के आधिपत्य से पश्चिम पनपा और पश्चिम की टकराहट से पूर्व जागा। और अब इतिहास में ज्यों-ज्यों संकट का बोध तीव्र होता जा रहा है त्यों-त्यों पूर्व और पश्चिम एक नये स्तर पर अपनी नियति की परस्पर आबद्धता का अनुभव कर रहे हैं। यही नहीं, वरन् इस संकट के समक्ष मानवीय नियति के लिए पूर्व का दायित्व और भी गहरा प्रतीत होता है।

लेकिन वह बाद की बात है। उस पर विचार करने के पहले इस संकट और इसके अन्तर्गत पुराने मूल्यों के विघटन और नये मूल्य-क्षितिजों के उदय पर विचार कर लेना आवश्यक होगा। आखिर इस संकट की प्रकृति, इसकी परिधि, इसकी दिशाएँ क्या हैं ? और यह भी कि इसका आरम्भ-बिन्दु क्या था ?

यह बात बहुत बार, बहुत प्रसंगों में दुहरायी जाती है कि विज्ञान का उदय

इस युग की सबसे महत्त्वपूर्ण घटना है, लेकिन विज्ञान के उदय की बात करते समय बहुधा हमारा ध्यान विज्ञान के आविष्कारों, यन्त्रों, उपलब्ध शक्तियों और सुविधाओं पर ही केन्द्रित रहता है। किन्तु बोध या मूल्यों के स्तर पर उससे भी महत्त्वपूर्ण है वह परिवर्तन जो विज्ञान के कारण आधुनिक युग की सारी भावभूमि में दीख पड़ता है। लगता है, जैसे इस युग का 'टेम्पर' बदल गया है, उसकी दृष्टि बदल गयी है। चीजों को देखने-समझने की जिन्दगी को जीने का बुनियादी तौर-तरीका बदल गया है। विज्ञान ने हमारे जीवन में जो भौतिक परिवर्तन प्रस्तुत किये उससे ज्यादा महत्त्वपूर्ण है यह जो विज्ञान ने आन्तरिक स्तर पर बदल दिया।

मध्ययुगीन दृष्टि, चिन्तन, भावभूमि और विश्वासों की भित्ति धर्म की नींव पर खड़ी हुई थी। विभिन्न धर्मों ने मानव-नियति की विभिन्न व्याख्याएँ दी थीं लेकिन धर्म की एक मूल-दृष्टि यह अवश्य थी कि यह संसार और इसमें जिया जानेवाला जीवन केवल तैयारी है, या संक्रमण की स्थिति है, या केवल बीच में देखा जानेवाला स्वप्न है, वास्तविक जीवन कोई और है, वह अनन्त जीवन है, वह वास्तविक जीवन है और उसे प्रवाह या क्षय नहीं व्यापता, वह जीवन इहलौकिक नहीं है, पारलौकिक है। जिस धर्म ने इहलौकिक जीवन से बहुत अधिक सन्तुलन करना भी चाहा उसने भी अधिक-से-अधिक इसे लीला की संज्ञा दी, वह भी तब जब इसका रस निरपेक्ष भाव से लिया जाए। इसीलिए धर्म ने जीवन-सम्बन्धी जो भी बुनियादी मूल्य या मानदण्ड थे—चाहे वे नैतिक हों या रागात्मक, उन सबों का मूलस्रोत किसी-न-किसी पारलौकिक सत्ता को माना। उस प्रभु का आदेश ही हमारे समस्त प्रतिमानों का जनक है और वह आदेश निश्चित रूप से अपौरुषेय है। इस पारलौकिक सत्ता और उसकी इच्छा, उसके संकल्प, उसकी महिमा, उसके रहस्य बुद्धिजन्य नहीं हैं, किसी एक स्तर पर हमें उन पर विश्वास करना होगा। हम उस एक बिन्दु पर संशय नहीं कर सकते। वहाँ पहले विश्वास कर लेना होगा, तर्क और बुद्धि और परीक्षण और जाँचपरख बाद ही अनावश्यक बातें हैं।

इसीलिए जब विज्ञान ने धर्मशास्त्रों में दी गयी सृष्टि कल्पना और मानव-जीवन की व्याख्याओं पर आँख मूँदकर विश्वास करने से इनकार किया और खुद जाँचकर सत्य को उपलब्ध करने आ आग्रह किया तो धर्म को लगा कि यह उसके मूल पर कुठाराघात है। धर्म की ओर से जो तीव्र प्रतिवाद उठा उसमें धर्म ने बार-बार बुद्धि की सीमाओं की ओर संकेत किया और भौतिकता को ईश्वर-विरोधी करार दिया। वास्तव में विज्ञान इस प्रयास में लगा हुआ था कि वह यह सिद्ध कर सके कि भौतिक जगत् ईश्वर के संकल्प का परिणाम नहीं है और न वह किसी पारलौकिक सत्ता की इच्छा से नियन्त्रित है, वरन् उसके अपने यान्त्रिक नियम हैं और उनके अनुसार वह बिना ईश्वर के चल सकता है। और यह एक ऐसा आग्रह था जिसने मध्ययुगीन भावभूमि को मूलतः बहिष्कृत कर दिया। सृष्टि अपने नियमों से चलती

है, इस सृष्टि पर प्राणियों का विकास अपने नियमों से होता है, मनुष्य उसी विकास की परम्परा में है, नैतिक मूल्यों का कोई निश्चित पारलौकिक स्रोत नहीं, वे मूल्य मनुष्य ने ही अपने विकास के दौरान में अपनी सुविधा के लिए आविष्कृत किये हैं। उनका कोई स्थायी मानदण्ड नहीं।

विज्ञान बुद्धि के साधन से विजय को सम्पन्न कर सका था अतः उसने विश्वास के बजाय परीक्षण, श्रद्धा की जगह तर्क, आस्था की जगह विश्लेषण पर बल दिया और उसकी निश्चित परिणति यह हुई कि मानव-नियति के विषय में हमारी मध्ययुगीन धारणा बिलकुल बदल गयी। जैसे ब्राह्मण-कल्पना और भौतिक जगत् में से पारलौकिकता को बहिष्कृत कर दिया गया था और उसके भौतिक यान्त्रिक नियम खोज निकाले गये थे, वैसे ही मानव-नियति के साक्षात्कार के लिए जैविक और ऐतिहासिक विकास के यान्त्रिक नियमों की खोज होने लगी जो केवल अनुमानात्मक न हों, वैज्ञानिक हों। परीक्षण और प्रयोग से सिद्ध हों।

और इस सृष्टि पर मानव-जीवन के विकास की यान्त्रिक गति ही नहीं वरन् प्रत्येक मनुष्य के जीने की पद्धति, उसकी भावनाएँ, उसके संवेदन, उसके समस्त अन्तर्जगत् के भी यान्त्रिक गति से ही परिचालित होने की बात पर इस वैज्ञानिक दृष्टिकोण ने बल दिया। प्रत्येक मनुष्य का शरीर ही नहीं, वरन् उसका अन्तर्मन भी कुछ बँधे-बँधाये नियमों के द्वारा परिचालित हो रहा है, जिसे हम संकल्प या विवेक कहते हैं, उसे भी अवचेतन में स्थित शक्तियाँ अदृश्य डोरों से बाँधकर मनमानी गति देती रहती हैं। विज्ञान की इस परिणति ने एक अजीब-सी विषम स्थिति ला दी। एक ओर विज्ञान मानव-चेतना का मुक्तिदाता बनकर आया था। मध्ययुगीन अविवेकपूर्ण धारणाओं, कुण्ठाओं, अन्धविश्वासों से विज्ञान ने मनुष्य को मुक्ति दिलाकर स्वातन्त्र्य, समानता और बन्धुत्व के मूल्य स्थापित किये थे। मशीनों को ईजाद कर मनुष्य को अधिकाधिक शारीरिक श्रम से मुक्त कर उसे सांस्कृतिक विकास कर सकने के लिए अवकाश प्रदान करने की योजना बनायी थी, मनुष्य को प्रकृति के कठोर नियन्त्रण से छुड़ाकर उसने सारी प्रकृति को मनुष्य के अनुकूल बनाने के मार्ग बताये, लेकिन इस सारे अभियान का जो केन्द्र-बिन्दु था अर्थात् मनुष्य, वह एक विचित्र शून्यता में परिणत होता गया। उसके लिए मूल्य-निर्धारण की कसौटी क्या ? उसके जीने का लक्ष्य क्या ? उसकी यह विकास-यात्रा हो किसलिए रही है ? इसके लिए विज्ञान के पास कोई समाधान नहीं था। अभी तक जो तत्त्व मनुष्य को पशुओं से पृथक् सिद्ध करते थे, यानी उसकी विवेकपूर्ण संकल्प-शक्ति और उसकी नैतिक चेतना—उन दोनों को विज्ञान ने अमान्य सिद्ध किया। नैतिक मूल्यों का स्रोत अनिश्चित है। मनुष्य पशुओं से विकसित हुआ है अतः वह अब भी अन्तर् से पशु है, उसकी विकास-परम्परा में मनुष्य के रूप में उसकी स्थिति तो अपेक्षाकृत बहुत थोड़े दिन की है, इसीलिए उसकी चेतन मानवीय

परत बहुत सतही-पतली है, अन्दर वह केवल आदिम पशु है, और जीवन के विकास की सारी दिशा किसी नैतिक चेतना से नहीं हुई है। केवल अपने अस्तित्व के लिए अन्धा संघर्ष चलता रहा है। उसमें जो शक्तिशाली था वही विजयी हुआ, वह बच सका। इसके अतिरिक्त मूल्यों के निर्धारण की कोई कसौटी नहीं। अस्तित्व-धारण और मूल्यबोध की भूमि में कोई अन्तर नहीं रहा।

परिणाम यह था कि हम सारे मूल्यों का अवमूल्यन पाते हैं। एक विराट् अराजकता, एक घातक अन्धकारमय शून्य। मूल्यों के इस विघटन ने कैंसर की तरह मानवीयता को अन्दर से खोखला बनाना शुरू किया। प्रकृति पर ज्यों-ज्यों विजय प्राप्त हुई, मनुष्य त्यों-त्यों अपने को हारता गया।

मूल्यान्वेषण का कार्य दर्शन कर सकता था, लेकिन विज्ञान से यह भी आक्रान्त था। विज्ञान की यान्त्रिक पद्धतियों ने उसे भी विचित्र-से असमंजस में डाल रखा था। दर्शन में जो एक मानवीय पूर्णत्व की दृष्टि थी (विज़न), उसका वह धीरे-धीरे खण्ड चित्रों को स्थान देता गया था या तो वह स्थायी मूल्यों की खोज के स्थान पर अन्तरिम मूल्यों को मान्यता देने लगा और फलस्वरूप अपने लक्ष्य से ही च्युत हो गया, या उसने चिन्तन के उच्चारण, भाषा, उसके प्रतीक, बिम्बार्थ की जाँच करनी शुरू की, या वह भी इस अन्धसंघर्ष में एक अस्त्र बन गया, जो या तो बुजुर्आ हाथों में प्रयुक्त हो या प्रोलेटेरियट हाथों में। घोषित किया संघर्ष के उत्साही सेनापतियों ने कि अभी तक दर्शन ने संसार की जो व्याख्या की, अब उसे फावड़े की तरह हाथ में लेकर हम संसार बदल देंगे। या फिर दूसरी दिशा में वे अस्तित्ववादी दर्शन विकसित हुए जो चरम विघटन और शून्यता के बीच में किसी भी स्थायी मूल्य को अस्वीकार करते थे और यह मानते थे कि हरेक व्यक्ति अपना स्थायी मूल्य स्वतः निर्धारित करने को स्वतन्त्र है।

इसके पहले कि विज्ञान या दर्शन इस संकट का अनुभव करते, साहित्य ने इस संकट का एहसास कर लिया था। 19वीं शताब्दी के उत्तरार्द्ध में ही विश्व-साहित्य में बार-बार इस वैषम्य, विरोध, शून्यता की ओर दिग्भ्रमित संस्कृति के प्रति आशंका की भावना मिलती है, एक अराजक अनिश्चयता :

"Things fall apart; the centre can not hold;
Mere anarchy is loosed upon the world,
The blood aimed tide is loosed, and everywhere
The ceremony of innocence is drowned;
The best lack all conviction, while the worst
Are full of passionate intensity...
We are closed in and the key is turned
On our uncertainty."   (W.B. Yeats)

वास्तव में मानवीय सत्य को समग्रता से देख सकने की दृष्टि विज्ञान और दर्शन की असफलता के बाद अगर किसी में है भी तो साहित्य में, यही नहीं वरन् यह भी कि विज्ञान मानव-जीवन को बिना खण्डित सत्यों के आधार पर समझने की चेष्टा कर रहा था उनके मुकाबले में साहित्य की दृष्टि अधिक समग्रतापूर्ण थी और यों भी मानवीय नियति और मानवीय रागात्मक स्तर पर साहित्य अपने ढंग से साक्षात्कार करता आया था। लेकिन इससे पहले कि साहित्य इस चुनौती को स्वीकार करे, उसने खुद अपने को कुछ ऐसी संकटपूर्ण स्थितियों में उलझा हुआ पाया जो इस विघटन से ही उत्पन्न हो गयी थीं और जिनका सामना आज से पहले साहित्य को कभी नहीं करना पड़ा था।

चाहे वह पश्चिम में हो या पूर्व में, पर आज की संस्कृति का एक पक्ष है जनसख्या की बहुलता। संसार के इतिहास में कभी किसी युग में भीड़ का इतना गहरा प्रभाव नहीं रहा जितना आज है। भीड़ असंख्यों व्यक्ति-इकाइयों का संकलन नहीं रहती। उसमें मिलकर व्यक्ति खो जाता है और केवल भीड़ का एक विवेकहीन, आत्महीन व्यक्तित्व रह जाता है। ऑक्टोपस की तरह अपने विराट् पंजों से चारों ओर टटोलते हुए। चाहे पूर्व में हो या पश्चिम में, चाहे इस शिविर में हो या उस शिविर में, लेकिन मूल्यों की संवेदना रखनेवाला लेखक या कलाकार इस अगम्य भीड़ में अपने को नितान्त अकेला अनुभव करता है। वह भीड़ इतनी विशाल है, इतनी निरंकुश है कि जब तक वह किसी कोने के चबूतरे पर खड़ा होकर गला फाड़कर नारा न लगाए तब तक भीड़ का ध्यान आकर्षित नहीं हो सकता। काव्य या साहित्य को, जो हमारे नितान्त अन्तरंग क्षणों की सूक्ष्मतम अनुभूतियों को बड़े घनिष्ठ स्तर पर हमें देने का आदी रहा है, अकस्मात् यह एहसास होता है कि इस भीड़ में कोई भी व्यक्ति ऐसा नहीं जिसका कोई निजी जीवन या भाव-बोध हो, फलस्वरूप उसे एक भीड़ को आकर्षित कर, चीखकर नारेबाजी के अत्यन्त भोंडे ढंग से काव्य का पुरातन धर्म निबाहना पड़ता है। इस स्थिति की कई प्रतिक्रियाएँ साहित्यकार पर होती हैं। एक नितान्त अकेलापन, बिघरापन तो उसे लगता ही है। साथ ही या तो वह विक्षुब्ध होकर अपने एक सुरक्षा-कवच में लौटकर हाथ-पाँव समेटकर बैठा रहता है, या फिर नारे लगाते-लगाते गला बैठा लेता है और भीड़ में वह बिला जाता है।

दूसरी एक विचित्र स्थिति औद्योगिक पूँजीवाद ले आया है जो इसके पहले कभी भी नहीं थी। प्रेस, प्रकाशन और पुस्तक व्यवसाय ने आज साहित्य को भी उत्पादन, विक्रय, लाभ और पूँजी बना दिया है। इसके पहले सिवा आश्रित कवियों के, साहित्य कभी भी साहित्यकार की आजीविका नहीं रहा। इस व्यावसायिक युग में कलाकृति भी जब उत्पादन और विनिमय की वस्तु हो गयी तो इस परिस्थिति ने साहित्य के मूल्यों में एक आर्थिक या व्यावसायिक पहलू भी जोड़ दिया जिसका

परिणाम अच्छा ही हुआ हो, ऐसा नहीं कहा जा सकता। लेकिन सबसे रोचक स्थिति आयी तब जब राज्य ने साहित्य को न केवल आश्रय देना शुरू किया वरन् विनिमय में उसने लेखक की स्वतन्त्रता को बन्धक भी रखने की चेष्टा की। मध्ययुग में ऐसे उदाहरण तो मिलते हैं जब शासक ने प्रसन्न होने पर किसी कवि को मालामाल कर दिया और अप्रसन्न होने पर उसे हाथी से कुचलवा दिया, लेकिन ऐसा दावा कभी किसी राज्यशक्ति ने नहीं किया था कि लेखक को क्या लिखना है, किन समस्याओं पर लिखना है, किस प्रकार के नायक का चित्रण करना है, मानव-नियति के विषय में कौन-सा दृष्टिकोण रखना है; यही नहीं, बल्कि किस प्रकार की शैली रखनी है, इस सबके विषय में राज्य को अन्तिम निर्णायक मान लिया जाए। लेखक के लिए बना-बनाया दर्शन और बने-बनाये मूल्य तैयार हैं। उनको जितनी डिजाइनों में चाहे सजाकर रखता रहे। इसके लिए वह अनुत्साह अनुभव करे, यह भी अनुचित है, उत्साहपूर्वक इसे अपनाना चाहिए।

एक ओर अनगढ़, विराट् भीड़ का दबाव और उसके कारण लेखक के भाव-स्तर और अभिव्यंजना का संकट, दूसरी ओर औद्योगिक पूँजीवाद की चरम व्यावसायिक दृष्टि जो हर साहित्यिक कृति को बिक्री की दृष्टि से ही जाँचने का आग्रह करती है और तीसरी ओर राज्य का यह दावा कि मानव-सत्य का ज्ञाता, मूल्यों का अन्वेषक और नीति का निर्णायक केवल वह है, इन त्रिविध अवरोधों से आच्छन्न आधुनिक साहित्य को इस विघटन की संवेदना, स्पष्ट है कि, और भी तीखी होती है।

वास्तव में यह संकट समग्र संस्कृति का संकट है। यह मूल्यों का विघटन समस्त मूल्यों का विघटन है, और इसकी विचित्रता यह है कि आज से दो शताब्दी पूर्व जिन शक्तियों ने संसार के सामने एक सर्वथा नये उज्ज्वल अभूतपूर्व भविष्य की कल्पना रखी थी, वे ही शक्तियाँ इस विघटन की मूल कारण प्रतीत होती हैं।

आज के इस अत्यन्त विघटित, सन्त्रस्त, मनःस्थिति से कितनी पृथक् थी डेढ़ सौ साल पहले की मनःस्थिति, जब वैज्ञानिक पर अटूट विश्वास था, लगता था कि हजारों वर्ष से धर्म के मध्ययुगीन अत्याचार से विज्ञान ने पहली बार मानवीय नियति को मुक्त कराया है और आगे स्वर्णयुग आने ही वाला है। वे चिन्तक जो स्वप्नदर्शी थे, विज्ञान के कतिपय उपकरणों और प्रणालियों के आधार पर मनुष्य के आगामी विकास का बहुत ज्योतिर्मय चित्र कल्पित कर रहे थे। इनमें से दो प्रमुख थे, क्योंकि उन्होंने आगामी चिन्तन, साहित्य और राजनीति पर बहुत गहरा प्रभाव डाला था, एक था नीत्शे, दूसरा था कार्ल मार्क्स। नीत्शे और कार्ल मार्क्स, दोनों ने मनुष्य और नियति को स्थितिशीलता के स्तर पर न देखकर विकास के स्तर पर देखा था। नीत्शे यह मानता था कि जब विकास-प्रक्रिया में निम्न स्तर के पशु-रूपों का अतिक्रमण करते हुए मनुष्य-जाति इस वर्तमान रूप में पहुँची है

तो विकास-क्रम यहीं रुक नहीं जाएगा, इसके बाद अपना आन्तरिक विकास कर मनुष्य अतिमानव या 'सुपरमैन' बनेगा। अभी तक का जैविक विकास जीवन-संघर्ष के आधार पर हुआ है, दुर्बल जातियाँ नष्ट हो गयीं। शेष जातियाँ विकास कर गयीं। अब मनुष्य के आगामी विकास के लिए भी हमें यदि अगणित दुर्बलों का वध कर देना पड़े तो वह क्षम्य है। उसने दया, करुणा इन सबको ईसाई ढकोसला माना और माना कि जो 'सुपरमैन' की प्रक्रिया में है उसे 'गुड ऐण्ड ईविल'—पाप और पुण्य से ऊपर उठना पड़ेगा, उसकी नैतिकता इन मूल्यों से आबद्ध नहीं हो सकती। मार्क्स ने भी कहा कि धर्म की गतिहीन नैतिकता एक बुर्जुआ ढकोसला है। इतिहास प्रगति करता चला आया है। वह प्रगति वर्ग-संघर्ष पर आधारित है। सभी नये वर्ग अपना अन्तर्विरोध स्वयं में लेकर उपजते हैं और वे अन्तर्विरोध उनको नष्ट कर देते हैं और उनमें से नया वर्ग उपजता है। जैसे विज्ञान मशीन के चलने के नियम निर्धारित कर देता है वैसे ही मार्क्स ने इस प्रगति-यन्त्र के सारे नियम निर्धारित कर दिये और कह दिया कि मशीन तो अपनी गति से चलेगी ही, जो उसके अनुकूल चलेगा वह बचेगा, शेष नष्ट हो जाएँगे।

एक निश्चयपूर्ण आस्था नीत्शे और मार्क्स दोनों में दीखती है। विघटन है, अराजकता है लेकिन ये सब जायज हैं। नीत्शे ने कहा कि इस अराजकता में से एक जगमगाते नक्षत्र का उदय होगा, यानी 'सुपरमैन', और मार्क्स ने कहा, यह वर्ग-संघर्ष का अन्तिम मोरचा है, बस एक कदम और; उसके बाद सब ठीक हो जाएगा।

लेकिन कुछ ही दिनों बाद, यह स्पष्ट होने लगा कि इस प्रकार के अदम्य आशावाद, मसीहाई घोषणाएँ, यान्त्रिक प्रगति के स्वप्न या 'बियाण्ड गुड ऐण्ड ईविल' के सिद्धान्त ऐसी अमानुषिक स्थितियाँ उत्पन्न कर रहे हैं जो मध्ययुग के लिए भी अकल्पनीय थीं। स्थिति यह हुई कि बाह्य प्रगति हो रही है, भौतिक परिवेश सुधर रहा है, हर व्यवस्था विज्ञान का अधिक-से-अधिक उपयोग कर रही है लेकिन मानवीयता हर जगह नष्ट और निर्वासित हो रही है। फलस्वरूप एक चिन्तातुरता और त्रास की भावना दिनोंदिन प्रबल होने लगी, वह सतही आशावाद निरर्थक साबित हुआ। जिस समय यह काल-प्रवाह सार्थक लग रहा था, मूल्यवान् लग रहा था, उस समय साहित्य में भी विविध स्तरों पर समय-प्रवाह की सार्थकता का मन्तव्य स्थापित हो रहा था। टॉल्स्टॉय के विख्यात उपन्यास 'वार ऐण्ड पीस' में इतिहास का 'मोटिफ', जेम्स ज्वॉयस के 'युलिसिस' में चेतना-प्रवाह का 'मोटिफ', रोमारोलाँ के 'जाँ क्रिस्टाफ़' में 'नदी' का 'मोटिफ', सभी आशा का 'रिसरेक्शन' का स्वर लेकर आये थे, लेकिन प्रथम महायुद्ध के बाद यह स्वर मन्द पड़ता गया और उसके बाद साम्यवादी शिविर में मायकॉवस्की की आत्महत्या, प्रजातन्त्रीय शिविर में ज़्वीग की आत्महत्या, साम्यवादी शिविर में गोर्की की मृत्यु

की रहस्यमयी स्थितियाँ, फ्री वर्ल्ड में लोर्का की मृत्यु की परिस्थितियाँ, ये सब साहित्य में भी अन्ध आशावाद के आगे प्रश्नचिह्न बनकर खड़े हो गये।

और तब इस बात की ओर ध्यान आकर्षित हुआ कि विज्ञान की मानवीय मूल्यरहित यान्त्रिकता—भक्ति पर आधारित मानव-नियति की जो व्याख्याएँ थीं, चाहे वह नीत्शे की हों या मार्क्स की या औद्योगिक पूँजीवाद का 'फ्री कम्पिटीशन' पर आधारित प्रजातन्त्रवाद हो—ये सब मनुष्य का अवमूल्यन कर, उसे अन्दर की ओर उन्मुख होनेवाली जो आन्तरिकता है, अपने भविष्य को अपने स्वप्नों के अनुसार निर्मित करने की जो संकल्प-शक्ति है, अपने को निर्जीव यन्त्र न मानकर स्वतन्त्र व्यक्तित्व मानने की जो गरिमा है, उसे रुग्ण और कुण्ठित बना रही हैं। नतीजा यह है कि कहीं आर्थिक वैषम्य के कारण, कहीं चिन्तन-पारतन्त्र्य के कारण मनुष्य विवेक से शून्य, स्वतन्त्र संकल्प से रहित, भावावेशों, या बाह्य हिप्नॉटिक प्रभावों और ऐन्द्रजालिक अन्तर्विरोधों से परिचालित मानव-यन्त्र मात्र रह गया है। यदि हम उनकी मानवीयता का पुनरुद्धार कर उसे पुनः मूल्यों की खोज और निर्धारण कर अपनी नियति के स्वामी के रूप में प्रतिष्ठित नहीं करते तो हम एक ऐसे अमानुषिक अन्धकार के युग में जा गिरेंगे जो मध्ययुग के भयानक से भयानक युगों से ज्यादा त्रासदायक होगा।

लेकिन मनुष्य की इस आन्तरिकता की मूल्यवत्ता का आग्रह आधुनिक ऐतिहासिक अनुभव की ही अनिवार्यता है, किसी मध्ययुगीन धारणा की पुनःस्थापना नहीं। वह मध्ययुगीमर्मी या साधक या योगी जो समस्त संसार को माया समझकर, अपने को ब्रह्म समझकर अपने में ही लीन होने को श्रेयस्कर मानता था वह इस आधुनिक वैयक्तिक आन्तरिकता का लक्ष्य नहीं है। वह युग को, संसार को, काल प्रवाह को झूठा मानकर मानवीय नियति का साक्षात्कार किसी पारलौकिक सत्ता में करना चाहता है। आधुनिक बोध मानवीय नियति का साक्षात्कार इसी संसार में, इसी काल-प्रवाह में करना चाहता है। अपने परिवेश और समस्त परिस्थिति को नितान्त सत्य मानते हुए उसमें मूल्यों की खोज, सार्थकता की खोज करना चाहता है, अपने परिवेश को अपने सही सन्दर्भों में देखना चाहता है; उनकी सापेक्षता में अपने पूर्णत्व की प्राप्ति करना चाहता है।

इस वैयक्तिक आन्तरिकता का आग्रह प्रारम्भिक औद्योगिक पूँजीवाद का बुर्जुआ 'इंडिविज्यूअल' सिद्धान्त भी नहीं है। क्योंकि वह वैयक्तिक आन्तरिकता के विकास में बाधक था। वह तो व्यक्ति को अधिक-से-अधिक एक राजनीतिक वोट या एक विक्रय की वस्तु मानता था। आर्थिक सुविधाओं के बिना इस प्रकार के वैयक्तिक स्वातन्त्र्य की बात व्यर्थ थी क्योंकि वह स्वतन्त्रता, मात्र आर्थिक रूप से सम्पन्न व्यक्ति की हो सकती थी, एक वर्ग का व्यक्ति अपना श्रम बेचने को विवश है, दूसरा उसे खरीदने को स्वतन्त्र, एक पिसने को विवश है, दूसरा पीसने

को स्वतन्त्र। इस बुर्जुआ व्यक्तिवाद की मार्क्स ने जो आलोचना की है वह बिलकुल सही है। लेकिन इस विघटन के बाद यह अधिकाधिक अनुभव किया जाता रहा कि जो भी व्यवस्थाएँ मनुष्य की आन्तरिकता को विवश, निष्फल या मिथ्या सिद्ध करती हैं, चाहे आर्थिक सुविधाएँ छीनकर, चाहे मौलिक चिन्तन का बुनियादी हक छीनकर, वे आधुनिक युग को मध्ययुग की ओर लौटा ले जाना चाहती हैं। मनुष्य पशु से और यन्त्रों से पृथक् है, वह इतिहास का निष्क्रिय साझी या प्रवाह-पतित तृणमात्र नहीं है, उसे इतिहास के निर्माता के रूप में पुनः प्रतिष्ठित होना है, वही वह केन्द्र है जिससे इतिहासच्युत होकर विघटित हो रहा है। मनुष्य का स्वातन्त्र्य, उसकी संकल्प-शक्ति, उसका विवेकपूर्ण मूल्यवान् आचरण ही प्रगति के स्वप्न को सार्थक बना सकता है, उसे पीछे छोड़कर बढ़नेवाली प्रगति मिथ्या प्रगति है।

मूल्य मनुष्य से निरपेक्ष नहीं हो सकते। इतिहास बताता है कि मध्ययुग का यह आग्रह कि मूल्यों का स्रोत मनुष्य नहीं वरन् मानवोपरि कोई पारलौकिक दिव्य सत्ता है, खण्डित हो चुका है। विज्ञान का यह प्रारम्भिक आग्रह कि ब्रह्माण्ड एक विराट् चक्र के समान है, मनुष्य, उसका अन्तर्मन और बाह्य व्यवहार, पशुओं या यन्त्रों के ही समान है, उसमें मूल्यों की खोज आदि केवल एक मिथ्या धारणा है, एक विराट् विघटन और संकट ले आया। आज तो विज्ञान की ब्रह्माण्ड और मनुष्य के विषय में वह यान्त्रिकता और निश्चयता की भावना भी बदल चुकी है। आज रिलैटिविटी, क्वैण्टम, इलेक्ट्रॉन थ्योरीज़ के आधार पर वैज्ञानिक इस मत पर पहुँचे हैं कि यह ब्रह्माण्ड एक विराट् यन्त्र नहीं, एक विराट् मस्तिष्क से अधिक मेल खाता है। वे सिद्धान्त, जो यह मानते हैं कि भविष्य में कोई 'सुपरमैन', अवतरित होगा, या कोई विशेष व्यवस्था अवतरित होगी, अतः उसके लिए आज के मनुष्य की मूल्य-चेतना नष्ट हो जाए तो कोई हानि नहीं, वे भी अब निरर्थक सिद्ध होते जा रहे हैं। प्रगति, विकास और मनुष्य का उज्ज्वल भविष्य अपने-आप किसी यान्त्रिक नियम में बँधकर नहीं आयेगा, वह तभी आयेगा जब मनुष्य अपनी आन्तरिक वैयक्तिकता का अकुण्ठित, साक्षात्कार कर अपने को बाह्य परिवेश से ऐसे बिन्दुओं पर जोड़ेगा जो मूल्यवान हों, और इस जीवन के बाद के किसी पारलौकिक जीवन या इस वर्तमान के बाद किसी कल्पित भविष्य में नहीं वरन् इसी जीवित आधुनिक वर्तमान में अपनी नियति का साक्षात्कार करने के लिए कृतसंकल्प होगा। दायित्वपूर्ण, विवेकपूर्ण, मूल्यवान् स्वतन्त्र मनुष्य यन्त्र भी नहीं, पशु भी नहीं। मानसिक दास भी नहीं, मूल्यों की चेतना से रहित इतिहास का अनुचर भी नहीं।

एक ओर यह विराट् विघटन है और दूसरी ओर इस नये मूल्यबोध का उदय। इन दोनों के 'टेंशन' के बीच पिछले पचास वर्षों का साहित्य लिखा गया है जिसे हम आधुनिक साहित्य कहते हैं। एक ओर यान्त्रिक निश्चयता की घोषणा, दूसरी

ओर नितान्त अराजक विघटन, एक ओर मनुष्य-मात्र के बन्धुत्व का नारा और दूसरी ओर इतिहास के सबसे भयानक महायुद्ध, एक ओर इतिहास को प्रगति की ओर, भविष्य की ओर ले चलने का दावा, और दूसरी ओर उसके लिए मध्ययुग के कट्टर धार्मिक अत्याचार से क्रूरतर अत्याचारों की पद्धति अपनाना, एक ओर प्रजातन्त्र के अन्तर्गत मानव की गरिमा की घोषणा करना और दूसरी ओर उसे एक बिक्री की चीज मानना, इन विचित्र अन्तर्विरोधों से कभी अदम्य आशा, कभी चरम निराशा, कभी विद्रोह, कभी भटकन, कभी चरम कड़वाहट के बीच से आज का साहित्य गुजरता रहा है लेकिन इस खतरनाक यात्रा के बाद जो क्षितिज उसे मानवीय पूर्णता का दीखता है, उसके साक्षात्कार की राह चाहे वह अभी न खोज पाया हो लेकिन वह एक ऐसी भूमि है जिसकी उपलब्धि आधुनिक युग की सबसे बड़ी सार्थकता है।

मध्ययुग ने काल-प्रवाह को मिथ्या माना था। आधुनिक युग ऐसा कोई मानसिक पलायन नहीं करना चाहता, लेकिन वह इस प्रवाह में विवश बहना भी नहीं चाहता। वह इस काल-प्रवाह के अपने खण्ड में, अपने क्षण में पूर्णता से जीता हुआ, काल-प्रवाह की पूर्णता का, अतीत का, वर्तमान का, भविष्य का साक्षात्कार करना चाहता है। वह बाह्य परिवेशों को, संसार को मिथ्या नहीं मानता, लेकिन उसे अपना स्वामी भी नहीं मानता, अपनी आन्तरिक सार्थकता को नष्ट कर बाह्य परिवेश को ओढ़ना उसे मंजूर नहीं। वह अपनी आन्तरिक श्रेष्ठता की उपलब्धि करना चाहता है और अपने परिवेश को सार्थकता देना चाहता है। वह अपने दायित्वपूर्ण, संकल्पयुक्त स्वतन्त्र आचरण से मानव-नियति के साक्षात्कार में अपना मूल्यवान् सहयोग इसी वर्तमान में देना चाहता है, किसी भविष्य के भरोसे आज अपनी सार्थकता और विवेक को कुण्ठित नहीं होने देना चाहता।

इसमें पूर्व और पश्चिम के नितान्त पार्थक्य की बात करना ऐतिहासिक परिस्थिति के प्रति अपने नितान्त अज्ञान का परिचय देना है। मानव-नियति खण्डित नहीं है, बल्कि इतिहास ने जो मोड़ लिया है उससे लगता है पूर्व को अपने दायित्व-निर्वाह के लिए शायद अधिक सचेष्ट होना होगा। पूर्व पर मध्ययुग की छाया अधिक देर तक रही और जब वह पश्चिम की टकराहट से जागा, तब तक पश्चिम के सामने स्वयं यह विघटन एक तीखे प्रश्न-चिह्न की भाँति प्रकट हो चुका था। कुछ दिनों पहले पश्चिम में जो एक मिथ्या छिछला आशावाद था या आधुनिकता की एक सतही समझ थी, उसके टूटने पर एक चरम निराशा और कुण्ठा का वातावरण आया, पूर्व अपने को इन दोनों से मुक्त रख सकता है लेकिन तभी जब वह मानव-नियति के साक्षात्कार में सहभागी बनकर अपने दायित्व का पूर्ण अनुभव करे।

इस दिशा में साहित्य का महत्त्व राजनीति, विज्ञान और दर्शन की अपेक्षा

अधिक है। साहित्य के सामने भी यह विघटन और इससे उत्पन्न जो समस्याएँ हैं उनका संकेत किया जा चुका है, लेकिन दिनोंदिन यह अनुभव किया जाने लगा है कि साहित्य जिस भाव-स्तर पर मानवीयता को ग्रहण करने का प्रयास करता है, वह मनुष्य की उस आन्तरिकता को पुनः प्रतिष्ठित करने में सर्वाधिक सहायक होता है, वह आन्तरिकता जो मूल्यों की खोज करती है, संकल्प-शक्ति को जाग्रत् करती है, संस्कृति की आन्तरिक रुग्णता को दूर कर सकती है और मानवीय नियति के साक्षात्कार में सहायक होती है। वही तत्त्व है जिसने सदा मनुष्य को पशु या यन्त्रों से पृथक् एक सार्थक मूल्यवान् अस्तित्व दिया है।

❑

चिकनी सतहें : बहते आन्दोलन

तलाश ईश्वर की : बजरिये अफीम

सबसे पहले बीटनिक आन्दोलन पर एक नजर : जरा दूसरे नुक्ते से

आधी रात; लन्दन, सुनसान बस्तियों का बड़ा-सा जखीरा—लाखों सोते हुए लोगों को समेटे। लेकिन कुछ हैं जो सो नहीं रहे थे।

चेलसी मुहल्ले की फुलहम रोड का कॉफे 'द आर्टिस्ट'। करीब पाँच सौ लोग सिगरेट से झुलसी छोटी-छोटी मेजों के गिर्द बैठे हैं (या बैठने की कोशिश कर रहे हैं), मेजों पर खाली बोतलें, बोतलों में खुँसी मोमबत्तियों की पीली बीमार रोशनी—वे तमाम लोग असाधारण बोहेमियन बनने की जी-तोड़ कोशिश में।

बेचारे कलाकारों को इस कॉफे में बमुश्किल तमाम कॉफी या कोकाकोला से काम चलाना पड़ता है—बस।

बाहर सूनी सड़क पर चन्द मोटरें गुजर जाती हैं। और फिर सहसा सड़क घिर जाती है। एक पुलिस की लॉरी, दो काली मोटरें, एक स्क्वैड गाड़ी। चारों ओर पुलिस ही पुलिस। कॉफे पर छापा पड़ा है। वारण्ट है खतरनाक मादक द्रव्य-निषेध कानून के अन्तर्गत। तो ये अफीम, गाँजा, चरस की तलाश में आये हैं।

कॉफे में एकत्रित कलाकारों में से कुछ मोटरों में ठूँस दिये गये। आज अदालत में उनकी पेशी होगी। अन्य सैकड़ों के नाम-पते नोट कर लिये गये हैं। एक साधारण बोहेमियन शाम बिताने की अल्प कीमत।

कॉफे खाली है। बाहर, न जाने कहाँ से जो भीड़ इकट्ठी हो गयी थी, वह न जाने कहाँ गायब हो जाती है ! अन्दर मोमबत्तियाँ टिमटिमाकर बुझ गयी हैं। (डेली एक्सप्रेस : लन्दन : 14 मई, '62)

चैम्बरमेड सुबह की चाय के साथ अखबारों का बण्डल दे गयी है और सारे अन्तर्राष्ट्रीय समाचार और सुर्खियाँ छोड़कर मैं इसी खबर में उलझ गया हूँ और

अखबारों में कुछ और भी तथ्य हैं। 'डेली टेलिग्राफ' का कहना है कि कुछ सिगरेटों में मारिजुआना और बहुतों के पास अफीम निकली। चन्द शौकीनों की जेब में भाँग की पुड़िया भी थीं। छह कलाकार हिरासत में लिये गये–उनके नाम-पते भी छपे हैं। घण्टी बजती है और वासिफ फोन पर बोलता है–"या ख़ुदा ! बाल-बाल बचे भारती जी ! अगर यह छोटी मोटर खराब न हो गयी होती तो कल रात हम लोग यही कॉफे आपको दिखाने का प्रोग्राम बना रहे थे। यहाँ के नये शायरों, अदीबों, मुसव्विरों का सबसे मशहूर अड्डा। क्या-क्या शकलें इकट्ठा होती हैं वहाँ !"

मुझे याद आता है। उस दिन उधर से गुजरे थे, जहाँ एक विशाल शामियाना गाड़ा जा रहा था–चेलसी के विश्वविख्यात फ्लावर-शो के लिए, वासिफ ने दिखाया था। वहीं कहीं कलाकारों के ये अड्डे हैं। फटेहाल, बाल बिखेरे मर्दनुमा औरतें और औरतनुमा छोकरे–जिन्होंने समाज के खिलाफ युद्ध घोषित कर रखा है–बीटनिक, नाराज नवयुवक !

अगर मैंने 'बियाण्ड द फ्रिंज' न देखा होता, अगर मैंने ऑस्बार्न और गिन्सबर्ग के लेखन का तीखा विक्षोभ न पहचाना होता, तो शायद मैं भी लगभग समूचे लन्दन, समूचे पुरातनवादी पाश्चात्य समाज की भाँति इन्हें सिर्फ नशेड़ी-गँजेड़ी, सिरफिरे नौजवान मानता, जिनका एकमात्र इलाज थाने में है या पागलखाने में। लेकिन...गिन्सबर्ग ने अपनी प्रख्यात कविता शुरू ही की थी इनके जिक्र से–'मैंने देखा है अपनी पीढ़ी के सर्वश्रेष्ठ दिमागों को पागलपन से तहस-नहस होते–भूखे, विक्षिप्त, नंगे !' और इसमें, इस टूटने में शरत् के देवदास की करुणा भी नहीं थी और गोर्की के टूटते पात्रों की क्रान्ति-बीजता भी नहीं–एक विचित्र प्रकार की निरर्थकता का बोध, आकस्मिक विस्फोट। अमेरिका में गिन्सबर्ग अपनी प्रख्यात कविता का शीर्षक दे रहा था 'हाउल' (वन्य-पशु का क्रोधयुक्त आर्तनाद) और इंग्लैण्ड में ऑस्बार्न के नाटक 'लुक बैक इन ऐंगर' का नायक मानो इसकी व्याख्या कर रहा था–"एक तरह की धधकती हुई शक्ति होती है दिमाग और मन की, जो खोजती है अपनी ही जैसी कोई दूसरी धधकती सत्ता। सबसे विराट्, सबसे शक्तिमान् दीखने वाले प्राणी इस दुनिया के शायद सबसे अकेले प्राणी होते हैं। बूढ़े शक्तिशाली रीछ की तरह घने अँधेरे आदिम जंगल में अपनी ही साँस के पीछे भटकते हुए। कोई सहारा नहीं, कोई झुण्ड नहीं उन्हें आसरा और आश्वासन देने के लिए !"

'हाउल' की वह आग और इन वाक्यों का ज्वलन्त विस्फोट। लेकिन इनसे इस सक्रिय-क्रान्तिकारी, दुनिया को बदलने का संकल्प करनेवाले, अदम्य निष्ठावान् नायक की प्रतिमा क्यों नहीं उभरती ? टॉल्स्टॉय के पियरे या रोमाँरोलाँ के क्रिस्तोफ की प्रतिमा क्यों नहीं उभरती ? हेमिंग्वे के चरम-निर्वेद वाले बूढ़े मछुआरे की प्रतिमा

क्यों नहीं उभरती ? मेरे सामने ये विक्षोभ-भरे वक्तव्य हैं, और है सुबह का अखबार जिनमें छापा पड़ने के बाद सुनसान कॉफे 'द आर्टिस्ट' की सूनी मेजें हैं, जिन पर कुछ देर पहले चन्द अफीमची कुहनियाँ टेके पिनक में पड़े थे और जहाँ अब खाली बोतलें रची हैं, जिन पर बुझी मोमबत्तियों का मोम बह-बहकर जम गया है। वे कलाकार—वे नवयुग के विक्षोभ-प्रणेता अफीम खाये हवालात में सिर झुकाये कैद होंगे—अदालत के वक्त का इन्तजार करते हुए।

अदालतें कई बार बैठीं और फैसले सुनाये गये, किताबें जब्त हुईं; ये कलाकार दण्डित हुए लेकिन इनका दायरा फैलता गया। अमेरिका में बीट पीढ़ी, इंग्लैण्ड में नाराज नौजवान। और नये-नये जमींदोज कहवाखाने और भाँग और गाँजा और अफीम और अन्त में एल.एस.डी.। और बड़े चीकट बाल, कभी फटे कपड़े, कभी वह भी नहीं, समलैंगिक मैथुन, खुला यौनाचार, लेकिन इस प्रकार, मानो रस लेकर नहीं—वे घृणा से थूक रहे हों, शब्दों को ईंट-पत्थर की तरह फेंकना और...और... फिर एक अनुभूति निरर्थकता की, और फिर उसे डुबाने के लिए अफीम की दोहरी ख़ुराक और खतरनाक इंजेक्शन, जिनमें एक नया संसार दीखता है इन्द्रजाल का ! आदिम पशुओं से कामक्रीड़ा करती नग्न स्त्रियाँ, मवाद और दुर्गन्ध में पड़े हुए अंग—जिनमें आँखें बनी हैं और जो मांस की परतों के पार देखती हैं—और फिर उस भय को डुबाने के लिए और अफीम !

निस्सन्देह इन उबाकई लाने वाले तौर-तरीकों के खिलाफ बहुत-कुछ कहा गया। पुलिस और कानून, धर्म और गिरजाघर, पुराने दकियानूस लोग, जो हर नये का विरोध करते हैं। हम उनके विरोध को महत्त्व नहीं देते, लेकिन समय-समय पर समझदार लोगों ने भी इसके प्रति चिन्ता प्रकट की। इस आन्दोलन की चर्चा होने के लगभग सालभर के अन्दर ही प्रख्यात पत्रिका 'पार्टिजन रिव्यू' में नॉर्मन पोढोरेज ने इनकी इस आदिमवृत्ति-पूजा और वर्जना-विहीनता को सिर्फ एक परदा बताया था, जो बुद्धि-विरोध को ढाँकना चाहता था। यही नहीं, उसके अनुसार इनमें भावना की भी करुण निर्धनता थी, जिसे ये इस विद्रोह की आड़ में छिपाना चाहते थे। इनके विद्रोह का विश्लेषण करते हुए उसने कहा था : "ये लोग विद्रोही अवश्य हैं, लेकिन किसी सामाजिक या ऐतिहासिक तत्त्व जैसे मध्यवर्ग या पूँजीवाद या सम्भ्रान्तता के विरुद्ध नहीं। यह विद्रोह तो उन लोगों का है जो मानसिक वैभव में दरिद्र हैं और जिनके अन्तर लँगड़े-लूले हैं; नौजवान, जो सहज ढंग से सोचने में असमर्थ हैं और जो उन सबों से घृणा करते हैं, जो सहज ढंग से सोचने में समर्थ हैं, नौजवान, जो अपने स्व के दलदल से निकल नहीं पाते।"

लेकिन ये चुप नहीं रहे। एक बार 'टाइम' ने इन्हें 'खामोश पीढ़ी' कहकर पुकारा था लेकिन बाद में कहा गया कि ये खामोश नहीं थे : 'टाइम' और उसकी विचारधारा के लोग जरूर बहरे हो चुके थे। इनका कहना था कि ये बुद्धि के

खिलाफ नहीं, न उसके पक्ष में। बुद्धि इनके लिए असंगत वस्तु है। और इनके व्याख्याकारों ने कहा कि बीट पीढ़ी हमारे युग के मिजाज को व्यक्त करती है, इसकी जड़ें हमारे समाज के विघटन और दिशाहीनता में हैं। एक ऐसे समाज की उपज, जहाँ सारी नैतिकताएँ झूठी साबित हो चुकी हैं, राजनीति और आदर्शवाक्य गुमराह कर चुके हैं, मानव-विवेक की करुण सीमाएँ साबित हो चुकी हैं, पाप और पुण्य की सारी मान्यताएँ खोखली हो चुकी हैं, आज तक मानवीय सभ्यता ने बुद्धि, विज्ञान, नीति, धर्मभावना सबके द्वारा जो कुछ विकसित किया था, सब अर्थहीन सिद्ध हो चुका है और हर सवाल का आदमी के सामने सिर्फ एक जवाब काफी बचा है : 'अणुबम द्वारा सामूहिक विनाश !'

और इसीलिए जो बँधी-बँधायी धारणाओं के रूप में इन्हें मिला, वे उसके प्रति रंचमात्र विश्वास नहीं करते। वे अपनी खोज फिर से शुरू करना चाहते हैं और सब कुछ उलट-पलटकर देखना चाहते हैं। अतिशयता की दोनों सीमाओं तक; अफीम के नशे से लेकर सन्तों की समाधि तक ! जब जैक कैरुआक (प्रथम प्रख्यात बीट कथाकर) से टेलीविजन पर पूछा गया कि इस पीढ़ी को अन्वेषी पीढ़ी कहा गया है, आखिर आप किसकी तलाश कर रहे हैं, तो उसने बेहिचक जवाब दिया, 'ईश्वर की ! मैं चाहता हूँ कि वह ईश्वर जरा अपना चेहरा हमें दिखाए तो !' और गिन्सबर्ग ने अपनी कविता 'हाउल' के बारे में कहा कि वह कविता ''ईश्वर, मैथुन, अफीम और अर्थहीनता का आस्था-स्वर है !'' चूँकि गन्दी मर्यादाओं और व्यवस्थाओं वाले इस बाह्य संसार से मिलनेवाली हर अनुभूति अब झूठी पड़ चुकी है अतः असली अनुभूति अन्दर से मिलती है, एक चरम विस्फोटक उद्दीपन से, यह चाहे मैथुन से मिले, जॉज़ संगीत से मिले, हत्या और हिंसा से मिले या अफीम के इंजेक्शन से !

कैरुआक ने कहा था, ''हम इन आन्तरिक अँधेरी अनुभूतियों के गुहा मार्ग से गुजरकर ही दूसरे सिरे पर स्थित आस्था के द्वार पर पहुँचेंगे। इसके उस पार ईश्वर का चेहरा है।'' हम नहीं जानते कि हिंसा, उद्भ्रान्त संगीत, अप्राकृतिक मैथुन, छिली जाँघों के आदिम जंगल और अफीम और मारिजुआना के अँधेरे दर्रों से गुजरकर इनमें से कितने आस्था के द्वार पर पहुँचे और कितनों ने ईश्वर का बेनकाब चेहरा देखा, लेकिन अमेरिका की अपराध रिपोर्ट गवाह है कि इनमें से कितने ही गुप्त रोगों के अस्पतालों के द्वार पर या जेल के द्वार पर या पागलखाने के द्वार पर पहुँच गये। बहुत से फिर कभी लौटे नहीं।

हर पीढ़ी ने विद्रोह की गहरी कीमत चुकायी है और शायद बीट पीढ़ी से यह कीमत नियति ने सबसे क्रूरतापूर्वक वसूली।

लेकिन क्या यह कीमत सचमुच नियति ने वसूली ? या ये कीमत वसूलने वाले कोई और थे, जो बड़े शान्त ढंग से आन्दोलन की एक-एक गति-प्रगति का

हिसाब रखते हुए, अफीम की एक-एक चुस्की का गणित आँकते हुए कीमत वसूल कर रहे थे ? अफीम के इस रास्ते के पार क्या सचमुच ईश्वर का चेहरा था या कोई और चेहरा जिसे, कैरुआक भी नहीं जानता था, न गिन्सबर्ग ! कौन था वह चेहरा ?

❑

आइए, थोड़ी देर के लिए अफीम, जॉज, पसीने की दुर्गन्ध, वर्जनाहीन वाक्यावली, झूलती जटाएँ और सहज उपलब्ध शरीरों के जमींदोज कहवाखानों से दूर आपको एक-दूसरे वातावरण में ले चलें।

दक्षिण-पूर्वी एशिया का हरा-भरा खेतिहर प्रदेश। बैंकाक से सिंगापुर जाने वाला जेट। एक यात्री। हाथ में ताजा अखबार खुला पड़ा है। लेकिन वह विचारों में डूबा हुआ है। वह लेखक यात्री याद कर रहा है उन अकल्पनीय घटनाओं को, जो कम्बोडिया के उस अन्तर्राष्ट्रीय लेखक सम्मेलन के बाद घटीं।

"गियोन ने अखबार रख दिया। आँखें बन्द कर लीं और उसके सामने शैला का चेहरा घूम गया...वह चेहरा अभी भी धुँधला, काँपता हुआ, धुलता हुआ दीखने लगा था। उसने शैला के शरीर को जीवन में जाना था और जाना था मृत्यु में...और उस तनिक से सम्पर्क में उसने जाना था अपने को, अपनी भावानात्मक दरिद्रता को, अपनी निष्क्रियता को...और फिर उसकी आँखों के सामने घूम गये वे खेत जहाँ अफीम उगती है। वे ख़ूबसूरत मृत्युगर्भी पोस्त के फूल, जहाँ बखार में वह खतरनाक जहर, वह अफीम जमा थी जिससे युद्धों का खर्च निकलता है... हाँ, वह उन्हें देख पा रहा था। वे घाटियाँ जिनके ढाल पर लाल ख़ूबसूरत फूल झूम रहे थे, अफीम के। जहाँ अज्ञात हेलीकाप्टर आकर अफीम के बंडल ले जाते हैं। जहाँ यह तस्कर-व्यापार अन्तर्राष्ट्रीय संगठन सूत्रों से, राजनीतिक उद्देश्यों को छिपाये हुए चलता रहता है, जहाँ अफीम के विनिमय में बन्दूकें और हथियार खरीदे जाते हैं, उस अफीम के विनिमय में जो बन्दूकों से ज्यादा लोगों की अधिक सूक्ष्म ढंग से आहिस्ते-आहिस्ते हत्या करती है, बड़े-बड़े महानगरों में, क्योंकि चन्द खतरनाक मूढ़ लोग सत्ता चाहते हैं, सत्ता अपने हाथ में रखना चाहते हैं।" (द फोर फेसेज : हैन सुइन)

...मुझे आज भी वह शाम याद है। जकार्ता से लौटते हुए बैंकाक ठहरा था और उस बहुत छोटे-से प्रवास में बैंकाक ने मुझे पूरी तरह जीत लिया था। मित्र हवाई अड्डे तक पहुँचाकर लौट गये थे। अन्तर्राष्ट्रीय प्रतीक्षालय की बेहद रंग-बिरंगी खुशनुमा भीड़ में मैं चुपचाप बैठा था। घर लौटने की ख़ुशी नहीं, बैंकाक छूटने की उदासी, और मन बिलकुल खाली-खाली-सा। तभी माइक पर घोषणा

हुई : "नोमपेन्ह जाने वाले यात्री अपने विमान की ओर चलें..." और एक चीनी सौदागर, एक अमेरिकी पुरुष और दो महिला टुरिस्ट, एक और कैमरा लटकाये जापानी पत्रकार—खासी भीड़ उठ खड़ी हुई और सहसा मेरी याददाश्त में कौंध गयी हैन सुइन की दो बरस पहले पढ़ी कृति 'द फोर फेसेज'। घटना-क्रम की शुरुआत इसी बैंकाक के हवाई अड्डे से होती है। कथा का नायक गियोन, दो भारतीय लेखक—चन्दरदास और मुनि मुल्तानी, एक अमेरिकन युवती शैला हेनले, उसके पिता चार्ल्स हेनले और उसकी विमाता एलिजा हेनले, और कुछ और यात्री जो नोमपेन्ह (कम्बोडिया) जा रहे हैं एक 'तटस्थ लेखकों के अन्तर्राष्ट्रीय सम्मेलन' में, जो प्रख्यात मन्दिर नगरी अंगकोर में होने जा रहा है। अंगकोर में चतुर्मुख शिव की एक विराट् प्रतिमा है। (जिससे हैन सुइन[1] ने अपनी कृति का नाम रखा है, चतुर्मुख, द फोर फेसेज) जहाज रवाना होने के पहले एक बौद्ध भिक्षु शैला को एक ख़ूबसूरत डिब्बा लाकर देता है, कीमती चॉकलेट, जो एक शहजादी ने अपनी सखी शैला को भेजा है कि वह अंगकोर में उसे शहजादी के किसी रिश्तेदार तक पहुँचा दे।

लेखक सम्मेलन के दौरान कुछ अजीब घटनाएँ घटती हैं। काम-ग्रन्थि पीड़ित लेकिन अन्यथा सर्वथा भोली शैला विमान के फ्रांसीसी पाइलट, मुनि मुल्तानी तथा अनेक की अंकशायिनी बनने के बाद गियोन के सम्पर्क में आती है। रहस्यमय ढंग से शैला की विमाता एलिजा एक दिन उस कमरे में आती है जहाँ वह चॉकलेट का डिब्बा रखा है। कारण पता नहीं चलता। कान्फेरेंस में दुनिया के कोने-कोने से लोग आये हैं। एक अँगरेज लेखक ऐशले बेसिलडन आता है, जो अंगकोर पर किसी फिल्म के लिए सीनेरियो लिख रहा है और एक पाकिस्तानी लेखक आता है—अहमद फौद, जो साहित्य नदारद लेकिन 'काश्मीर हमारा है' का नारा बुलन्द करता है। और एक तरुण अल्जीरियाई कवि आता है जो कविता कम, गुरिल्ला युद्ध में ज्यादा निष्णात है।

और कान्फेरेंस खत्म होते-न-होते कम्बोडिया में एक विस्फोट होता है। गुप्त सैनिक क्रान्ति। एक प्रान्त का गवर्नर जनरल वाम बैरंग सहसा विद्रोह कर देता है। वे सभी हिरासत में ले लिये जाते हैं लेकिन समय रहते विद्रोह कुचल दिया

1. हैन सुइन की इस कृति का जिक्र करते समय यह बताना अनावश्यक न होगा कि उसकी सभी कृतियाँ उसके अपने वास्तविक अनुभव पर आधारित रही हैं। जिन देशों को उसने अपना कथा-क्षेत्र बनाया है, उनकी तत्कालीन राजनीतिक और आर्थिक परिस्थितियों का बहुत स्पष्ट विश्लेषण उसने अपने ढंग से प्रस्तुत किया है। इस कृति में व्यक्तियों के नाम परिलक्षित हैं और कुछ घटनाएँ भी, लेकिन बाकी सब उसके वास्तविक अनुभवों पर आधारित है। इसीलिए प्रकाशक ने भी कहा है कि इस कृति से अनेक प्रख्यात लेखक और राजनीतिक शायद बुरा मानें लेकिन जो बात है, वह कही जानी आवश्यक है।

जाता है और वे छूट जाते हैं।

और तभी ज्ञात होता है कि शैला गायब है।

सन्देह होता है कि शैला बूढ़े फ्रांसीसी पुरातत्त्ववेत्ता के साथ अंगकोर बाट के मन्दिरों के जंगलों में गयी होगी लेकिन वह अनुमान गलत निकलता है। "गियोन एक कम्बोडियन टैक्सी वाले की सहायता से अंगकोर के उजाड़ खँडहरों और जंगलों में भटकता फिरता है..."

पत्थर पर खुदे हाथियों की लम्बी कतार पर उजली चाँदनी बिखरी थी। पूरे गलियारे को पार कर गियोन उस प्रांगण में आया जहाँ कुष्ठी-सम्राट् की विशाल प्रतिमा बनी थी। चाँदनी में प्रतिमा पीली लग रही थी और उसकी सल्वेडोर डालीनुमा मूँछें बिलकुल रोबविहीन। और उस सम्राट् के गले में किसी ने रेशमी स्कार्फ बाँध दिया था, मजाक के मूड़ में। उसने स्कार्फ खोला और स्वतः उसकी सिकुड़नें दूर करने लगा। उसमें बेहद सिकुड़नें थीं मानो उसे किसी ने रस्सी की तरह बँटा हो !...

उसने चारों ओर देखा और अकस्मात् चीख पड़ा : 'शैला ! शैला ! मेरी प्यार !' कोई प्रतिध्वनि भी नहीं उठी। और जैसे स्वतः चालित-सा वह उन सीढ़ियों की ओर बढ़ा जो नीचे उस ओर जाती थीं जिसे यात्री लोग सुन्दरियों की गली कहते हैं क्योंकि वहाँ पतले रास्ते के दोनों ओर अनिन्ध सुन्दरियों की मूर्तियाँ एक लम्बी कतार में बनी हुई हैं। बहुत पतला रास्ता। एक के सिवा दो के जाने की गुंजाइश नहीं !

और वहीं पहले मोड़ पर वह थी ! निस्पन्द। उसे लगा कि मानो उसे पहले से आभास था। वह पहले से जानता था कि शैला की हत्या इसी तरह की जाएगी।" (द फोर फेसेज, पृ. 226)

और बाद में गियोन बताता है कि उसे आशंका थी कि शैला की जान खतरे में है किसी चॉकलेट के डिब्बे के कारण ! वह चॉकलेट का डिब्बा जो उसे बैंकाक के हवाई अड्डे पर एक बौद्ध भिक्षु ने शहजादी की ओर से किसी को पहुँचाने के लिए लाकर दिया था।

धीरे-धीरे अल्जीरियाई कवि-गुरिल्ला सैनिक, इब्राहिम मलिक की मदद से सारा भेद खुलता है। इस सारे आयोजन की आड़ में दो षड्यन्त्र काम कर रहे थे। अकस्मात् सैनिक क्रान्ति कराकर जनरल वान बैरंग को शासन सत्ता देने का और अफीम का तस्कर व्यापार। और जो लोग अफीम के व्यापार में लगे हुए थे, वे बहुत चतुर थे। उसमें बैंकाक की शहजादी भी थी और कम्बोडिया का वान बैरंग भी। उसमें वे फ्रांसीसी पाइलट और गुप्तचर भी थे जो वस्तुतः बदनाम फ्रांसीसी सैन्य संगठन ओ.ए.एस. के गुप्त सदस्य थे। यह ओ.ए.एस. उन फ्रांसीसी सैन्याधिकारियों का संगठन था (शायद अभी भी है) जो फ्रांसीसी उपनिवेशों को

स्वतन्त्र किये जाने के विरुद्ध थे, जिनका जाल भूतपूर्व फ्रांसीसी उपनिवेश इण्डोचाइना (लाओस और कम्बोडिया आदि) में अब भी सक्रिय था और जो दंगाल के आदेशों के विरुद्ध अल्जीरिया में फ्रांसीसी शासन बनाये रखना चाहते थे। उनके विशाल सैन्य संगठन, तोपों, टैंकों और बमों के खरीदने का खर्च इस अफीम के व्यापार से निकलता था। और इसके लिए उनके पाइलट एक गुप्त एयरलाइन चलाते थे, 'एयर ओपियम' ! और अफीम के इस तस्कर व्यापार में उनके गुप्त एजेण्टों का जाल बिछा हुआ था। मिसेज एलिजाबेथ हेनले शैला की विमाता, इस तस्कर व्यापार में शामिल थी। अफीम लाने-ले जाने के भी विचित्र तरीके थे। बौद्ध भिक्षु ने शहजादी की ओर से जो चॉकलेट का डिब्बा शैला को दिया था, उन चॉकलेटों के अन्दर अफीम भरी थी। शैला को कुछ मालूम नहीं था।

एलिजाबेथ एक दिन चुपचाप शैला के कमरे में आयी थी ताकि उस डिब्बे को हटाकर ओ.ए.एस. के लोगों को पहुँचवा दे और उसकी जगह पर साधारण चॉकलेटों का वैसा ही डिब्बा रख दे। शैला को किसी तरह इस सारे षड्यन्त्र की भनक मिल गयी थी और उसकी जबान बन्द करने का सिर्फ एक ही तरीका था—उसकी जबान हमेशा के लिए बन्द कर देना।

और फिर तो कितनी ही बातें पता चलती हैं। ये पुराने उपनिवेशवादी शासक, जिनके मुँह ख़ून लग चुका था, आसानी से अपनी सत्ता छोड़ने को तैयार नहीं थे। वे जहाँ सीधे शासन कर सकते हैं, वहाँ करेंगे; सारे दमन, आतंक और क्रूरता के साथ। जहाँ शासन सीधे नहीं कर सकते, वहाँ षड्यन्त्रों के द्वारा ऐसी सरकारें कायम कराएँगे जिनके सूत्र उनके हाथों में हों।

बाद में यह भी पता चलता है कि जनरल वाम बैरंग स्वयं अफीम के खेतों का मालिक था और यह भी पता चलता है कि इस विशेष सैन्य प्रतिक्रान्ति वाली साजिश के लिए अन्तर्राष्ट्रीय स्तर के भारतीय लेखक श्री मुनि मुल्तानी के जिम्मे भी कुछ महत्त्वपूर्ण काम था। बाद में वहाँ से एक हीरों की करधनी को चुपचाप निकाल लाने की बात है और वे अपने कैमरे में एक गुप्त खाना बनवाकर वह करधनी छिपाते हैं।

इस षड्यन्त्र के कैसे अजीब पहलू हैं ?

सत्ता हाथ में रखने का अमानुषिक लोभ, उसके लिए युद्ध। गुप्त रूप से अस्त्र-शस्त्र, युद्ध-सामग्री खरीदने और सेनाओं का वेतन देने के लिए अफीम का तस्कर व्यापार और उस पर परदा डालने के लिए हर चीज का चतुर इस्तेमाल, चाहे वह शैला की विक्षुब्ध, पथभ्रष्ट लेकिन निरपराध तरुणाई हो, चाहे अन्तर्राष्ट्रीय लेखक मंच का शामियाना हो।

और यह सब उस चतुर्मुख शिव की छाया में जो केवल निष्क्रिय साक्षी है।

कैरुआक ने कहा था कि यह पीढ़ी कुछ तलाश कर रही है और अफीम वह

रास्ता खोलती है जिसके पार उन्हें ईश्वर का चेहरा मिलेगा। लेकिन कोई जैक कैरुआक को बताये कि अफीम की इस धुँध के पीछे जो प्रभुसत्ता है उसके असली चेहरे कुछ और ही हैं। एक है उस स्वार्थान्ध पश्चिमी उपनिवेशवादी का चेहरा जो एशिया और अफ्रीका को खोकर भी खोना नहीं चाहता, चाहे उसके लिए कोई भी बर्बर अमानुषिक तरीका अपनाना पड़े। दूसरा है उस सत्ता-लोलुप एशियाई राजनीतिज्ञ का चेहरा, जो किसी से कोई भी सौदा कर शासन-सूत्र अपने हाथ में रखना चाहता है। तीसरा है उस छद्म बुद्धिजीवी का—लेखक का चेहरा, जो अपने देश की मिट्टी से उखड़ा हुआ है और आकाशबेल की तरह अन्तर्राष्ट्रीय कॉन्फेरेंसों और अर्थ-वृत्तियों के सहारे झूठा यश अर्जित करने के लिए कोई भी वाजिब-गैरवाजिब काम करने को तैयार है, किसी भी विदेशी संगठन का एजेण्ट बनकर...

❑

लेकिन ये तो तीन ही चेहरे हुए। क्या इस अफीम की धुन्ध के पार कोई चौथा चेहरा भी है ?

भला कौन विश्वास करेगा कि पश्चिमी उपनिवेशवादी, भ्रष्ट एशियाई राजनीतिज्ञ और लोलुप बुद्धिजीवी के बाद इस सारे विचित्र व्यापार में चौथा चेहरा चीन का है, जनवादी लाल चीन का ?

यह सचमुच इस युग का एक विचित्रतम तथ्य है कि जनवादी क्रान्ति और एशियाई पुनर्जागरण की शपथें खानेवाला लाल चीन अफीम के तस्कर व्यापार का शायद सबसे बड़ा आढ़तिया है। स्वयं संयुक्त राष्ट्रसंघ की ओर से किये जाने वाले अनेक सर्वेक्षणों में इसे स्पष्ट स्वीकार किया गया है। उनका कहना है कि उत्तरी बर्मा, थाईलैण्ड, लाओस तथा लाल चीन के दक्षिणी पूर्वी प्रान्त अफीम के सबसे जरख क्षेत्र हैं। खासतौर से चीन के यन्नान, क्वीचाउ और शेसी प्रदेश। संयुक्त राष्ट्रसंघ के पर्यवेक्षकों का कहना है कि चीन के पहाड़ी प्रदेश यन्नान में दुनिया में सबसे अधिक मात्रा में अफीम पैदा होती है। ज़ेमाओ और चेलि, इन दो कस्बों में बड़े-बड़े गोदाम हैं, जहाँ से कुलियों या खच्चरों पर लादकर अफीम बर्मा की सीमा पर पहुँचती है। यहाँ बर्मी तस्कर व्यापारी उसे सहेजकर साल्वीन नदी के किनारे-किनारे ले जाकर थाईलैण्ड और लाओस की सीमा पर पहुँचा देते हैं। वहाँ बड़ी-बड़ी आढ़तें हैं अफीम की, जहाँ सारे दक्षिण-पूर्व एशिया से प्रवासी चीनी सौदागर आकर उसे जगह-जगह पहुँचाते हैं। फ़िर बैंकाक, सिंगापुर, हाँगकाँग, टोकियो से वह माल अमेरिका और यूरोप को भेज दिया जाता है। चीन को विदेशी

मुद्रा की सख़्त जरूरत रही है। न केवल योजनाओं के लिए वरन् अणुबम बनाने के लिए। रूस तथा अन्य देशों से युद्ध की सामग्री खरीदने के लिए, पाकिस्तान तथा अपने अन्य दोस्तों को टैंक तथा युद्ध के विमानों का उपहार देने के लिए और यह विदेशी मुद्रा चीन को व्यापार या विदेशी सहायता से नहीं मिल सकती, लेकिन अफीम का व्यापार उसके लिए सोने का ढेर सुलभ कर देता है।

लाल चीन और अमेरिका तथा यूरोप के बाजारों के बीच जो मध्यस्थ कड़ियाँ हैं, वे भी बड़ी दिलचस्प हैं। दक्षिण-पूर्वी एशिया की राजनीति पर जिन्होंने बराबर निगाह रखी है, उन्हें मालूम है कि उत्तरी बर्मा के जंगलों में कम्युनिस्ट विरोधी च्याँगकाई-शेक की सेनाओं का एक बहुत बड़ा डिवीजन अभी तक पड़ा हुआ है। वे गृह-युद्ध में माओ की सेनाओं से हारकर बर्मा के जंगलों में भाग गये थे और तब से वहीं फँसे पड़े हैं। रूस और अमेरिका और हिन्दुस्तान के सामने अपना तैश दिखानेवाला लाल चीन आज तक अपनी सीमा पर स्थित इस च्याँगकाई-शेक की मुट्ठीभर फौज को पराजित नहीं कर सका। उसने कभी उन्हें छेड़ा ही नहीं। आपको कारण सुनकर अचरज होगा। नेशनलिस्ट चीन के 93वें डिवीजन के ये लगभग 5000 सशस्त्र सैनिक लाल चीन के इस अफीम के तस्कर व्यापार के सशस्त्र प्रहरी हैं। वे अफीम के इस कारवाँ की शानप्रदेश के डाकुओं से रक्षा करते हैं। उनके कई अफसर अफीम की आढ़तों के मालिक हैं। एक अमेरिकन पत्रकार स्टैनले कार्नाओ ने थाईलैण्ड के एक कस्बे में एक ऐसे ही कम्युनिस्ट-विरोधी नेशनलिस्ट चीनी सैनिक अफसर से भेंट की और पूछा कि वह लाल चीन के अफीम-व्यापार में मदद क्यों करता है, तो उसने हँसकर कहा, "जिन्दा रहेंगे तभी न माओत्से तुंग से लड़ेंगे। उस बंजर पहाड़ी प्रदेश में जिन्दा रहने और नये-नये शस्त्रास्त्र खरीदने के लिए कहाँ से पैसा आये ?" फ्रेंच उपनिवेशवादी संगठन ओ. ए.एस. के गुप्त विमान-मार्ग इसमें क्या मदद करते हैं इसका विवरण हैन सुइन ने दिया ही है लेकिन अमेरिकन सैनिक रिपोर्टों से पता लगता है कि कभी-कभी ख़ुद अमेरिका की वायुसेना के अफसर इस तस्कर-व्यापार की कड़ी बन जाते हैं। पिछले दिनों एक वायुसेना के सार्जेण्ट ने अकस्मात् ऐश से रहना शुरू किया। हाँगकाँग और टोकियो में एक-एक सुसज्जित फ्लैट और एक चीनी और एक जापानी रखैल। गुप्तचर विभाग को शक हुआ और एक दिन उसके विमान से अफीम के बक्से बरामद हुए।

इस युग की मूल्यगत अराजकता की कैसी दिलचस्प तस्वीर है !

लाल चीन पूँजीवादी ताकतों को नष्ट करने के लिए अणुबम बनाना चाहता है, उसे सोने की जरूरत है; नेशनलिस्ट चीनी फौजें लाल चीन को पराजित करना चाहती हैं, अतः उन्हें सोने की जरूरत है; ओ.ए.एस. उपनिवेशवाद कायम रखना चाहता है अतः उसे सोने की जरूरत है; और एक-दूसरे के विरुद्ध युद्ध करने के

लिए उन्हें जिस सोने की जरूरत है वह सब अफीम के व्यापार से मिल सकता है। अतः वे सब साथ मिलकर पूर्ण सहयोग-सद्भाव से गुपचुप दुनिया के बाजारों में अफीम पहुँचाते हैं और सोना इकट्ठा कर टैंक और तोपें खरीदते हैं और बम बनाते हैं ताकि एक-दूसरे को नेस्तनाबूत कर दें। लेकिन जिस समय वे अफीम के रोजगार में लगे हुए हैं उस समय चाहे वे लाल चीनी कमिसार हों, या ओ.ए.एस. के पाइलट हों, या च्याँगकाई-शेक के अफसर हों, उन सबका कौल है कि यहाँ न राजनीति का कोई मतलब है, न सिद्धान्तों का, न हमारे सामने कोई देश है, न सीमा, न यह आदर्श, न वह आदर्श, हमारे सामने सिर्फ अफीम का रोजगार है ! राजनीति से परे।

और जब न्यूयार्क में बीटनिक या संसार के अन्य देशों में उनकी अनुकृतियाँ यह कहना शुरू करती हैं कि उनके लिए न उनका कोई देश है, न कोई जनता, न कोई सीमा-संघर्ष, न कोई सैद्धान्तिक प्रतिबद्धता, तो जाने क्यों लगता है कि यह प्रतिध्वनि है। अफीम के उन तस्कर व्यापारियों की जो कम्युनिस्ट हैं, नेशनलिस्ट हैं, ओ.ए.एस. वाले हैं लेकिन किसी एक बिन्दु पर उनका कोई देश नहीं, कोई सैद्धान्तिक प्रतिबद्धता नहीं।

❑

जिन्होंने विज्ञापन और विक्रय की मनोवृत्तियों का विधिवत् अध्ययन किया है, वे बताते हैं कि अन्तर्राष्ट्रीय बाजार में किसी भी जिन्स की खपत ख़ूब बढ़ाने का आजमूदा तरीका है कि उस वस्तु को एक विशिष्ट वर्ग में प्रतिष्ठा का प्रतीक बनाया जाए और फिर उस पर वाद-विवाद और चर्चा को बढ़ावा दिया जाए। अफीम पर अगर आप परम्परागत ढंग से सोचें तो उसके साथ आसंग जुड़ता है, जर्जर विलासी अफीमचियों का; जो पिनक में पड़े ऊँघ रहे हों, भिनकती हुई मक्खियों के बीच बे-सिर-पैर की हाँकते हुए, मूर्खतापूर्ण हास्यास्पद बातें और व्यवहार करते हुए ! लेकिन उसी अफीम को आप जोड़ दें युगबोध से, विक्षोभ से, गहन आन्तरिक अनुभूति से, ईश्वर के चेहरे की तलाश से, कविता से, जॉज संगीत से, वर्जनाओं से, स्वातन्त्र्य पाने के आन्दोलन से, एक आकर्षक शब्दावली वाले चिन्तन से, तो सहसा वही अफीम एक विशिष्ट वर्ग में प्रतिष्ठा का प्रतीक बनने लगती है। अफीम का बाजार सहसा एक नये स्तर पर उठ जाता है और साथ-ही-साथ बाजार-भाव भी !

और फिर रातोंरात दूकानों के फर्नीचर और नामपट भी बदल जाते हैं, नये ग्राहकों के अनुरूप। जो कल तक 'गाँजा-भाँग-चरस की पेढ़ी' या 'मदकखाना' कहलाता था, वह बदलकर 'कॉफे द आर्टिस्ट' बन जाता है। और फिर ओ.ए.एस.

और लाल चीन की उस अफीम के लिए एक नया प्रतिष्ठित अन्तर्राष्ट्रीय व्यापार क्षेत्र खुल जाता है, क्योंकि अब व्यापार को समर्थित और प्रोत्साहित करनेवाला एक आन्दोलन उन्हें मिल गया है। उनका काम भी किस कदर आसान हो गया ! ज्यों-ज्यों आन्दोलन फैलेगा, अफीम की प्रतिष्ठा बढ़ेगी और प्रसार अपने-आप होता चलेगा।

कितना आसान है यह तरीका 19वीं शती के तरीकों के मुकाबले ! उस समय पश्चिम (खास तौर से इंग्लैण्ड) चीन के बाजारों में अफीम की खपत बढ़ाना चाहता था। भारत तथा अपने साम्राज्य के दूसरे हिस्सों में अफीम पैदा कर इंग्लैण्ड चीन में बेचना चाहता था। चीनी सरकार इसके खिलाफ थी लेकिन, "1820 से 1830 के बीच चीन में इंग्लैण्ड का व्यापार बहुत बढ़ गया। सबसे फायदेमन्द आयात अफीम का था। तब तक अधिकांश चीनी सामन्त और रईस, सरकारी अफसर और सैनिक अधिकारी अफीम खाने लगे थे। अफीम के प्रति विरोधी भावना बिलकुल नष्ट तो नहीं हुई पर बिलकुल निष्क्रिय अवश्य हो गयी। ('द रेड बारबेरियन्स' : राय मैक्ग्रेगर हेस्टी)

बाद में जब विरोध हुआ तो अँगरेजों ने युद्ध किये, जिन्हें अफीम-युद्ध की ही संज्ञा मिली। खूँरेजी, मारकाट, अग्निकाण्ड। यह भी इतिहास का विचित्र व्यंग्य है कि आज लालचीनी-साम्राज्यवाद अपदस्थ गोरे साम्राज्यवादियों की सहायता से अफीम भेजता है न्यूयार्क और लन्दन के बाजारों में और जिन अँगरेज रणबाँकुरों ने चीनियों को अफीम का आदी बनाने के लिए 19वीं सदी में तोपें चलायी थीं, उनके पोते-परपोते चेलसी के कहवाखानों में बैठकर मोमबत्ती की रोशनी में अफीम खाते हैं और हवालात भेजे जाते हैं।

आज अफीम फैलाने के लिए फौज भेजने की जरूरत नहीं। एक बीटनिक मसीहा अगर कलकत्ता, पटना और बनारस की यात्रा कर जाता है तो कुछ ही दिनों बाद वहाँ जाँघों के जंगलों और अफीम की रहस्यमयी परतों के पार ईश्वर का चेहरा तलाश करने वालों का सम्प्रदाय उग आता है : और उग आते हैं वे सभी मनोभाव और वे सभी शब्दवलियाँ और वे सभी मुद्राएँ जिनकी जड़ें हमारी ऐतिहासिक परिस्थितियों में चाहे न हों लेकिन जो हमें एक छद्म नयेपन की सुरसुरी और आत्मतोष दे जाती हैं।

❑

क्या इसके पीछे कहीं उन लोगों का हाथ है जो अफीम के अन्तर्राष्ट्रीय व्यापारी हैं ? क्या यहाँ भी साहित्य को उन्होंने एक सुविधाजनक परदा बनाया है ?

लेकिन यह सब भी जायज होता अगर इस सारे बीट आन्दोलन के मूल में जो खरा विक्षोभ और विद्रोह था उसे सही और रचनात्मक दिशा मिलती होती। सारे उलझावों के बीच सीधे ढंग से अगर बीट पीढ़ी के मन्तव्य को रखा जाए तो वह यही था कि : "यह धरती तो अपने विनाश की ओर बढ़ रही है। यहाँ जिन्दगी को सह्य बनाने का सिर्फ एक उपाय है कि यथार्थ को मुँह-दर-मुँह जैसा वह है उसे वैसा ही देखा जाए। इसके अलावा बाकी सब धोखा है, बहकावा है। दुनियादारी की तो एक छद्म मानसिक दुनिया है जिसमें एक चित्रवातायन है, जिसमें से कब्रगाह दीखती है और वह दीवारों पर राजनीतिक नारे लिखता घूमता है। लेकिन जो बीट है वह जानता है कि वह नितान्त अकेला है और उसकी समस्या यह है कि इस बोध के साथ उसे जिन्दगी जीना सीखना है।" (बीट ज़ेनरेशन ऐण्ड एंग्री यंगमेन)

लेकिन क्या वह यथार्थ को जैसा वह है, वैसा देख पाता है ? अफीम से लेकर एल.एस.डी. तक सभी द्रव्य उसके लिए एक झूठे इन्द्रजाल की दुनिया का सृजन करते हैं जिसे वह अपने अन्तर से उद्‌भूत की संज्ञा देता है। और उसी संवेदन को वह बार-बार दोहराना चाहता है।

कैसी व्यंग्यात्मक परिणति है ! वे अपना विद्रोह शुरू करते हैं एक ऐसी दुनिया के खिलाफ जहाँ बुद्धि और विवेक झूठा पड़ गया है, जहाँ झूठे मुखौटे और पाखण्डी मूल्य हैं और अन्त में आश्रय पाते हैं एक ऐसी दुनिया में जो अफीम या मारिजुआना या एल.एस.डी. द्वारा उनके लिए कल्पना में निर्मित कर दी गयी है। जिस दुनिया में कार्य-कारण सम्बन्ध है ही नहीं और जहाँ मुखौटों का सवाल ही नहीं, सब कुछ काल्पनिक और वायवीय है, मानसिक अव्यवस्था की अराजक प्रतिच्छवि ! भ्रान्तियों की दुनिया से छुटकारा पाने के लिए भ्रान्तियों की दुनिया में पलायन !

एक सबल खरा आन्दोलन किस चिकनी भूमि पर फिसलकर फिर वहीं जा पहुँचा, जहाँ से चला था ?

और क्या इस जमींदोज कहवाखानों में सचमुच विक्षोभ और विद्रोह के अग्रदूत ही आते हैं या आत्मवंचना और पलायन का नया ढंग उन्हें भी बहुत आकर्षित करता है जिनमें न प्रतिभा है न सच्ची सृजनात्मकता, न अदम्य विद्रोह, न पराजय की पीड़ा, जो अपने एक झूठे आत्मबिम्ब को प्रक्षेपित कर एक नया 'थ्रिल', एक क्षणिक रोमांच का अनुभव करना चाहते हैं। हमने शुरू में ही चेलसी के कॉफे द आर्टिस्ट पर पुलिस छापे का जिक्र किया था। डेली टेलीग्राफ ने उन छह विद्रोही कलाकारों के नाम, उम्र और पेशे छापे थे जिनके पास अफीम बरामद हुई और जो हिरासत में ले लिये गये थे। सूची इस प्रकार थी। पीटर जॉन एलिस, उम्र 28, मोटर मिस्तरी। बर्नार्ड वेल्ड्समैन, उम्र 24, मोटर मेकैनिक। केनेथ ब्राउन, उम्र 24,

दरजी। इयान लाफाये, उम्र 21, गोदाम का चौकीदार। पीटर डोनाल्ड डॉसन, उम्र 30, मुनीम। टोनी टॉमस, उम्र 19, क्लर्क !

ये तमाम दरजी, मिस्तरी, मुनीम, चौकीदार, किरानी दिनभर काम करने के बाद शाम को कॉफे द आर्टिस्ट में अफीम खाकर अपने एक महत् विद्रोही व्यक्तित्व के कल्पित बिम्ब से कुछ राहत पा लेते हैं और सुबह उठकर फिर सिर झुकाकर अपने काम पर चले जाते हैं। और यह क्रम तब तक बना रहता है जब तक अफीम उन्हें कामकाज के लायक बनाये रखती है।

झूठे मुखौटों से लड़ाई लड़ने की शपथ से शुरू होनेवाला यह सशक्त आन्दोलन ख़ुद एक मुखौटे में कैसे परिणत हो गया ? क्यों नहीं इस विद्रोह ने एक नयी संकल्प-शक्ति की दृढ़ता दी ? क्यों नहीं इसने मिथ्या मूल्यों के जाल को छिन्न-भिन्न कर एक नये प्रखर विवेक की स्थापना की ? इसने यथार्थ, मात्र यथार्थ, कटुतम यथार्थ को आँख से आँख मिलाकर निर्भीकता से देखने का जो दावा किया था, वह कहाँ गया ?

और क्या इसे ईश्वर मिला ?

हाँ, ईश्वर से याद आया। पिछले दिनों इस आन्दोलन ने एक बहुत दिलचस्प मोड़ लिया है। (मैं उसे दिलचस्प ही कहूँगा, न महत्त्वपूर्ण, न स्वस्थ) इसी 14 अक्तूबर की सुबह। न्यूयार्क के लोअर ईस्ट साइड पार्क में खेलते बच्चों और घूमते नागरिकों ने एक नया दृश्य देखा। एक बड़े से वृक्ष के नीचे करीब 50 व्यक्ति हारमोनियम, घण्टा-घड़ियाल, मृदंग और सितार लिये झूम-झूमकर कीर्तन कर रहे थे, 'हरे कृष्ण, हरे कृष्ण, कृष्ण कृष्ण हरे हरे ! हरे राम, हरे राम, राम राम हरे हरे !' कीर्तन के अगुआ थे भारतीय स्वामी ए.सी. भक्तिवेदान्त और भक्त कीर्तनकारों में प्रमुख थे बीटनिक शिरोमणि एलेन गिन्सबर्ग !

कीर्तन के बीच में गिन्सबर्ग ने उपस्थित जनता को बताया कि यह कीर्तन एक अद्भुत आन्तरिक उल्लास देता है, ऐसा जिसके समक्ष एल.एस.डी. या अफीम बिलकुल व्यर्थ है। कीर्तन करने के बाद किसी बाहरी मादक द्रव्य के सेवन की जरूरत नहीं। फिर गिन्सबर्ग ने हरे, कृष्ण और राम के अर्थ लोगों को बताये। यह आन्तरिक उल्लास कीर्तन से क्यों पैदा होता है, इसके लिए उन्होंने कहा कि इनका लयात्मक उच्चारण श्वासों को एक प्राणायाम जैसा योग-शक्ति दे देता है।...

तो आखिरकार विद्रोह के अग्रदूत गिन्सबर्ग को ईश्वर मिला, अफीम के धन्धे में नहीं, उस धन्धे को छोड़कर। लेकिन हाय रे भाग्य ! इतने नवीनतम विद्रोह के आन्दोलन की किस्मत में इतना पुराना, इतना साधारण, इतना दकियानूस ईश्वर बदा था ! हरे राम ! हरे राम !

और इस घटना के बाद उन लोगों का नवीनतम मेनीफेस्टो क्या है जिन्होंने अपने देश के सामाजिक सन्दर्भ, अपने ऐतिहासिक परिवेश, अपने सांस्कृतिक संकट

को समझकर अपना रास्ता खोजने के बजाय ज्यों की त्यों बीटनिक साहित्य की शब्दावली और भाव-भूमि अपना ली थी, मुझे मालूम नहीं। इतना अवश्य मालूम है कि जिस विचारान्दोलन में अपना विवेक, अपना साहस, अपनी दृष्टि और अपनी संकल्प-दृढ़ता नहीं है वह हमेशा एक अफीम से दूसरी अफीम तक भटकता रहेगा—राजनीति की अफीम से तस्कर व्यापार की अफीम तक। अन्ध संशय की अफीम से अन्ध भक्ति की अफीम तक, क्योंकि बीच में उसने सिर्फ एक चीज भुला दी है, छोटी-सी, कि वह मनुष्य है, वह अपने समाज, परिवेश और इतिहास से सम्बद्ध है, उसमें विवेक है, साहस है, संकल्प है : बशर्ते वह इनका इस्तेमाल कर अपनी सार्थकता सिद्ध करे !

❑

अराजनीति की राजनीति

ये आन्दोलन और यहाँ के लोग : भारतीय सन्दर्भ में

अभी मुश्किल से डेढ़ बरस बीता होगा, जब हमारा मुल्क एक अजीब दौर से गुजरा था। एक अन्यायी आक्रमणकारी की चुनौती को स्वीकार कर जवाबी हमला करता हुआ, दूसरे अन्यायी पड़ोसी की धमकियों की उपेक्षा करता हुआ; मौत, बमबारी और अन्न की कमी के समक्ष अड़कर स्वाभिमान से तना हुआ ! एक सामान्य-से व्यक्ति के नेतृत्व में जनसामान्य की असाधारण निष्ठा; किसानों, शहरवालों, विद्यार्थियों, फौजियों—यहाँ तक कि घरेलू औरतों तक में अपने देश के प्रति एक उदात्त भावना और सारी दुनिया में मित्र-विहीन होते हुए अपनी सचाई पर एक अटूट विश्वास की दीप्ति ! उसके बाद एक झटका, फिर अवमूल्यन, महँगाई, भुखमरी, छात्र-आन्दोलन, दंगे; फिर चुनाव और चुनाव में एक अप्रत्याशित मोड़, जिसके कारण लगने लगा कि हमारा जनतन्त्र अब पुख़्ता हो चला है। हमारे सामान्य नागरिक में एक नयी प्रौढ़ समझ और दृढ़ संकल्पात्मकता आयी है। देश के नागरिक रूप में एक नये दायित्व का बोध ! गोली खाते हुए युवक और सरकार बदलती हुई जनता।

'कुछ नहीं' की यह स्थिति आखिर क्यों ?

यह सब वह है जो आप अपने इर्द-गिर्द देखते और महसूस करते हैं। लेकिन ख़ुदा-न-खास्ता अगर कहीं आप साहित्य के जिज्ञासु पाठक हैं और नयी-से-नयी चीजें बड़ी उमंग से पढ़ते हैं, तो आप काफी मुसीबत में होंगे। आप चारों ओर देखते और महसूस कुछ और करते हैं, लेकिन लेखक आपको बताता है कि सारा हिन्दोस्तान एक विराट् चकला है, जहाँ सभी क्लीब हैं (सिवा लेखक के) और चारों ओर कुछ नहीं है—न अकाल, न महँगाई, न जनतन्त्र, न समाज—बकौल

लेखक के : 'काँपती टाँगों के बीच दंशित झाड़ियों ने ढँक लिया है सारे देश को प्रदर्शनों के मध्य', और लेखक एक हिंस्र प्रतिक्रिया में 'रोज वेश्यालयों और अनाम रास्तों से उठायी गयी औरतों की जाँघों और नितम्बों के मर्दन से भी शान्त नहीं होता, वह प्रत्येक छिद्र के साथ सम्भोग करना चाहता है।'—और नौजवान, 'शहर या देश या प्रेम की चर्चा नहीं करते, बल्कि औरतों के बदलने का इन्तजार करते रहते हैं।' उनकी स्पष्ट घोषणा है कि सरहद की रक्षा हो या भूख से लड़ने का सवाल—यह सब नितान्त बेमायने हैं, उनके लिए 'आगे या पीछे से गये सरहद आदमी को प्रवासी या विदेशी बनाने के फन्दे बिछाते हैं', 'स्वतन्त्र भारतवर्ष के नाम पर उन्होंने सिर्फ ऑक्सीजन को जाना है' सच तो यह है कि बकौल कवि के 'दुनिया की प्रत्येक मजबूत औरत नंगी और दो टुकड़ों में बँटी हुई, यह औरत मेरी माँ, मेरी बीवी, मेरा देश और मेरी जिन्दगी' है, और उसके लिए अन्य कोई जीवनोद्देश्य नहीं है—'देह की राजनीति से विकट सन्निकट और कोई राजनीति नहीं है संजय' और इसीलिए 'अपनी देह को उजागर करने के लिए नयी दिल्ली और ढाका, कराँची में अब कोई फर्क नहीं है।'

शब्द-शब्द, शब्द—चौंकानेवाले, और मन पर एक विचित्र अरुचिकर भाव छोड़ जाने वाले। यदि आप एक निष्ठावान् पाठक हैं और विश्वास करते हैं कि लेखक का शब्द के प्रति एक पवित्र दायित्व होता है और वह शब्द का किसी भी झूठ का संवाहक बनना बरदाश्त नहीं कर पाता, तो आपकी उलझन और भी बढ़ जाएगी। क्योंकि ये लेखक तो घोषित ही करते हैं कि जिन शब्दों के अर्थ झूठ पड़ गये हैं—जैसे 'दिव्य' उन्हें ये 'दि दि दि व्य दि व्य दि' जैसे मन्त्रोच्चार से मृत कर देंगे और केवल उन शब्दों का इस्तेमाल करेंगे जो असलियत के वाहक हैं चाहे वे शब्द कितने ही नंगे और कड़वे क्यों न लगें। इसीलिए आप मान लेते हैं कि इनकी सारी घोषणाएँ सच हैं—शब्द-प्रतिशब्द, हरुफ-ब-हरुफ। इनके लिए सचमुच, देश और इतिहास, और दूसरा व्यक्ति या जन-समुदाय और अन्य सभी व्यक्तिगत और सामूहिक क्रियाएँ व्यर्थ हैं—सिवा एक सम्भोग-क्रिया के और उसके अलावा जो कुछ है उस पर एक प्रश्नचिह्न लग गया है—'आदमी क्यों प्यार करता है ? युद्ध क्यों परिवार नियोजन ? क्यों बर्लिन की दीवार ? क्यों देशप्रेम क्यों ? अफीम की गोलियाँ...क्यों गार्गातुआँ की कहानियाँ ? क्यों काश्मीर के लिए ? सेनाएँ क्यों ? अजन्ता ? क्यों एक ही युद्ध मेरी कमर की हड्डियों में और कभी वियतनाम में ? होता है क्यों इन्दिरा गाँधी क्यों तुम वह ? मैं क्यों कुछ नहीं...कुछ नहीं...'

सब कुछ को नकारकर केवल 'कुछ नहीं' की शून्य स्थिति में वियतनाम का युद्ध अपनी कमर की हड्डियों में रचाते हुए, प्रत्येक छिद्र के प्रति कामेच्छा

रखनेवाला यह लेखक सचमुच कितना बड़ा विद्रोही होगा; अपने निजी जीवन में भी, अपनी सामाजिक स्थिति में भी, परिवार के झूठे बन्धन तो होंगे ही नहीं, और विगलित झूठी संस्थाओं से, मसलन देश से या देश की सरकार से या अन्य व्यक्तियों से, वह कोई सम्बन्ध रखता ही नहीं होगा—समाज की सुरक्षा या परिवार का स्नेह या सरकार की सहायता तो वह मरते दम तक स्वीकार ही नहीं करेगा क्योंकि ये सब तो उसके लिए कुछ नहीं हैं—कुछ नहीं, कुछ नहीं। कुछ लोगों ने इस नजरिये से भी इनको जाँचने की कोशिश की है और अकसर इन्हीं के समवस्यक कुछ लोगों ने रहस्योद्घाटन किया है कि निजी जीवन का इनका भोगा जाता हुआ यथार्थ बिलकुल दूसरा ही है। एक ने बताया था कि ऐसे ही एक 'सम्भोगेतर न-कुछ' विद्रोही अपनी सास की डाँट से चिन्तित रहते हैं। इनमें से एकाध की बीमारियों और सरकारी सहायताओं को लेकर कुछ प्रवाद भी फैले थे और अभी पिछले दिनों कहीं पढ़ा कि एक साहित्यिक गोष्ठी में जब एक रचनाकार अपनी ऐसी रचना पढ़ने जा रहे थे तो वह पहले मध्यवर्गीय भद्रोचितता का परिचय देते हुए अपनी पत्नी को घर पहुँचा आए क्योंकि उनकी रचना अश्लील थी और अपनी पत्नी के सामने पढ़ने लायक नहीं थी।

'देह की राजनीति वाली इन कृतियों की जाँच-पड़ताल का एक तरीका यह भी हो सकता है। इन रचनाओं में घोषित उनका यह यथार्थ कहाँ तक उनका, उनका भोगा हुआ प्रामाणिक यथार्थ है और कहाँ तक मानसिक कल्पना-विलास और मनगढ़न्त डींग मात्र—यह जाँच भी शायद अपनी जगह उचित हो, लेकिन फिलहाल हमारे अध्ययन की वह दिशा नहीं। मात्र सम्भोग-क्रिया में सिमट जाने वाले इस लेखन की मूल प्रेरणा जहाँ से आयी है। उसी आन्दोलन की तर्क-पद्धति का अध्ययन और विश्लेषण करने से भी जो तथ्य सामने आते हैं वे काफी दिलचस्प हैं और अराजनीति के एक विवेकपूर्ण बिन्दु से अपनी यात्रा शुरू कर यह आन्दोलन मानव-विरोधी राजनीति के किस गर्त में जा गिरता है—इसका सही-सही नक्शा पेश करते हैं।

यह लेखन किस बिन्दु पर फिसलकर दिशाभ्रष्ट हो गया ?

अभी ज्यादा दिन नहीं गुजरे जब हमने देखा था कि साहित्य पर राजनीति की तानाशाही हावी होने की कोशिश कर रही थी, कहीं किसी वाद के नाम पर, कहीं जाति के नाम पर, कहीं जाति की श्रेष्ठता के नाम पर, कहीं किसी और बहाने। कमअक्ल और अदूरदर्शी कमिस्सारों ने कला के मंगल पक्ष को केवल दलगत कठघरों में सीमित कर देना चाहा था और थोड़े ही दिनों में उसके खिलाफ विद्रोह की आवाज उठने लगी थी। कला को दलगत राजनीति से मुक्त होना है

और कलाकार का व्यक्तित्व अपने परिवेश, अपने समुदाय, अपने समाज से ज्यादा गहरे स्तर पर सम्पृक्त है—दार्शनिक, वैज्ञानिक या राजनीतिक नेता इन तीनों से पृथक् रूप में; इसकी घोषणा सशक्त स्वरों में की गयी थी—पश्चिम में भी और पूर्व में भी। केस्लर, स्पेण्डर आदि 'ग्राड दैट फेल्ड' के लेखकों की तो बात छोड़ें, टामस मैन जैसे विश्वव्यापी प्रतिष्ठा के लेखक को जब कलाकार और समाज पर बोलने को कहा गया तो उसने तुरन्त कहा—"समाज ? साफ-साफ क्यों नहीं कहते कलाकार और राजनीति, क्योंकि आज तो 'समाज' शब्द बस एक हलका-सा परदा है—राजनीतिक मन्तव्य को छिपाने का।" (सवेरे आर्ट्स—फरनैण्डो प्यूमा)

इस वक्तव्य के वर्षों पहले महादेवी जी ने 'दीपशिखा' की भूमिका (1942) में लिखा था—'पिछले पच्चीस वर्षों में विश्व के राजनीतिक जीवन में जो-जो आदर्श उपस्थित किये गये उनमें से एक को भी अभी तक पूर्ण विकास का अवसर नहीं मिल सका। पुराना पर स्वार्थी साम्राज्यवाद, नवीन पर क्रूर नात्सीज्म और फासिज्म, अध्यात्म-प्रधान गाँधीवाद, जनसत्तात्मक साम्यवाद, समाजवाद आदि सब रेल के तीसरे दरजे के छोटे डिब्बे में ठसाठस भरे उन यात्रियों-जैसे हो रहे हैं जो एक-दूसरे के सिर पर सवार होकर ही खड़े रहने का अवकाश और विवाद में ही मनोरंजन के साधन पा सकते हैं...। यह कुछ संयोग की ही बात नहीं कि इस युग में कोई भी महान् कलाकार राजनीतिक की कठिन रेखा के बीच स्वच्छदता की साँस न ले सका।' यह तो इधर के बुद्धिजीवियों की प्रतिक्रिया थी। उधर सोवियत रूस में भी पेस्तरनाक से येवतुशेंको तक में राजनीति की संकीर्ण दृष्टि के विरुद्ध छटपटाहट पनपती रही, वह भी अभी दूर की बात नहीं है।

लेकिन यह ख़ूब अच्छी तरह ध्यान में रखना होगा कि इनका विद्रोह राजनीति की दृष्टिगत संकीर्णता के विरुद्ध था, जहाँ दलगत दृष्टि विवेक की स्वतन्त्रता का अपहरण करने लगती है, या जहाँ लेखक के धर्म को राजनीतिक नेता या सुधारक के धर्म से तादात्म्य करने की भूल होने लगती है, उस बिन्दु पर था; लेकिन इनका राजनीतिक विरोध मनुष्य के व्यक्तित्व की समग्रता, आन्तरिकता या सामाजिकता के विरुद्ध नहीं था। राजनीति का विरोध करते हुए भी टामस मैन ने लेखन-धर्म के बारे में कहा था—"मैं कभी उस कलाकार को दोष नहीं दूँगा जो यह कहता है कि दुनिया की नैतिकता सुधारने का ठेका उसने नहीं लिया है। कलाकार संसार को बेहतर बनाता है नैतिक उपदेश द्वारा नहीं—उसके तरीके दूसरे हैं। वह संसार को बेहतर बनाता है—उसे एक आभ्यन्तरिक अर्थ देकर। वह विचारों को, शब्दों को, बिम्बों को प्रयुक्त करता है अपनी जीवनानुभूति अंकित करने के लिए। एक प्रकार से समग्र जीवनानुभूति अंकित करने के लिए। कलाकार इन सबको अन्दर से अनुप्राणित कर देता है। बस ! इधर महादेवी ने भी सुधारक,

राजनेता या दार्शनिक की राहों से लेखक की राह पृथक् बताते हुए कहा था—'जीवन को गति देने के दो ही प्रकार हैं—एक तो बाह्य अनुशासनों का सहारा देकर उसे चलाना और दूसरे अन्तर्जगत् में ऐसी स्फूर्ति पैदा कर देना जिससे सामंजस्यपूर्ण गतिशीलता अनिवार्य हो उठे। अन्तर्जगत् में प्रेरणा देनेवाले साधनों की स्थिति बीज के समान है...। बीज केवल अकेले रहने के लिए अन्य बीजों की समष्टि नहीं छोड़ता। वह तो नूतन समष्टि सम्भव करने के लिए ही ऐसी स्थिति स्वीकार करता है। यदि वही बीज—अपनी असाधारणतया बनाये रखने के लिए वायु पर उड़ता ही रहे तो संसार के निकट अपना साधारण परिचय भी खो बैठेगा।'

ये उदाहरण लगभग बीस वर्ष पहले के लेखन से मैंने जानबूझकर लिये हैं ताकि यह स्पष्ट हो सके कि लेखन के बिन्दु पर खड़े होकर राजनीति का विरोध मात्र न कोई नयी चीज है और न कोई गर्हित चीज। न वह राजनीति-विरोध लेखन को पतनोन्मुखता, मानवविरोध और वहशीपन की ही ओर ले गया; बल्कि उसने बहुधा मनुष्य को आन्तरिक अनुभूति और उसके ऐतिहासिक सम्पृक्ति के नये आयाम उद्‌घाटित किये। फिर यह समकालीन लेखन, जिसके उद्धरण हमने शुरू में दिये, राजनीति-विरोध से शुरू होकर उस अनर्गल प्रलाप तक क्यों पहुँच जाता है, जो एक ओर हास्यास्पद और बचकाना लगता है और दूसरी ओर निहायत गलीज और रुग्ण ? कहाँ किस बिन्दु पर फिसलकर यह दिशा भ्रष्ट हो गया ?

शायद बेहतर यही होगा कि शुरुआत हम वहाँ से करें जहाँ से इसकी शुरुआत हुई। इसलिए भी कि उस शुरुआत में न केवल शक्ति थी—सम्भावना भी थी।

विंसेण्ट वान गाघ अपने संघर्षशील रचना-बहुल जीवन के अन्त में बहुत एकाकी था, स्नेह से वंचित, उद्‌भ्रान्त और विक्षिप्तता में एक दिन उसने एक वेश्या को स्नेह-उपहार स्वरूप अपना एक कान काटकर दे दिया था। सशक्त बीट-कवि एलेन गिन्सबर्ग ने एक कविता लिखी—'डेथ टु वैन गाघ्ज ईयर !' उस कविता में एक गहरा विक्षोभ था उस सारी मूल्य-शृंखला और व्यवस्था के प्रति जिसकी बुनियाद राजनीति है। शीत-युद्ध की संकीर्णता से ऊपर उठकर उसने रूसी शासन-व्यवस्था और अमेरिकी शासन-व्यवस्था दोनों के विरुद्ध बगावत की थी और राजनीति की भी, जो दोनों ओर की कविता का गला घोंटती है, तीव्र भर्त्सना की थी। उसने कहा था—

> **''धन ने कूत लिया है अमेरिका की आत्मा को...**
> **फ्रैंकों ने कत्ल कर दिया लार्का को जो ह्विटमैन का धर्म-पुत्र था**
> **ठीक जैसे रूस से बचने को ख़ुदकशी कर ली मायकाव्स्की ने—**

ठीक जैसे ह्वाइट हाउस के गुप्त तहखानों में जला दिये गये लाखों टन
इनसानी गेहूँ
जबकि हिन्दुस्तान भूखों मर रहा था और चीख रहा था और
गुजर कर रहा था पागल कुत्तों पर...
और मैं चल रहा हूँ। चल रहा हूँ और एशिया मेरा हमराही है।
और अफ्रीका भी

और आज नहीं तो कल अमेरिका भी मेरे साथ चलेगा।
मैं वह सुरक्षात्मक राज्य-व्यवस्था हूँ–जो खतरे की सूचना पहले देती है
मुझे दीख रहे हैं कुछ नहीं केवल बम
मुझे क्या दिलचस्पी कि मैं एशिया को एशिया बनने से रोकूँ
और एशिया और रूस की सरकारें बनेंगी और विलीन हो जाएँगी
लेकिन एशिया और रूस विलीन नहीं होंगे
अमेरिका की सरकार भी बिला जाएगी–लेकिन अमेरिका नहीं
मुझे शक है कि अब कोई भी विघटित होगा सिवा सरकारों के
सौभाग्य से सभी सरकारें एक दिन विघटित होंगी
अगर विघटित नहीं होंगी तो वे जो अच्छी सरकारें हैं
और अच्छी सरकारें अभी तक दुनिया में कहीं हैं ही नहीं
लेकिन वे, अच्छी सरकारें, उन्होंने अस्तित्व धारण करना शुरू कर
दिया है मेरी कविताओं में

इतिहास मेरी इस कविता को पैगम्बरी वाणी साबित करेगा
मनुष्य अब आदमखोर अयथार्थ आदर्शों की भूख बरदाश्त नहीं कर सकता
युद्ध अयथार्थ आदर्श है
और दुनिया नष्ट हो जाएगी
पर मैं सिर्फ कविता के लिए शहीद हो सकता हूँ जो दुनिया को बचा लेगी
अब दैत्य के लिए प्रचार एक मिनिट भी बरदाश्त नहीं
और कवियों को राजनीति से अलग रहना चाहिए या दैत्य बन जाएँ
धन। धन। धन। चीखता हुआ उद्भ्रान्त अलौकिक धन !
भ्रान्तियों का। धन जो मिलकर बना है शून्य से, भुखमरी से,
आत्महत्या से। धन असफलता का। धन मौत का।''

निस्सन्देह गिन्सबर्ग की यह कविता एक कठोर आलोचना है शीत-शुद्ध से ग्रस्त धन और सत्ता की उपासना करनेवाली उस संस्कृति की, जो कभी लाल और

कभी पीले, कभी धारियाँ और सितारे वाले, हँसिया-हथौड़े वाले झण्डे लेकर रणस्थल में आमने-सामने खड़ी होती है, जिसकी सारी व्यवस्था और प्रशासन मानव-विरोधी है। और जब वह इस पतनोन्मुख राजनीति से कवि को मुक्त रखना चाहता है तो वह कोई गलत बात नहीं कहता।

लेकिन फिर उसके बाद वह या उसका बीट-सम्प्रदाय मनुष्य की मुक्ति की कौन-सी दिशा मानता है और कवि-कर्म को उसके लिए किस स्तर पर किस प्रकार सार्थक मानता है ? वे कौन-सी अच्छी सरकारें हैं जिन्होंने उसकी कविता में अस्तित्व धारण करना शुरू कर दिया है—और वे मनुष्य के प्रति किस दायित्व से अनुप्राणित हैं ?

एक मोड़ जो लिया जा सकता था पर...

यहाँ पर हम एक शून्य पाते हैं, एक टूटी हुई कड़ी—एक मोड़ जो लिया जा सकता था, पर नहीं लिया गया। बीट-लेखक विद्रोही तो है लेकिन दिशाहीन। 'उसका विद्रोह किसी भी सामाजिक या ऐतिहासिक सन्दर्भ में नहीं है।' (नार्मन पोढोरेज—द नो नथिंग बोहेमियन्स)। 'वह समाज-विरोधी नहीं है। उसका उद्देश्य तो समाज से असन्दर्भित होना है। वह चाहता ही नहीं कि किसी अन्य पर अपना प्रभाव कियान्वित करे—जॉज़ संगीत, या सम्भोगक्रिया या अफीम से मिलनेवाली समाधि की-सी अवस्था में वह डूबना चाहता है, अपने को मुक्त करने के लिए। अपनी सर्वाधिक जाग्रत-चिन्तनावस्था में वह महसूस करता है कि तर्क-वितर्क, आक्रामक भावना या सम्पृक्ति की चिन्ता—यह सब व्यावहारिक दुनियादारों की भाव-स्थितियाँ हैं और फिर वह बौद्ध चिन्तन का सहारा लेता है—जहाँ ये संवेदन ही दुःख के कारण माने गये हैं, अतः ये त्याज्य हैं।' (द फिलॉसफी ऑव बीट जेनरेशन—जान क्लेलान होलस) लेकिन बिलकुल शून्य में स्थिति सम्भव नहीं, अतः वह स्वयं एक भ्रान्ति का संसार बुनने के लिए विवश होता है—'चूँकि वह एक तहखाने में निर्वासित का-सा जीवन अख़्तियार करता है अतः उसे स्वयं अपने चारों ओर एक मिथक-वृत्तान्त बुनना होता है, जिसमें उसकी कोई कल्पित महत्त्वपूर्ण भूमिका हो। वह केवल एक दायित्व स्वीकारता है—अपने निज के इन्द्रिय संवेदनों को इतना जगाये कि वह अस्तित्व से अपना सम्भाषण जारी रख सके।' (बीट जेनरेशन एण्ड एंग्री यंगमैन) इसी को दूसरे शब्दों में यूँ भी कहा जा सकता है कि 'अब उसमें संसार को बदलने की कोई चाहना नहीं रही, वह सिर्फ संसार में रहने की पीड़ा को भुलाना चाहता है—सम्भोग-द्वारा, अफीम-द्वारा, जॉज-द्वारा।' क्या यह एक अबौद्धिक पलायन नहीं ? और क्या यह भी वैसा ही अयथार्थ आदर्श (एब्स्ट्रेक्ट) नहीं, जैसाकि वह 'युद्ध' जिसका जिक्र गिन्सबर्ग की

कविता में है ? और क्या मनुष्य मात्र को मुक्ति देनेवाली वह अच्छी सरकार जो गिन्सबर्ग की कविता में अस्तित्व धारण करने लगती है, वह सरकार है जो अफीम खाने और सम्भोग करने की पूर्ण स्वतन्त्रता दे देगी ? और उसी सरकार के लिए गिन्सबर्ग चल रहा है और उसके साथ-साथ एशिया चल रहा है और समूचा अफ्रीका भी ? यह 'देह की राजनीति'...

लेकिन नहीं, इसका एक पहलू और है। उसे नजरअन्दाज नहीं करना चाहिए। नॉर्मन मेलर-जैसे विख्यात लेखक ने इस आन्दोलन की आलोचनाओं का जवाब देते हुए इसे एक महान् क्रान्तिकारी का प्रथम चरण बताया है—वह कहता है, "यह वस्तुतः इस शताब्दी की दूसरी महान् क्रान्ति का प्रथम चरण है। वह क्रान्ति जो हमें आगे सक्रिय मोर्चे या ज्यादा समझदार सम-विभाजन की ओर न ले जाकर हमें पीछे ले जाती है—हमारे आदिम सत्त्व और हमारी शक्ति के आदिम-स्रोत की ओर।"

नॉर्मन मेलर के इस तर्क को अनेक बार बीटनिकों ने दोहराया है। वर्जनाओं से ग्रस्त मानव-व्यक्तित्व को सर्वथा क्षीण और जर्जर बना देनेवाली, सभ्यता और जिस पर यह सभ्यता निर्मित है, वह बुद्धि और तर्क नितान्त त्याज्य हैं—वस्तुतः इन सबको त्यागकर अपनी कामोद्दीप्त देह में आदिम शक्ति और मुक्ति की खोज; यह दलील अकसर उन आन्दोलनों का आधार रही है जो पिछले दिनों बीटनिकों ने अमेरिका में या उनकी अनुकृतियों ने यहाँ-वहाँ किये हैं। इस आन्दोलन का एक उपकरण लेखन तो है ही—अन्य उपायों में सामूहिक प्रदर्शन से लेकर विराट् कवि-गोष्ठियों या होटल के सार्वजनिक कक्षों में कपड़े उतारकर नग्न हो जाना भी रहा है। अभी वह समाचार बहुत पुराना नहीं है कि किस प्रकार एक विशाल कवि-गोष्ठी में एक बीटनिक शिरोमणि ने 'न्यूडिटि' का अर्थ पूछे जाने पर शब्दों में अर्थ बताने के बजाय स्वयं अपने कपड़े उतारने शुरू कर दिये थे। अँगरेजी कुछ मामलों में सचमुच बड़ी दरिद्र भाषा है। इस वृत्ति के लिए 'न्यूडिटी' या 'नेकडनेस' दोनों अंग्रेजी शब्द निहायत नाकाफी हैं। इस वृत्ति का द्योतक तो केवल एक हिन्दी शब्द है—'नंगई' इनकी यह नंगई निहायत बचकानी और हास्यास्पद लगती है।

इसलिए भी कि अभी मुश्किल से तीन-चार दशक पहले वर्तमान सभ्यता से विमुख होकर आदिम सत्य और शक्ति के आदिम स्रोत की ओर लौटने का जीवन-दर्शन कहीं अधिक गम्भीर और सुचिन्तित ढंग से, कहीं अधिक व्यापक सन्दर्भ में, कहीं अधिक कलात्मक परिपक्वता के साथ एक ऐसे लेखक के द्वारा प्रस्तुत किया जा चुका है जो इनसे कहीं ज्यादा प्रतिभाशाली था—यानी डी.एच. लॉरेन्स। इस यान्त्रिक सभ्यता में जहाँ आदमी पुरजा बनता जा रहा है, वहाँ उसके पुनः आदमी बनने, अपने सत्त्व को पूर्णतः प्रस्फुटित और कुसुमित करने का केवल

एक तरीका है कि वह पीछे लौटकर आदिम स्रोत तक पहुँचे। रक्त में निहित आदिम सूर्य को उदित होने दें। रक्त अब भी हमारी उस आदिम ऊर्जा की वाहक है—"मेरा धर्म है रक्त में आस्था, मांस में जो बुद्धि से ज्यादा ज्ञानवान् है। और यह रक्त रक्त को पुकारता है, मांस मांस को। पुरातन पुरुष आदम की अग्नि अभी भी प्रज्वलित है और अग्नि की एक विशेषता है कि वह अग्नि को पुकारती है। इस देह की कामाग्नि उस देह की कामाग्नि को भड़काती है।" (सेक्स वर्सेज लवली-नेस—संकलित निबन्ध) और अन्त में "मैं चाहता हूँ कि वह मुझे छुए—अन्ततोगत्वा मेरे अन्धकार के मूल को और फिर मुझमें विलीन होती चली जाए। जैसे मैं उसमें विलीन हो जाता हूँ और तब हम दोनों अलग-अलग और पृथक् होंगे, हमारी दोनों की अपनी अनाम सत्ता होगी और वह होगा शुद्ध होना, वास्तविक मुक्ति।" (मेनीफेस्टो)

आदिम सत्त्व की ओर लौटने की पुरानी बात

लॉरेन्स के इस जीवन-दर्शन और उससे उद्भूत कलाकृतियों की श्रेष्ठता तथा उनकी सीमा—इन दोनों पर काफी विचार हो चुका है। आदिम की ओर लौटने के उसके चिन्तन में जो भ्रान्तियाँ हैं, उसका भी विवेचन हो चुका है। कॉडवेल ने इसी सन्दर्भ में बहुत ठीक कहा था कि रोग का यह निदान सही हो, लेकिन इलाज गलत है। हम न्यूरोटिक रोगी को उसके शैशव की अविकसित मानसिकता में वापस ले जाकर स्थापित कर दें, यह कोई इलाज नहीं है। इससे सिर्फ इतना होता है कि हम उसको प्रौढ़ चिन्तन के आन्तरिक तनावों से, उसकी पीड़ से मुक्त कर देते हैं लेकिन वस्तुतः उसे भावना, चिन्तन और मूल्यबोध के स्तर पर नितान्त निम्नकोटि का असंवेदनशील बना देते हैं। बीमार सभ्यता का इलाज यह नहीं है कि हम वापस आदिम गुहा-जीवन की ओर लौट चलें। जैसे बचपन की मानसिकता में लौटा हुआ प्रौढ़ न्यूरोटिक एक सहज सामान्य शिशु के मुकाबले में अस्वस्थ और रुग्ण लगता है, वैसे ही एक सभ्यता को यदि हम आदिम समाधान की राह पर लौटा ले चलें, तो वह इतिहास की वास्तविक आदिम अवस्था के मुकाबले में अधिक अस्वस्थ और रुग्ण लगने लगेगी। बच्चा कितना ही माँ के गर्भ शान्ति में लौटना चाहे, पर अन्ततोगत्वा उसके लिए एक ही रास्ता है : प्रौढ़ होना और जीवन के यथार्थ का मुँह-दर-मुँह सामना करना (स्टडीज़ इन ए डाइंग कल्चर)।

आदिम की ओर लौटने का यह तीस-चालीस साल पुराना झूठा पड़ा हुआ तर्क जब आज की अमेरिकी सरजमीं में नयी धूमधाम से आरोपित किया जाता है (और उनकी अन्ध अनुकृति अन्य देशों के नयों द्वारा की जाती है) तो उसके नयेपन के दावे पर तो हँसी आती ही है, यह देखने की उत्सुकता भी बढ़ जाती है

कि अमेरिकी समाज के टेढ़े-तिरछे, तुड़े-मुड़े आईने में यह दर्शन कौन-सी शक्ल अख़्तियार करता है। नॉर्मन पोढोरोज कहता है कि "अमेरिका की जीवन-पद्धति बराबर यौनेच्छा को न केवल भरपूर भड़काती है वरन् उसे नये-नये प्रभा-मण्डलों सहित मण्डित करती है, लेकिन वास्तविकता में उस यौनेच्छा की स्वस्थ पूर्ति को असम्भव बनाती चलती है। नतीजा यह होता है कि अमेरिकी किशोर-मानस यौन द्विविधा के बोझ से बेहद आक्रान्त हो उठता है और वास्तविक जीवन में जितनी यौनाकांक्षा की अपूर्ति है, वह सब उसके कल्पना जगत् में अद्भुत, अकल्पनीय, जायकेदार सम्भोग के बिम्बों में प्रकट होती है।" (या फिर वह नये-नये अप्राकृतिक और अमानुषिक तरीके ढूँढ़ता है, सम्भोग क्रिया से नयी लज्जत पाने के लिए। और उसे कला का स्थानापन्न बनाता चलता है) "निम्फैट लड़कियों के बलात्कार, हत्या, पशु-यन्त्रणाओं के संगीत स्वर टेप में साग्रह भरता है। इयान ब्रेडी कवि है।"

ये अपराध-गिरोह और यहाँ के लोग

इस क्रूर क्लीब मनःस्थिति में और उस मनःस्थिति में फिर कितना-सा फर्क रह जाता है जहाँ कोई अस्वस्थ मानस का व्यक्ति अमानुषिक अपराध करने पर उतर आता है। "सच तो यह है कि जब कभी कोई आदिम वृत्तियों और शक्ति के आदिम स्रोत की बातें करता है तो मेरा मन आशंकित होने लगता है।" नॉर्मन पोढोरेज इनका विश्लेषण करते हुए कहता है : "मुझे लगता है कि अगली बात वह यही कहेगा कि आक्रामक हिंस्रता बिल्कुल जायज चीज है। क्या सचमुच वह विश्वास करता है कि किसी के दाँत तोड़ देना या किसी की पसलियों में छुरा भोंक देना, ये आदिम कृत्य बहुत ही काबिले तारीफ हैं...कुछ दिनों पहले सेंट्रल पार्क में दिन-दहाड़े एक ऐसे ही अमानुषिक गिरोह ने नौ बरस के बच्चे को पत्थर मार-मारकर मार डाला। ब्रुकलीन के समुद्र तट पर उस ख़ुशनुमा बेंच पर ऊँघते हुए एक बूढ़े को एक गिरोह ने पेट्रोल छिड़ककर जला दिया। एक अपंग बच्चे पर एक गिरोह ने बलात्कार कर फिर उसे बार-बार छुरा भोंका। क्या आदिम वृत्तियों को मुक्त कर देने, आदिम अवस्था की ओर लौटने का यही अर्थ नॉर्मन मेलर मानता है ? क्या यही आदिम सत्त्व का रहस्य है ? मैं यह बात इसलिए उठा रहा हूँ कि इन अमानुषिक अपराधी गिरोहों की आदिम वृत्ति उपासना में और बीटनिक और हिप्स्टर्स की आदिम वृत्ति की ओर वापसी में मुझे बहुत कुछ समानता दीख पड़ती है।"

इन अमेरिकी अपराध-गिरोहों की पृष्ठभूमि में अब जरा हिन्दोस्तान के कुछ कवियों की हसरतों का मुलाहिजा फरमाइए (हैं ये दिमागी कल्पनाएँ, लेकिन हौंसले

बुलन्द हैं) ''देह के गरिष्ठ बन्धनों में आग लगाने/और नगरों और महिलाओं की गरिमा का इतिहासान्त करने की बलवती इच्छा/मुझमें जनमती है और कई जहरीले फन मेरी कमर में लिपट जाते हैं/मैं पहले फन को हाथ में नचाता हूँ और अपने बूढ़े पिता की गरदन के पास चमकते तिल पर उसकी थूथनी मसलता हूँ...और एक फन को पत्नी की ओर, दूसरे को तुम्हारी भुजा पर लपेट देता हूँ/दोनों फनों की चपेट में रिरियाती तुम्हारी बोटियाँ पटपटाकर टूट जाती हैं।...मैं तुम्हारे मुख को सी देता हूँ एक कच्चे चमड़े की डोरी से और, आँखों में मिर्ची की बारीक सलाई आँज देता हूँ। तुम्हारी आँखों से बहते ख़ून को चाटते हुए मुझे सुख मिलता है।'' दूसरे बन्धु के बलबले हैं—''अपनी दगाबाज प्रेमिका की काँख में चाकू भोंकने की तमन्ना छिपाये हुए...मैं कापालिक ख़ून में तरबतर उड़द के दाने पूरे शहर में छितराऊँगा...रात में चुपके से मांस लोथड़ों के त्रिभुज हर दरवाजे पर ठोंक आऊँगा...हर दरख़्त पर टहनी, फूल, पत्ती की जगह, हड्डियाँ, साँप, बिच्छू, टाँग जाऊँगा और फिर पूरे शहर में छोड़ दूँगा दस हजार पागल कुत्ते। जब कुत्तों का पागलखाना बन जाएगा पूरा शहर, मैं...कालभैरव की तरह दौड़ता जाऊँगा। किसी वेश्या के शव पर बैठ देखता रहूँगा। भौंकते हुए शहर का हड़कम्प।''

सीमेण्ट के उस घने जंगल न्यूयार्क की गलियों में गोल बाँधकर घूमते हुए खतरनाक अपराधी दरिन्दों को नृशंसता और अमानुषिक हिंसा के इतने नायाब तरीके नहीं सूझे होंगे। गिन्सबर्ग की कविता में अभी अस्तित्व धारण करनेवाली 'अच्छी सरकार' का यह भारतीय दस्ता अपने रहनुमाओं से कहीं ज्यादा कल्पनाशील है, यह तो मानना होगा।

इनके 'देह-राजनीति' वाले जेहन में सिर्फ दिल्ली और कराँची का ही फर्क नहीं मिटा है, दिल्ली और न्यूयार्क का फर्क भी मिट चुका है !

और बीटनिक आन्दोलन में न्यूयार्क दिल्ली के लिए क्या कर रहा है, जरा इसका भी लेखा-जोखा ले लिया जाए। आपको याद होगा कि कुछ दिन पहले लोकसभा में विदेशमन्त्री श्री छागला से पूछा गया था कि क्या किसी अमेरिकी यूनिवर्सिटी में एक नाटक खेला गया है जिसमें बड़े कुत्सित ढंग से भारत का और हमारे कुछ सम्माननीय नेताओं का अपमान किया गया है। कुछ भारतीय विद्यार्थियों ने उसके विरुद्ध आवाज उठायी है।

अब उस नाटक के बारे में कुछ तथ्य विस्तार से मिले हैं। वह नाटक एक नये बीटनिक नाटककार रोनाल्ड टेवेल की 'महान् कृति' है, और यह भी सुना जाता है कि इस नाटक को आचार्य गिन्सबर्ग का आशीर्वाद भी मिला है।

'कैम्प' नाटक : नाटककार का वक्तव्य

न्यूयार्क के बीटनिक उपनगर ग्रीनविच विलेज की एक पुरानी इमारत में पिछले साल रोनाल्ड टेवेल ने एक निर्देशक और कुछ अभिनेताओं के साथ अमेरिका के गतिरुद्ध रंगमंच को नयी दिशा देने के लिए कुछ स्वलिखित नाटक प्रस्तुत करने शुरू किये। ये नाटक 'कैम्प' नाटक थे और इन्होंने अपनी नाट्यधारा का नामकरण किया था कि 'थियेटर ऑव रिडीकुलस'। रोनाल्ड टेवेल को कुछ लोग बैकेट और आयनस्को का समकक्ष नाटककार घोषित करते हैं। उन्हीं टेवेल महोदय का नया और सनसनीखेज अनोखा शाहकार है; 'इन्दिरा गाँधीज डयरिंग डवाइस' 30 मिनिट का एकांकी जिसका विषय है अकाल-पीड़ित भारत। स्टेज पर कराहते और दम तोड़ते भुखमरों के अलावा दो प्रमुख पात्र हैं इन्दिरा गाँधी और कामराज। स्टेज पर होनेवाले अधिकांश क्रियाकलाप और संवाद ऐसे गलीज और भ्रष्ट हैं कि उन्हें छापा नहीं जा सकता। परदा उठता है तो अँधेरा है और स्टेज पर चन्द मरते हुए नंगे-भूखे कराह रहे हैं और बदन उमेठ रहे हैं। कोनों में सर्प का वेष धारण किये एक अर्द्धनग्न लड़की रह-रहकर फुँकारती है और यह बहुत देर तक होता रहता है, फिर स्टेज रौशन हो उठता है और इन्दिरा गाँधी कामराज के साथ प्रवेश करती हैं। उसके बाद स्टेज पर जो दृश्य और संवाद शुरू होते हैं उसके बारे में स्वयं लेखक टेवेल ने लिंक के प्रतिनिधि से स्वीकारा कि "लगता था कामसूत्र का सामूहिक अभिनय हो रहा है।"

इस अकाल-पीड़ित देश की भूखी जनता और हमारे राष्ट्रीय नेताओं का यह अपमानजनक चित्रण मानो काफी नहीं था। इस नाटक में हास्य का पुट दिया गया था और वह इस प्रकार कि कामराज इन्दिरा को सुझाते हैं कि साइंस का एक नया करिश्मा निकला है–'आइसोमेट्रिक्स', यानी इन लोगों को बर्फ का इंजेक्शन दे दिया जाए तो ये जमकर शान्त हो जाएँगे, मरेंगे नहीं। बस, इसी हालत में जहाँ के तहाँ, जैसे के तैसे बने रहेंगे, बरसों तक...उसके बाद कैसे 'आइसोमेट्रिक' नृत्य होता है, उसमें उनकी एक कल्पित पुत्री रोजा की क्या भूमिका है, यह सब कुछ इतना अभद्र है कि जिस यूनिवर्सिटी में टेवेल की यह मण्डली आमन्त्रित की गयी थी, वहाँ के भारतीय विद्यार्थी ही नहीं वहाँ के चैपलेन डॉ. एबर्नाथी ने भी इसका कड़ा विरोध किया। बाद में मेयर ने कड़ा कदम उठाया और उस इमारत में इस मण्डली का प्रवेश निषिद्ध करा दिया जहाँ ये नाटक करते थे।

लिंक के प्रतिनिधि ने जब इस नाटक के लेखक बीटनिक कवि और नाटककार टेवेल से भेंट की तो उसने बताया कि इस नाटक की कल्पना उसके मन में न्यूयार्क टाइम्स में प्रकाशित एक समाचार पढ़कर आयी थी। उस समाचार में केवल यह कहा गया था कि प्रधानमन्त्री इन्दिरा हैं, लेकिन कांग्रेस पार्टी के अध्यक्ष के रूप में कामराज का शासन में काफी प्रभाव रहेगा। टेवेल ने यह भी बताया कि उसने इसे एक दिन आधी रात को यूँ ही बैठे-बैठे घसीट डाला था और वह इसे अपनी

सबसे भोंड़ी कृति मानता है। जब यूनिवर्सिटी ने उसकी मण्डली को आमन्त्रित किया तब वह 'लेडी गोडिवा' प्रदर्शित करना चाहता था लेकिन उस नाटक की नायिका बीमार पड़ गयी। उसने यह भी बताया कि निर्देशक ने उसकी कृति की जितनी भ्रष्ट व्याख्या दे दी उससे वह स्वयं सहमत नहीं था। लेकिन सबसे दिलचस्प बात जो उसने बतायी वह यह कि "मैं जानता हूँ कि यह सब नितान्त पागलपन और अनर्गल प्रलाप है। लेकिन मैं उन दिनों बहुत कटु था। मुझे लगता था कि मेरा सारा अच्छा लेखन उपेक्षित हो रहा है और जब तक मैं कुछ हलका और 'कैम्पी' नहीं लिखूँगा तब तक मेरे नाटकों को यहाँ सफलता नहीं मिलेगी। दर्शक सामाजिक सोद्देश्यता वाले नाटकों में रुचि नहीं लेते और यह सीजन वैसे नाटक से शुरू करना घातक होगा।"

लेखक के इस स्पष्ट कथन की पृष्ठभूमि में अब जरा बीटनिक समीक्षकों के उद्‌गार इस गलीज कृति के बारे में सुनें : "अद्वितीय, नाट्यगुणों से भरपूर...इतना जीवन्त...इतना मौलिक...जिस तरह वह दर्शक की कल्पना को बाँध लेता है और संवेदनों को उद्दीप्त करता है..." यह तो बीटनिकों के अखबार 'विलेज वॉयस' के समीक्षक का कहना है। यूनिवर्सिटी में इसके प्रदर्शन के बाद वहाँ के एक समीक्षक को विश्वविख्यात कवि दान्ते याद आ गया : "रोनी टेवेल की यह नाटक-कल्पना बिलकुल दान्ते की याद दिला देती है...टेवेल की कृतियों में बड़ा मनोरंजन भी है। हमें और मनोरंजन चाहिए।"

हमारे अकाल की विभीषिका और हमारे राष्ट्र के सम्माननीय नेताओं को आधार बनाने वाले इस जघन्य बीटनिक मनोरंजन के दो पहलू थे। इसमें प्रधानमन्त्री की कल्पित पुत्री रोजा का अभिनय किया था एक नर-वेश्या बीटनिक अभिनेता ने जो फुरसत के समय स्त्रीवेश धारण करके घूमता है और अपने जनाने उपनाम मोरिया मॉटेज द्वारा पुकारा जाना पसन्द करता है और दूसरा यह कि भारत का आभास देने के लिए इस नाटक के दौरान विशेष रूप से चारों ओर गन्ध धूप सुलगायी जाती है।

हम नहीं जानते कि बीटनिक आन्दोलनों की हिन्दी अनुकृतियाँ इसे क्या कहेंगी, शायद सुगन्धित सम्मान !

देह की यह विगलित राजनीति !

हमारे इस अभागे देश को स्वतन्त्रता के बाद से जिन विभीषिकाओं से निरन्तर जूझना पड़ रहा है, अकाल, बाढ़, महामारी, चीनी और पाकिस्तानी हमले और इन सबके बावजूद जिस तरह हमारी जनता धैर्य और प्रौढ़ता का परिचय दे रही है, जो नयी जनशक्ति उभर रही है, जनतन्त्र पुख़्ता हो रहा है, वह सब उन्हें नहीं

दिखता, उन्हें हमारा अकाल और जनतन्त्र भी व्यंग्य का विषय नजर आता है, खिल्ली उड़ाने का, और वह भी इतने जघन्य स्तर पर, क्योंकि सारी राजनीति तो 'देह की राजनीति' है न !

कुछ दिनों पहले उड़ीसा के भयानक अकाल के समय हिन्दी के तीन लेखकों का एक महत्त्वपूर्ण वक्तव्य 'दिनमान' में प्रकाशित हुआ था। उस समय एक लेखक ने उस पर पत्र-टिप्पणी जो छपायी थी उस पर बहुत लोगों को आश्चर्य हुआ था। क्या इतना मनुष्य-विरोधी दृष्टिकोण भी हो सकता है ? लेकिन अब अचरज नहीं होता। यह मुहावरा कहीं और से आ रहा है, यहाँ मौजूँ बैठे या न बैठे लेकिन उसका आयात तो हो ही रहा है। भाई श्याम परमार की कितनी अर्थगर्भित पंक्तियाँ हैं :

''मगर पालम हो या सफदरजंग
संस्कृतियाँ उतरती हैं हवाओं से... ''

कि ये बौद्धिक धारणाएँ, तर्क और आन्दोलन तुरत किस तरह कितने चाव से आयात की हुई उतरनों की तरह ओढ़ लिए जाते हैं, इसकी साक्षी आप न्यूयार्क टाइम्स के दिल्ली स्थित संवाददाता जे. ऐण्टोनी ल्यूकस से लीजिए। हमने टेवेल की इस गर्हित नाट्यकृति का जिक्र करते हुए एक विशेष शब्द का प्रयोग किया है—'कैम्प'। इसके सामान्य अभिधार्थ न लें। यह एक विशिष्ट अर्थवाला शब्द है जिसका प्रयोग बीटनिक उपनगर में धड़ल्ले से होने लगा है। वैसे टेवेल के अनुसार तो 'कैम्प' का अर्थ है : ''वह परिहास जो मनुष्य की विविशता पर किया जाता है जहाँ वह विवश है, अत्यन्त दुःखदायी पीड़ा पहुँचाने वाली वस्तुओं के साथ चुपचाप गुजर-बसर करने को। किन्तु सामान्यतया प्रचलित प्रयोग में उन सभी वस्तुओं को 'कैम्प' कहते हैं जो लोकप्रिय हों, भोंडी हों पर अभिप्रायहीन हों।''

आज से लगभग दो साल पहले 23 मई, 64 को अपना डिस्पैच भेजते हुए न्यूयार्क टाइम्स के दिल्ली स्थित संवाददाता ल्यूकस ने लिखा था : ''नयी दिल्ली, 23 मई ग्रीनविच और न्यूयार्क के पूर्वी उपभाग में प्रचलित 'कैम्प' आन्दोलन ने अपना खेमा भारत की राजधानी में भी गाड़ दिया।

यह ठीक है कि यहाँ न ग्रीनविच विलेज की भाँति टिफैनी लैम्प हैं, न बेट्टी डेविस की पुरानी फिल्में और न बारबारा स्ट्रीसॉड के रेकॉर्ड। ऐण्डी वारहाल का तो नाम भी किसी ने नहीं सुना।

लेकिन 'पार्टिज़न रिव्यू' की एक प्रति दिल्ली के बुद्धिजीवीवर्ग में पहुँच गयी जिसमें सूसन सोनटाग द्वारा लिखित कैम्प-आन्दोलन का अध्ययन छपा है। और लीजिए सफेद बुर्राक कमीजें पहने भावप्रवण युवक साड़ी-वेष्टित, आश्चर्य से

विस्फारित नयनों वाली युवतियों को बरामदे में 'कैम्प' के बारे में बता रहे हैं, इन गर्म रातों में !"

आगे ल्यूकस बताता है कि पार्टिजन रिव्यू को भी मूल में वस्तुतः शायद ही किसी ने पढ़ा हो, वह तो सेंचुरी में किसी इन्द्रझालानी ने कैम्प आन्दोलन के बारे में लिखा और उसी से दिल्ली में तुरत यह बीमारी फैल गयी है। उस लेखक के अनुसार भारत में जो चन्द चीजें कैम्प मानी जा सकती हैं, वे हैं : ताजमहल, बम्बई के फिल्मी पोस्टर, खजुराहो, कांग्रेस पार्टी, अँगरेजी का एक सचित्र साप्ताहिक, नये रंगे-पुते मदुरा के मन्दिर...

लेकिन तब यह ल्यूकस को भी नहीं मालूम था कि हमारे अकाल की विभीषिका भी उस पार के बीटनिकों और इस पार की अनुकृतियों को 'कैम्प' लगेगी : हास्य का आलम्बन।

इसीलिए जब दिल्ली का कोई बुद्धिजीवी देश की सुरक्षा या अकाल में विरुद्ध अभियान को 'कैम्प' घोषित करने लगता है तो यह जानने का कुतूहल होता है कि यह धारणा के बजे आने वाली न्यूयार्क-दिल्ली फ़्लाइट से उतरी है ? 'पालम हो या सफदरजंग...संस्कृतियाँ उतरती हैं हवाओं से'...कितना सच है !

अब गेरुआ कुरता, ढोल-मजीरा और यह कीर्तन

और भूखों मरते हुए एशिया को भूखे रखकर तहखानों में लाखों टन अन्न जला देने वालों के पाखण्ड के प्रति विद्रोह की आवाज बुलन्द करने वाले गुरु गिन्सबर्ग (यह बहुत मौजूँ विश्लेषण मेरी इजाद नहीं है, अटलाण्टिक पत्रिका में एक अमेरिकी प्रोफेसर ने उन्हें यह उपाधि दी है) इस समय क्या कर रहे हैं ? सेण्ट्रल पार्क में, ग्रीनविच विलेज में सैनफ्रैंसिस्को में वे गेरुआ कुरता पहनकर, ढोल-मजीरा लेकर कीर्तन तो कर ही रहे हैं, मगर उन्होंने एक जोरदार अभियान छेड़ रखा है सरकार के उस कानून के खिलाफ जिसके अन्तर्गत मारिजुआना, अफीम, गाँजा, भाँग, चरस, मदक तथा अन्य प्रकार के मादक द्रव्यों पर रोक लगी है। प्रदर्शन, जुलूस, नारे, पोस्टर, घेराव आदि तरीके तो हैं ही लेकिन अब उसमें दो-एक चीजें और जुड़ गयी हैं—अहिंसा और कीर्तन। इसी 14 जनवरी को सैनफ्रैंसिस्को में सभी 'हिप्पीज' की एक विराट् कान्फरेंस हुई थी। वे कान्फरेंस को अपनी शब्दावली में 'ह्यूमन बी-इन' पुकारते हैं। इसका दिलचस्प विवरण 'न्यूजवीक' के ही शब्दों में सुने :

"लम्बे-लम्बे बाल लटकाये करीब दस हजार हिप्पी और उनके सहयात्री संसार के सर्वप्रथम 'ह्यूमन बी-इन' के लिए सैनफ्रैंसिस्को के गोल्डेन गेट पर एकत्र हुए। बालदार चोगे, ताजे फूल और गलों में लटकते रुद्राक्ष और तरह-तरह

के पत्थरों की मालाएँ और कुछ तो लड़ने को तैयार रेड इण्डियनों की तरह मुँह रँगे हुए थे। उनके हाथों में विचित्र चिह्नों की ध्वजाएँ थीं और कुछ के हाथों में धूप-दीप और सुलगता हुआ चन्दन। खुशनुमा धूप खिली थी। अपने इन भक्तजनों के साथ सारी हिप्पी महन्त-मण्डली भी चल रही थी। कवि एलेन गिन्सबर्ग 'हरे कृष्ण, हरे कृष्ण' का कीर्तन करते हुए चल रहे थे। एल.एस.डी सम्प्रदाय के ? प्रवर्तक टिमोथी लोरी भी...

भीड़ अपने में मस्त थी। कोई नाच रहा था, कोई गा रहा था, कुछ ठहाके लगा रहे थे, कुछ आलिंगनबद्ध थे।...एक बन्धु ने करिश्मा दिखाया। वे हेलीकाप्टर से आये और पैराशूट लेकर भीड़ के सिर पर कूद पड़े और भीड़ में विलीन हो गये। दूसरे दाढ़ी वाले बन्धु कीर्तन करते-करते अकस्मात् उछले, जोर से आतर्नाद करते हुए, धड़ाम से मूर्छित होकर गिर पड़े। अगल-बगल के लोगों ने उन्हें उठाकर पाँवों पर खड़ा कर दिया, उनके कन्धे थपथपाये और वे फिर उछलने लगे।''

इन प्रदर्शनों के अलावा पत्र-पत्रिकाओं में भी गुरु गिन्सबर्ग बराबर लिख रहे हैं कि वे क्यों सरकार के मारिजुआना विरोधी कानून के खिलाफ हैं। पिछले दिनों अटलाण्टिक पत्रिका में उन्होंने इस विषय में विस्तारपूर्वक लिखा है। वे सरकार के मारिजुआना टेक्स ऐक्ट (1937) को रद्द कराना चाहते हैं, और उनकी दलीलें बड़ी दिलचस्प हैं। उनको शिकायत है पुलिस से, अदालतों से, सेना से और पत्रकारों से जो उनके अफीम और एल.एस.डी. प्रयोगों को सहानुभूति नहीं देते।

उनका कहना है कि इस कानून के द्वारा बड़ी अन्धेरगर्दी फैली हुई है। उनका यह भी कहना है कि मादक द्रव्यों द्वारा लोकोत्तर आनन्द और दिव्य-दृष्टि की प्राप्ति बहुत सम्मानीय वस्तु है। स्वयं योगी शिव धतूरे का सेवन करते थे। कलकत्ते में काली के शाक्त उपासक अफीम, गाँजा, भाँग, धतूरा खाते हैं, काशी विश्वविद्यालय के अँगरेजी प्राध्यापक तक भाँग पीते हैं, अरब, अफ्रीका और भारत में यह सर्व-स्वीकृत है। और इनके सेवन से एक नयी बोधि प्राप्त होती है, हम नये परिवेश से नया रागात्मक सम्बन्ध स्थापित करते हैं।

इसीलिए उनका कहना है कि न केवल यह मारिजुआना-निषेध कानून बदल देना चाहिए वरन् ऐण्टी नैर्कोटिक ब्यूरो भी बन्द कर देना चाहिए, जो इन मादक द्रव्यों की अन्तर्राष्ट्रीय चोर-बाजारी को खुफिया पुलिस की सहायता से रोकता है।

जाहिर है कि अन्य प्रकार की सभी सामाजिक समस्याएँ जिस कवि को राजनीति लगती हैं, वह कम से कम इतनी राजनीति जरूर कायम रखना चाहता है कि जिससे सरकार की मारिजुआना-नीति बदले, देश में मादक द्रव्यों की बिक्री बढ़े और अफीम-गाँजा-चरस को एक सामाजिक प्रतिष्ठा मिले। इसके पीछे अफीम

के अन्तर्राष्ट्रीय चोर-बाजारियों की व्यावसायिक राजनीति का पूरा हाथ है, अब यह सन्देह और दृढ़ होता जाता है। यही नहीं अब यह उनकी रोजी-रोटी का सवाल भी बनता जा रहा है। सैनफ्रैंसिस्को की इस हिप्पी बिरादरी का आर्थिक अध्ययन कुछ लोगों ने किया है। आखिर इनकी रोजी कहाँ से चलती है ? मालूम हुआ कि इनमें से बड़ी संख्या में लोग डाकखानों में डाक छँटनी और बाँटने का काम करते हैं, कुछ थियेटर, स्टूडियो, होटल-संगीत-मण्डली बगैरह में हैं, लेकिन काफी बड़ी संख्या, अफीम, भाँग, मारिजुआना, एल.एस.डी., मेथेड्रीन आदि मादक द्रव्यों के आयात, बिक्री, वितरण से धन कमाते हैं। चूँकि ये खतरनाक धन्धे हैं और इनमें आमदनी कुछ ज्यादा हो जाती है अतः कभी-कभी ऐसे धन्धे में लगा हुआ एक हिप्पी अपने आश्रित 6-7 हिप्पी लड़के-लड़कियों का गिरोह रखता है और ऐसे आश्रितों में अक्सर वे लड़के-लड़कियाँ भी होते हैं जो हालीवुड के आकर्षण में घर छोड़कर भाग आते हैं और फिर घर वापस जाने की बजाय उन्हें यहीं रहना अधिक सुविधाजनक लगता है। यह तो इनकी व्यक्तिगत आजीविकाओं की जाँच है। किसी दिन उनके संगठन, उनके प्रकाशन, उनके गुरुओं और आचार्यों की विदेश यात्राएँ और विदेशों में उनके शिष्य कवियों की यात्राएँ और उनकी कृतियों के जो अनुवाद सैनफ्रैंसिस्को में छपते हैं उन सबके लिए धन कहाँ से आता है, उसमें से कितना अन्तर्राष्ट्रीय-अफीम संगठन की देन है, या नहीं है, इसकी भी जाँच करायी जा सके तो काफी दिलचस्प तथ्य प्रकट होंगे।

लेकिन इस आर्थिक पहलू के बावजूद और उसके बावजूद कि उन्हें अकाल और जनतन्त्र में भी 'काम' या 'देह की राजनीति' नजर आती है, गुरु गिन्सबर्ग का कहना है कि सन् '50 से '60 तक बीटनिक आन्दोलन में अर्थ और काम की प्रधानता रही हो लेकिन अब उनमें धर्म की प्रधानता है। वे एक नये धर्म की तलाश में हैं और उनका अन्तिम लक्ष्य है मोक्ष, मुक्ति या निर्वाण। इधर उनमें एक नये प्रकार की पोशाक प्रचलित हुई है। नेवी के पुराने यूनिफॉर्म खरीदकर उनमें से नेवी के बटन तोड़कर वे नये बटन टाँकते हैं जिन पर अंकित रहता है—'निर्वाना नाऊ' यानी 'तुरन्ता निर्वाण'।

तुरन्ता निर्वाण और मारिजुआना

यह 'तुरन्ता निर्वाण' उन्हें मारिजुआना, एल.एस.डी. या गाँजा से मिल जाता है, क्षण-भर में वे लौकिक बन्धनों से मुक्त होकर लोकोत्तर भूमि में पहुँच जाते हैं। यह बात दूसरी है कि नशा उतरते ही वे फिर अपने को इसी गर्हित लोक में पाते हैं, बल्कि कभी-कभी तो नशा उतरने पर अपने को हवालात में पाते हैं जो और भी दुःखद स्थिति है। यह हवालात वाली स्थिति न आए इसी के लिए गुरु

गिन्सबर्ग बार-बार मारिजुआना ऐक्ट के खिलाफ अपनी आवाज बुलन्द करते हैं।

अपने इतिहास से, अपने समय से, अपने परिवेश से, अपनी परिस्थितियों से अपनी सम्पृक्ति को ईमानदारी से समझना, समस्त जीवनी-शक्ति से यथार्थ को झेलना, अपने पूर्ण उद्‌बुद्ध विवेक से ग्राह्य और अग्राह्य को जाँचना, पूर्ण साहस से जो कठोर सत्य मिले उसे स्वीकारना और जीवन से सम्पृक्ति, हमें जो भी कठिन भूमिका या दायित्व सौंपती है, उसका पूरी निष्ठा से निर्वाह करना, यही राह लेखक की सदा से रही है।

जब-जब उसने भागना चाहा है या शार्ट-कट खोजना चाहा है तो उसने हमेशा अपने को छला है। अपने विवेक को दूसरे के हाथ सौंपकर दलगत राजनीति के आगे घुटने टेक देना एक शार्ट-कट की खोज है, और अपनी व्यापक सम्पृक्ति को भूलकर निर्वाण या मुक्ति या सुरक्षा की एक निजी खोल ओढ़ लेना, अपने को अपने इतिहास, परिवेश, परिस्थिति से निस्संग मानकर केवल निजी काम-तृप्ति या निजी सुरक्षा या निजी भ्रान्ति को मुक्ति या निर्वाण मान लेना भी दूसरे ढंग से शार्ट-कट की खोज है।

ऐसे शार्ट-कट हमेशा अजीब नतीजों की ओर ले जाते हैं।

एक शार्ट-कट यानी दलगत राजनीति के आगे घुटने टेककर अपने विवेक की प्रतिक्रिया को कुण्ठित करने का ध्वंसात्मक परिणाम हम देख चुके हैं। अब दूसरा शार्ट-कट यानी 'अराजनीति' या 'देह की राजनीति' के बहाने अपने विवेक को इतिहास, परिस्थिति और परिवेश से पूर्णतः असम्पृक्त कर लेने का नतीजा भी कम ध्वंसात्मक नहीं होगा। अन्तर्विरोध अभी से स्पष्ट होने लगा है। जब एक जाति पर एक अन्यायपूर्ण युद्ध पड़ोसी फासिस्टों द्वारा थोप दिया गया हो उस समय उस अन्याय का प्रतिकार करने के बजाय जो प्रवृत्ति यह शब्दजाल बुनती है कि 'एक युद्ध हर क्षण मैं अपने भीतर लड़ता हूँ। मैं स्वयं एक युद्ध हूँ, मेरा किसी और युद्ध के लिए निर्माण मत करो' हम पाते हैं कि वह प्रवृत्ति देश की सुरक्षा के युद्ध के प्रति तो उदासीन है लेकिन अपनी निजी और व्यक्तिगत सुरक्षा के लिए वह कभी-कभी हीन-से-हीन स्थिति तक जाने में नहीं हिचकती। जो 'देह की राजनीति' को ही समस्त इतिहास की प्रक्रिया का स्थानापन्न मान लेती है। वह प्रवृत्ति भी बार-बार यह कचोट अनुभव करती है कि कहीं वह सबसे सम्पृक्त है, उस सम्पृक्ति से वह मुक्त नहीं हो पाता इसीलिए अपने निजी संकट को वह सार्वजनिक बनाने का आकांक्षी है और घोषित करता है कि 'पुलिस, पत्रकार, कवि-मित्र, पार्टी कॉमरेड कोई भी मिलने आये, सूचित करना है सबके हित में अस्पताल चला गया है—वह लेखक।'

यह तो उनकी बात है जो सचमुच लेखक-धर्म के प्रति कहीं निष्ठावान हैं। हाँ, जो पालम या सफदरजंग में हवाओं से उतरी सांस्कृतिक धारणाओं को तुरन्त

बिना सोचे-समझे ओढ़कर आत्म-प्रदर्शन मात्र करने को उत्सुक हो उठते हैं जिनके लिए लेखन-धर्म गौण है उनकी बात करनी बहुत जरूरी भी नहीं क्योंकि बकौल उसी कविता के :

पालम हो या सफदरजंग
संस्कृतियाँ उतरती हैं हवाओं से...
हवाओं में विलीन हो जाती हैं।

❑

वाणी प्रकाशन ग्रुप

भारतीय ज्ञानपीठ

वाणी प्रकाशन : भारतीय ज्ञानपीठ की पुस्तकों के एकमात्र प्रकाशक एवं वितरक